AMRA

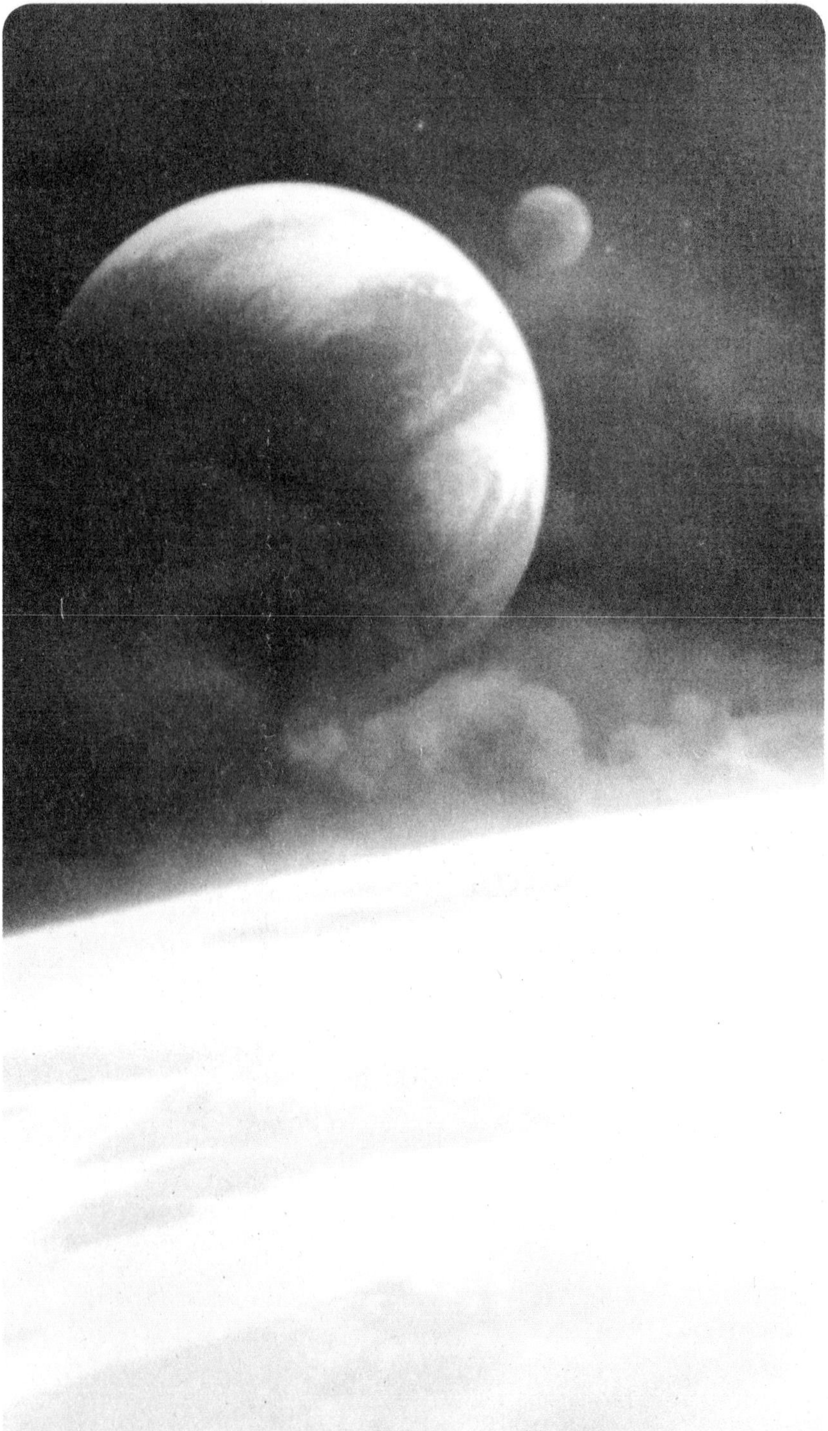

Gerald R. Clark

Die Anunnaki

Vergessene Schöpfer der Menschheit

Aus dem Amerikanischen von
Sabina Trooger & Vincenzo Benestante

AMRA

Besuchen Sie unseren Shop:
www.AmraVerlag.de

Ihre 80-Minuten-Gratis-CD erwartet Sie.
Unser Geschenk an Sie … einfach anfordern!

2. Auflage

Amerikanische Originalausgabe:
The Anunnaki of Nibiru. Mankind's Forgotten Creators, Enslavers, Destroyers, Saviors and Hidden Architects of the New World Order

Deutscher Erstdruck im AMRA Verlag
Auf der Reitbahn 8, D-63452 Hanau
Hotline: + 49 (0) 61 81 – 18 93 92
Service: Info@AmraVerlag.de

Herausgeber & Lektor	Michael Nagula
Einbandgestaltung	Guter Punkt
Layout & Satz	Birgit Letsch
Bildrechte	Gerald R. Clark
Druck	Tschechien

ISBN Buchfassung 978-3-95447-191-1
ISBN eBook-Version 978-3-95447-192-8

Inhalt

Ich widme dieses Buch
meiner Frau und Seelenverwandten Christa.

Ihre Liebe und Ermutigung
war während meines Eintauchens in die grundlegendsten
aller Geheimnisse, vor denen der Mensch heute steht,
ein unentbehrlicher Katalysator.

1

Vorwort

Oft sind sie immer noch eine Quelle des Staunens für die heutigen westlichen Zivilisationen, die technischen Fähigkeiten längst vergangener Kulturen, ihre Architektur, ihre Transportsysteme und ihre Astronomie. Dabei wird dieses Wissen seit einigen Jahren auch durch Fernsehsendungen etwa des *History Channel* oder *Discovery Channel* zumindest teilweise allgemein verbreitet, und es werden dem modernen Menschen archäologische Entdeckungen nahegebracht, die ein neues Verständnis antiker Geschichte bewirken, ob nun in Bezug auf die ägyptischen Pyramiden und den Mayakalender oder hinsichtlich der Funde von Dokumenten und Aufzeichnungen überall auf der Welt – darunter nicht zuletzt die sumerischen Keilschrifttafeln. Dennoch dringt dieses verlorene Wissen nur langsam in das allgemeine Bewusstsein ein. Eine unverzichtbare Hilfe ist die Arbeit unabhängiger Archäologen und ihre ständige Suche nach Artefakten, die uns beim Entziffern der alten Sprachen der mesopotamischen Region helfen können.

Gerade in jüngster Zeit ist aufgedeckt worden, dass viele schriftlich dokumentierte historische Tatsachen in der kanonischen Bibel entweder falsch interpretiert oder überhaupt nicht erwähnt wurden. Der Vergleich von neu entdeckten Schriften wie dem Buch Henoch, den Evangelien von Nag Hammadi, dem Buch der Jubiläen und anderen historischen Texten mit bekannten Dokumenten rüttelt uns auf, und wir sehen uns gezwungen, die allgemeinen Glaubenssätze unserer modernen westlichen Kultur zu überdenken.

Uralte Schriften, die nichts mit der kanonischen Bibel zu tun haben, beispielsweise Schriftrollen, die in abgelegenen Höhlen versteckt wurden, oder Keilschrifttafeln, die unvorstellbar lange Zeit vom Wüstensand vergraben waren, erweitern unser Wissen über die wahre Geschichte des Nahen Ostens. Genauso wie in Vergessenheit geratene Tempel, die perfekt nach dem Lauf der Sonne, den Sonnwenden und Tagundnachtgleichen ausgerichtet waren, auf den verlassenen Ebenen Mesopotamiens darauf warteten, von uns wiederentdeckt zu werden. Viele der genannten Schriften sind Jahrtausende älter als die kanonische Bibel und werfen ein ganz neues Licht auf die Ursprünge der in der Bibel erzählten Geschichten, die einen so großen Einfluss auf das westliche Denken ausgeübt haben.

Würde es die Leser zum Beispiel überraschen zu erfahren, dass Noah, der Held der Sintflut, ein sumerischer König und Herrscher der Stadt Schuruppak war? Er war ziemlich gebildet und schrieb selbst einen Bericht über die Zeit, in der er lebte. Das Gilgamesch-Epos, eine der längsten Geschichten über Gilgamesch, den König der sumerischen Stadt Uruk, berichtet, dass Gilgamesch seinen Amtskollegen Noah besuchte und mit ihm ein langes Gespräch über ihre gemeinsamen Anliegen führte. Auch der biblische Stammvater Abraham kam aus dem Land der Sumerer, und zwar aus dem südlichsten Teil Mesopotamiens, dem Gebiet zwischen den Flüssen Euphrat und Tigris. Abraham hieß ursprünglich Abram und benannte sich in Abraham um, nachdem er mit Gott einen Pakt geschlossen hatte. Erinnern Sie sich noch daran, wie Gott in der Genesis, dem 1. Buch Mose, zu Abram spricht?

Genesis 12:1-4 (Deutsche Einheitsübersetzung)

»Zieh weg aus deinem Land, von deiner Verwandtschaft und aus deinem Vaterhaus in das Land, das ich dir zeigen werde.

> Ich werde dich zu einem großen Volk machen, dich segnen und deinen Namen groß machen. Ein Segen sollst du sein. Ich will segnen, die dich segnen; wer dich verwünscht, die werde ich verfluchen. Durch dich sollen alle Geschlechter der Erde Segen erlangen.«

Abram befand sich in der sumerischen Stadt Haran, als er Gottes Ruf empfing, in das Land Kanaan zu gehen. Er wurde etwa 1433 v. Chr. in der sumerischen Stadt Ur geboren. Sein Vater Terah war Kunsthandwerker und Priester im örtlichen Tempel. Abrams Brüder Nabor und Haran wohnten ebenfalls in Ur [40]. Wir begegnen Abraham in der Stadt Haran, wo er sich darauf vorbereitet, nach Kanaan aufzubrechen, wie in Genesis 15:7 beschrieben wird.

> **Genesis 15:7 (Deutsche Einheitsübersetzung)**
>
> »Ich bin der Herr, der dich aus Ur in Chaldäa herausgeführt hat, um dir dieses Land zu eigen zu geben.«

War der Gott Abrahams, Isaaks und Jakobs nicht der Gott der Israeliten aus dem Alten Testament? Das war er durchaus, doch abgesehen von seinen biblischen Namen wie Jehova, Jahwe oder El Schaddai hatte der Gott Abrahams in Sumer noch einen weiteren Namen, nämlich denjenigen, unter dem er in der Stadt Ur in seinem Tempel bekannt war.

Laut den Keilschrifttafeln aus Ur und vielen anderen vor- und nachsintflutlichen Städten an den Ufern von Euphrat und Tigris, wie Sippar und Ninive, hatte dieser Gott Geschwister, die in Mesopotamien und den umliegenden Regionen ebenfalls als Götter angebetet wurden. Der Name von Abrahams Gott wird in anderen wichtigen Dokumenten aus demselben Gebiet und derselben Zeit ebenfalls erwähnt – im Atrahasis, im Enuma Elisch und im Gilgamesch-Epos. Abraham und Noah pflegten auch mit den anderen Gottheiten engen Kontakt. Wer aber waren sie, und wie können wir herausbekommen, ob sie wirklich existiert haben? Und wie sollen wir die Tatsache verstehen, dass der Gott Abrahams offenbar eine Vorgeschichte als sumerische Gottheit hatte und dass ihm in der chaldäischen Stadt Ur ein Tempel geweiht war?

Dahinter verbirgt sich ein Geheimnis unserer jüngeren Kirchengeschichte. Im Jahr 343 n. Chr. legte das Konzil von Nizäa nicht nur die endgültige Form der kanonischen Bibel fest, sondern unterzeichnete außerdem einen Erlass, demzufolge die Finanzierung archäologischer Forschungen einer strengen Kontrolle durch die damaligen Kirchenführer unterlag, besonders jener der römisch-katholischen Kirche. Sie verfolgten die Politik, nur solche archäologischen Expeditionen zu finanzieren, die die Geschichten in der soeben besiegelten Bibel vermutlich bestätigen würden. Dennoch entrissen unabhängige, neugierige Wahrheitssucher im Laufe der Zeit vielen versteckten Büchern, heimlich gehüteten Artefakten, Kodizes, Rollzylindern und sumerischen Keilschrifttafeln ihr verborgenes Wissen.

In diesem Zusammenhang sei ein wahrhaft heroischer Mann erwähnt: Sir Henry Rawlinson. Er entdeckte im Jahr 1835 in Behistun im heutigen Iran, etwa 520 Meter über dem Wüstenboden, einen in ein Felsmassiv eingemeißelten Bericht, der als »Markersäule von Behistun« bekannt wurde. Der persische Großkönig Darius I., der von 522-486 v. Chr. lebte, hatte ihn einst in Auftrag gegeben. In drei Sprachen berichtet der Text von der Unterwerfung diverser Rivalen, die versucht hatten, seinen Thron zu usurpieren. Sir Rawlinson kopierte die merkwürdigen, in die steile Felswand eingemeißelten Keilschriften und stiftete sie, nachdem er sie in langwieriger Arbeit entziffert hatte, dem Britischen Museum. Dank seiner Bemühungen war es fortan möglich, Altpersisch, Elamitisch und Akkadisch zu übersetzen. Und diese Kenntnisse führten schließlich zur Wiederentdeckung der unter dem Wüstensand verborgenen mesopotamischen Städte im heutigen Irak.

Eine neuerliche Analyse von Originalschriften und anderen Hinterlassenschaften der Ägypter, Sumerer und frühchristlichen Kirchenväter zeigt nun viele historische Wahrheiten in einem ganz anderen Licht, und die Fakten wirken manchmal befremdlicher als die wildeste Fantasie. Auch Entdeckungen in den antiken mesopotamischen Städten, von Ninive bis zur südlichsten Stadt Eridu, haben unzählige Geheimnisse gelüftet, von denen viele im vorliegenden Buch erörtert werden.

Der Vergangenheit konnten die verschiedensten Hinweise entrissen und für jeden offen dargelegt werden – dank des Einsatzes, der Mühe und des Schweißes früher Pioniere der Forschung. Jetzt ist es an uns heutigen Menschen, einen neuen Blick auf die geschichtlichen Aufzeichnungen der Historiker und Schriftgelehrten der Vergangenheit zu werfen – eine große Verantwortung, denn immerhin wurde auf der Grundlage dieser Schriften einst das Buch Genesis abgefasst, das bisherige Fundament unserer westlichen Zivilisation.

Aber wie wir wissen, wurden historische Texte immer im Sinne der Sieger abgefasst, wobei der Wahrheit nur allzu oft zu Gunsten der herrschenden Macht eine Nebenrolle zugewiesen wurde. Dazu kamen würdelose Handlungen, wie zum Beispiel das Wegmeißeln von hieroglyphischen, im Stein festgehaltenen Hinweisen oder die pauschale Zusammenfassung von Namen und Rängen rivalisierender Gottheiten bis hin zur Verwendung von Decknamen. All dies trug dazu bei, die Wahrheit zu verschleiern.

Aufgrund der Unzuverlässigkeit aller scheinbaren historischen Genauigkeit delegierte man die Verantwortung für die Bewahrung der Wahrheit an höhergestellte Autoritäten, insbesondere an Schriftgelehrte und Priester. Da die Mehrheit der Bevölkerung früher des Lesens ohnehin nicht kundig war, war dies mühelos möglich. Meist waren Schriftgelehrte und Priester die einzigen, die in den linguistischen Künsten ausgebildet waren, und so gestalteten sie die ganze Weltgeschichte hindurch das Rohmaterial der Wahrheit. Schriften wie das Buch Henoch, das die Wahrheit aus erster Hand berichtet, wurden den Menschen jahrtausendelang vorenthalten und sind erst heute weit verbreitet.

Seit dem 19. Jahrhundert entdeckten und entzifferten Archäologen mit Keilschrift bedeckte Tontafeln. Sie hatten unter dem Sand und Lehm der Ufer von Euphrat und Tigris gelegen und sind eine Fundgrube alten Wissens, wobei einige der ältesten sumerischen Aufzeichnungen Jahrtausende älter als die Bücher der kanonischen Bibel sind. Mittlerweile hat man einige Zehntausend solcher gebrannten Tontafeln mit Inschriften gefunden – dermaßen viele, dass eigens ein Computerdigitalisierungsprogramm entwickelt wurde, um die Katalogisierung ihrer Geheimnisse zu beschleunigen [63]. Eine große Anzahl von ihnen ist in bedeutenden Museen in London, Paris, Berlin und anderen Städten ausgestellt.

Sumerische Dokumente aus Städten wie Uruk (dem biblischen Erech) hielten sowohl Alltägliches wie Eheschließungen und Handelsverträge fest als auch Ereignisse wie Geburten und Todesfälle, die genauestens über das damalige Leben Auskunft gaben. Wenn wir diese unzensierten Aufzeichnungen aus erster Hand mit denjenigen Versionen vergleichen, die aus dem Blickpunkt der damals herrschenden Machthaber geschrieben wurden, erhalten wir zumindest eine akzeptable Annäherung an die historische Wahrheit.

Ein Beispiel: Im Buch Henoch [36] findet sich eine sehr detaillierte Schilderung der geheimnisvollen, fast außerirdisch anmutenden Geburt Noahs. Noahs Vater ist Lamech, wie in Genesis 5:28 erzählt wird. In der altbabylonischen Version der Sintfluterzählung war sein Vater jedoch nicht Lamech, sondern einer der mesopotamischen Götter, der ihn schließlich auch vor der Sintflut rettete [37]. Darin spricht jener Gott zu einer Hütte, in der Ziusudra (Noah) wohnt, und rät ihm, sich auf eine Flut vorzubereiten, die bald die mesopotamischen Ebenen überschwemmen wird. In der Bibel wird zwar die gleiche Geschichte erzählt, aber sie enthält nicht die erhellenden Einzelheiten der sumerischen Version.

Die Analyse der diversen Geburtsregister, genealogischen Tabellen und Listen der verschiedenen in den mesopotamischen Tempeln verehrten Götter führt zu einer interessanten Erkenntnis – um nicht zu sagen, zu einer profunden Erleuchtung! Sie deckt eine kulturelle Lüge auf, deren Auswirkungen so weitreichend sind, dass sie alle bisherigen Glaubensrichtungen in die Vergessenheit katapultieren könnten – gesetzt den Fall, man hat aus unserem heutigen Wissensstand nicht ohnehin bereits ähnliche Schlüsse gezogen.

Es geht um die Frage: *Wer war Jahwe?* Stellt man diese Frage einem Abendländer, wartet er höchstwahrscheinlich mit einer Liste diverser Gottesnamen auf, einschließlich Jehova, und kommt schließlich zu der Antwort, die Gott selbst laut der kanonischen Bibel im Alten Testament gegeben hat: »Ich bin, der ich bin.« (Exodus 3:14) Durch die aufgefundenen Tontafeln wissen wir aber nun, dass einer der Götter des Alten Testaments, nämlich Jahwe, niemand anderer ist als Enlil, der lokale Gott der sumerischen Stadt Ur.

Und so kommt die Wahrheit ans Licht, denn Enlil erscheint in ungezählten Texten, die sowohl aus Sumer als auch aus anderen Gebieten Mesopotamiens stammen. Enlil und seine Verwandten wurden in zahlreichen Tempeln als Götter verehrt, etwa in Ninive, Assur und Ur, um nur einige zu nennen. Ähnlich verhielt es sich mit Enki, dem Bruder Enlils, und Enlils Kindern Nannar und Inanna, denen ebenfalls Tempel in bedeutenden Kultur- und Handelszentren der Gegend geweiht waren. Noch wichtiger ist die Tatsache, dass Enlil nicht allein wirkte, sondern zusammen mit anderen, die im Atrahasis »Anunnaki« und in der Genesis »Nephilim« oder »Elohim« genannt werden.

In Genesis 1:26 lesen wir den folgenden, etwas eigenartigen Satz:

Genesis 1:26 (Deutsche Einheitsübersetzung)

Dann sprach Gott: »Lasst uns Menschen machen als unser Abbild, uns ähnlich ...«

Der Grund für die verwirrende Verwendung der Mehrzahlformen »unser« und »uns« in der biblischen Schöpfungsgeschichte wird bei der Lektüre von Texten wie dem Atrahasis erhellt, das 1.700 Jahre früher als die biblische Schöpfungserzählung entstand. Atrahasis, der biblische Noah, erzählt die Geschichte der Schöpfung des Menschen im Zusammenhang mit den Gottheiten, die in den mesopotamischen Tempeln verehrt wurden, nämlich Enlil (der Gott Jahwe des Alten Testaments) und dessen Bruder Enki (Adonai im Alten Testament). Dies erklärt das mysteriöse »uns« in Genesis 1:26. Neben Enki wird auch seine Halbschwester Ninmah erwähnt, die ihm bei dem genetischen Zuchtprogramm half, durch das eine primitive Arbeiterspezies – der *Homo sapiens* – erschaffen wurde.

Sehr detailliert werden klinische Versuche geschildert, an deren Ende die Geburt Adams stand, des Archetypen der menschlichen Gattung. Das Experiment wurde von Ninharsag (oder Ninmah), der Halbschwester Enlils, sowie seinem Bruder Enki in einem afrikanischen Labor durchgeführt. Selbst der skeptischste Wissenschaftler wird diese historischen Aufzeichnungen zu schätzen wissen, wenn er den Umfang des Wissens ermessen kann, das für eine so detaillierte Erörterung eines Themas wie der Gentechnik nötig ist – und das in einem fünftausend Jahre alten Dokument. Dieses Dokument beschreibt die Schöpfung des Menschen – und es ergibt sowohl technisch als auch historisch mehr Sinn als die kurz gefasste Version der Bibel, auch wenn beide Versionen sich in vielen Fällen ergänzen. Ähnliche Aufzeichnungen beschreiben das Leben des Königs Uta-napischti von Schuruppak, dem biblischen Noah, der angeblich zur Zeit der großen Flut 600 Jahre alt war.

Diverse Gottheiten hatten allem Anschein nach Pseudonyme, die über lange Zeitspannen hinweg verwendet wurden. Der große akkadische Gott Sin, nach dem die Sinai-Halbinsel benannt wurde, hatte beispielsweise ein Pseudonym, das ihn mit diversen sumerischen Städten wie Ur und Haran verknüpfte. Dort war er als Nannar, Mondgott und Sohn des Enlil, bekannt. Seine Schwester Inanna trug ebenfalls das Symbol des Sichelmondes, und ihr waren Tempel in ganz Mesopotamien geweiht. Die Akkadier kannten sie als Ischtar.

Nun gibt es eine atemberaubende Verbindung zwischen den mesopotamischen Gottheiten des Altertums und den dynastischen Herrschern Ägyptens. Die ägyptische Zivilisation wird gewöhnlich in drei Dynastien eingeteilt. Dieses Modell führte im 5. Jahrhundert v. Chr. der aus Ionien stammende griechische Historiker Herodot ein, und es wird heute noch von Ägyptologen verwendet. Auch der ägyptische Priester-Historiker Manetho scheint mit Herodots Einteilung der Regierungsperioden einverstanden gewesen zu sein, doch er fügte noch eine vierte Epoche hinzu, in der ausschließlich die Götter herrschten. Laut Manetho regierten die ersten dynastischen Götterherrscher Ägyptens 12.300 Jahre lang [16]:

Herrscher der 1. ägyptischen Dynastie	Regierungszeit (Jahre)
Ptah	9.000
Ra	1.000
Schu	700
Geb	500
Osiris	450
Seth	350
Horus	300

Tab. 1: Die erste ägyptische Dynastie

Es werden wirklich erstaunlich lange Regierungszeiten angegeben für die ersten dynastischen Herrscher Ägyptens. Wichtig ist in diesem Zusammenhang, dass Enki, ein hochrangiger Gott der Stadt Eridu, um 3760 v. Chr. von seinem Vater Anu die Regionen Ägypten und Afrika überantwortet wurde. Und der jüdische Kalender, dessen Ursprünge in der sumerischen Stadt Nippur liegen, beginnt ebenfalls im Jahre 3760 v. Chr. Mancher mag da vielleicht an Zufall denken, aber die antiken Keilschriften sahen das anders!

Manetho zufolge bestand die zweite ägyptische Dynastie aus zwölf göttlichen Herrschern, die 1.570 Jahre lang regierten. Der erste Gott, der die zweite Götterdynastie anführte, war Thoth, der, wie es sich herausstellt, ein Sohn Enkis war. Danach wurde Ägypten von dreißig Halbgöttern regiert, deren Regierungsperioden insgesamt 3.650 Jahre dauerten. Die spätere Pharaonendynastie begann laut Aussage der Gelehrten um 3100 v. Chr. und dauerte lediglich 350 Jahre. Ihre Hauptstadt war Men-Nefer, auf Griechisch Memphis.

Wer waren diese Gottheiten? Das Rätsel vertieft sich noch, wenn man die sumerische Königsliste betrachtet. Manche Regierungsperioden der ersten Könige Sumers dauerten angeblich bis zu 28.000 Jahre. Das ist ziemlich schwer zu glauben. Die Sumerer behaupteten, dass sie alle Aspekte der Zivilisation von den Göttern gelernt hatten, die in den mesopotamischen Tempeln verehrt wurden. Die sumerischen Gottheiten, denen man auch die Erschaffung des Tierkreises zuschreibt, besaßen ein detailliertes Wissen über die Erdumlaufbahn, die Winkel der Erdachse, die Kugelform der Erde und die Präzession der Tagundnachtgleichen. Man vergleiche das Wissensniveau von Sumer nur einmal mit dem des viel späteren europäischen Mittelalters. Damals stritten sich die europäischen Wissenschaftler und Kirchenfürsten noch darüber, ob die Erde rund oder flach sei – aber schon Jahrtausende zuvor besaßen die Sumerer und andere benachbarte Völker fortgeschrittene Mathematik, Metallkunde und Gesetzeskodexe, hatten zahlreiche erste Erfindungen gemacht und andere grundlegende Errungenschaften der Zivilisation entwickelt [41].

Die sumerische Göttin Inanna hieß in Ägypten Hathor. Ihr Name ist dort wohlbekannt und steht in Denkschriften an den Wänden mehrerer Tempel, nicht zuletzt im eigentlichen Hathor-Tempel auf dem Berg Serabit El Khadim, dem biblischen Berg Sinai. Dies war der »Berg in der Wildnis« des damals weithin verehrten Gottes Nannar Sin, der in mehreren Traditionen beschrieben wird. Seine Spur findet sich unter anderem bei den Assyrern und in denjenigen Kulturen, deren Fahnen und Moscheen in heutigen islamischen Ländern das Sichelmondsymbol tragen. Nannar Sin war der Mondgott der mesopotamischen Völker, und er hatte eine Schwester: niemand anders als Inanna, alias Hathor in Ägypten.

Laut den genealogischen Aufzeichnungen auf den sumerischen Tontafeln, die heute überall auf der Welt in Museen zu finden sind, war Nannar Sin der Sohn Enlils und galt unter den Völkern des antiken Nahen Ostens als Mondgott. Historische Texte zeigen, dass Nannar Sin in seinen Kultzentren, die vom südlichen Irak bis Syrien und von der Türkei bis zum Iran reichten, eine breite Gefolgschaft hatte. Interessanterweise war sogar die Kaaba im saudiarabischen Mekka – einem der Heiligtümer des Islam – ursprünglich dem Mondgott geweiht, der dort den Namen Allah trug. Könnte Nannar Sin der Gott sein, dem Mohammed in der Wildnis begegnete? Ist Nannar Sin der sagenhafte Allah?

An dieser historischen Kreuzung ersetzt häufig ein Eigenname einen anderen, ein Göttername einen anderen, und neue Beiworte erscheinen, während alte verborgen werden oder verloren gehen. Die Ursprünge des sumerischen Gottes Enlil sind zwar verschleiert, aber seine Präsenz wurde vom Volk der Stadt Ur und vom biblischen Patriarchen Abraham täglich erlebt. Zunächst wurde Enlil zu El Schaddai, dem Erhabenen des Berges, und schließlich zum Jehova der Israeliten.

Es ist wahrhaftig eine erstaunliche Entdeckung, dass das Pantheon der Sumerer direkt mit mindestens einem Gott des Alten Testaments verbunden war. Diese Tatsache wird umso deutlicher, wenn man den sumerischen Sturmgott (Enlil), wie er etwa in den Klageliedern von Ur erscheint, mit dem alttestamentarischen Gott des Zorns und der Rache vergleicht.

Anderswo in der Region wurden freundlichere Götter verehrt: etwa Enki (oder Ahura Mazda, wie er in Persien genannt wurde), der Schöpfer »von allen guten Dingen, der Gott des Lichts und des Wissens«. Ahura Mazda wurde durch Allah alias Nannar Sin ersetzt, als arabische Eroberer im Jahre 633 v. Chr. die Perser in ihrer spektakulären Hauptstadt Persepolis bezwangen. Das arabische Eindringen führte 644 v. Chr. zum Ende des Sassanidenreichs und zum Fall der zoroastrischen (zarathustrianischen) Religion.

Die Neuzuordnung oder Zusammenfassung von Namen und Beinamen zu einem einzigen Namen war in den ägyptischen und sumerischen Kulturen gang und gäbe. Man bediente sich dieser Methode, um Macht und Autorität zu stärken, indem etwa verschiedene, aber ähnliche Namen zu einem einzigen verschmolzen wurden, der der jeweiligen Kultur und Sprache der gläubigen Untertanen entsprach. Vermutlich diente diese Vorgehensweise auch der Vereinfachung und gegebenenfalls sogar der Absorbierung rivalisierender Völker.

Wenn man klar erkennt, dass der Name, den eine Gottheit in der einen Kultur trägt, in einer anderen Kultur durch einen anderen Namen ersetzt wird, bekommt der kulturelle Mythos mehr Gewicht – vor allem dann, wenn der Name in verschiedenen Kulturen nachzuweisen ist (siehe Tabelle 9, die Göttertabelle). Nicht nur bestimmen die Eroberer stets die Darstellung der historischen Wahrheit, das Gleiche hilt auch die religiösen oder politischen Glaubenssätze. Infolgedessen ist das, was die Sieger glauben, die Wahrheit, während das, was die anderen glauben, höflicherweise als *Mythos* bezeichnet wird (statt mit dem politisch unkorrekten Begriff *Lüge*). Auch in religiösen Diskussionen ist die religiöse »Wahrheit« immer die der Supermacht, während die untergeordneten Kulturen angeblich »finsteres Heidentum« praktizieren. Ein erschreckend deutliches Beispiel für diesen Mechanismus können wir gegenwärtig im Nahen Osten beobachten, wo die religiösen Faktionen des Christentums, des Judentums und des Islam nahe dem Berg Megiddo, etwa 24 km südlich vom israelischen Haifa, immer noch Krieg im Lande Kanaan führen: verfeindete Gruppen, deren rivalisierende Götter ihre Ursprünge alle in sumerischen Genealogien haben. Die Anhänger des Enlil alias Jahwe, dem Gott des Alten Testaments, und die Anhänger des Enki-Poseidon kämpfen noch immer um die Herrschaft über die Erde.

Könnten die Konflikte im Iran, im Irak, in Syrien und in Israel das Resultat jener vergangenen Kriege sein, die zwischen Enlil und Enki und ihren Nachkommen ausgetragen wurden, wie Zecharia Sitchin in seinem Werk *Die Kriege der Menschen und Götter* beschreibt? Ob Fakt oder Fiktion, Dogma oder Doktrin – abermals stehen Generäle der Erde im Nahen Osten, wo der atomare Countdown bald abgelaufen sein wird, einander feindlich gegenüber. Werden die Nachkommen Enkis den zerstörerischen Plan seines Erzrivalen Enlil (Zeus bei den Griechen) und dessen kriegerischem Sohn Ninurta (Apoll bei den Griechen) vereiteln? *Ist es möglich, dass die Juden Jesus deshalb als Messias ablehnen, weil er ein Abkömmling Enkis war, des Rivalen Jehovas?*

Diesen und anderen wichtigen Themen werden wir gemeinsam in diesem Buch nachgehen.

2

Sumerische Geschichte

Laut Übersetzung der Sumerologen bedeutet das Wort *Anunnaki* wörtlich »Diejenigen, die vom Himmel zur Erde kamen«. Wichtig ist, sich zunächst die Zugehörigkeit des Begriffs »Himmel« zum angeblichen Ursprungsplaneten der Anunnaki klarzumachen, nämlich dem Planeten Nibiru, von dem in Sitchins 1976 geschriebenem Werk *Der zwölfte Planet* die Rede ist. Aufgrund der Liste der im Gilgamesch-Epos als Gottheiten aufgeführten Figuren wissen wir, dass der Vorsitzende des Anunnaki-Zwölferrates Anu war, der Vater der beiden Schlüsselfiguren: der Halbbrüder Enlil und Enki. Abbildung 1 zeigt die Zusammensetzung des Rates im Jahr 3760 v. Chr.

Aus der inzwischen digitalisierten Keilschrift kann man das Wort NI.BI.RU aus den drei Silben ableiten, die im Unicode als 1224C, 1204C und 12292 bezeichnet werden.

NI = 1224C

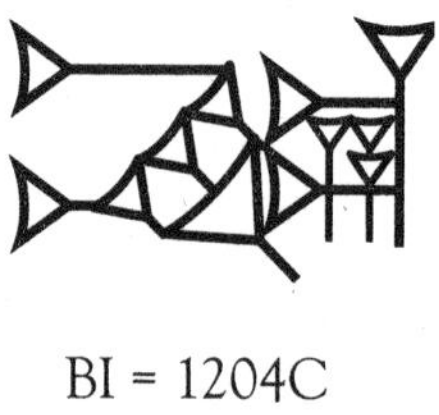
BI = 1204C

RU = 12292

Nach Vorgabe dieser Digitalisierungen wäre eine präzisere Übersetzung des Wortes *Anunnaki* »Diejenigen, die von Anu auf die Erde gesandt wurden«. *Annuna* ist der Name, mit dem

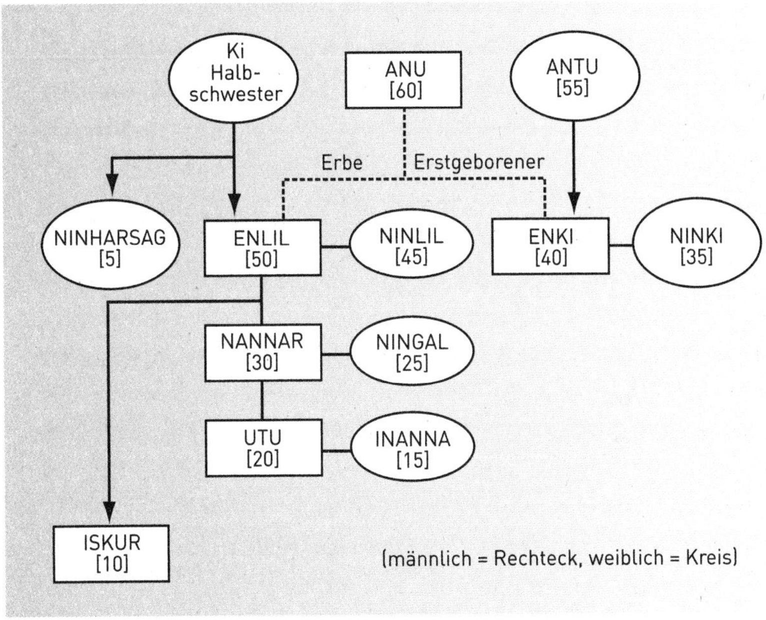

Abb. 1: Der Zwölferrat der Anunnaki auf Erden, 3760 v. Chr.

Enlil selbst bei der Begegnung mit Ziusudra auf dem Berg Ararat seine Rasse bezeichnet, wie im Atrahasis erzählt wird. Eine alternative Schreibweise ist Annuna.Ki. Diese ergibt sich aus einem anderen Satz von Hexadezimalkodes, der sich von dem unterscheidet, aus dem das obige Beispiel des Keilschriftworts Nibiru stammt. Die Gleichsetzung des Planeten Nibiru mit dem Begriff »Himmel«, wie er in der Bibel benutzt wird, könnte ein wichtiger Anstoß sein, Gebete wie *Vater unser, der du bist im Himmel* neu zu untersuchen, denn dadurch erscheint die Identität des Vaters im Himmel in einem neuen Licht. So gesehen war dieser Vater Anu, und folglich muss das Gebet von einem seiner Kinder auf Erden stammen, von Enlil, Enki, Ninmah oder Ninharsag, wie in Abbildung 1 dargestellt.

Aus welchem Grund verließen die Anunnaki Nibiru, um anschließend auf die Erde zu kommen? Nibiru befindet sich in unserem Sonnensystem weit jenseits von Pluto auf einer 3.600 Jahre dauernden, rückläufigen, elliptischen Umlaufbahn um unsere Sonne. 1983 berichtete Dr. Robert S. Harrington vom Marineobservatorium der USA (IRAS Naval Observatory) von einem großen Planeten, den man jenseits des Pluto entdeckt hatte – genau da, wo die Position Nibirus auf den in Sumer entdeckten Karten von den Sumerern angegeben wurde. Eine intensive Studie mithilfe des LUCIFER-Fernrohrs auf Mount Graham ergab in Übereinstimmung mit den bereits aufgeführten Hinweisen, dass der Heimatplanet der Anunnaki tatsächlich existiert und dass er sich auf einer Umlaufbahn befindet, die ihn in 1.400 Jahren wieder in unsere Sonnennähe bringen wird.

Aber was bewog die fortgeschrittene Zivilisation auf Nibiru dazu, ein Team von wissenschaftlichen Forschern auf die Erde zu entsenden? Die genealogische Aufschlüsselung in Abbildung 2 zeigt, dass sich der regierende Rat auf Nibiru mit diversen politischen Machtfragen und ökologischen Problemen auseinanderzusetzen hatte.

Die Erde befindet sich in einem Abstand zur Sonne, der für die Entstehung von Leben ideal geeignet ist. Sogenannte Braune Zwerge erhalten nicht genügend Sonnenstrahlung, um eine für das Leben ausreichende Temperatur aufrechtzuerhalten. Nibiru *ist* ein Brauner Zwerg, ein Himmelskörper zwischen Planet und Stern, der eine vergleichbare Zusammensetzung der Elemente aufweist wie ein Stern, aber auch einen Gesteinskern besitzen könnte. Die Atmosphäre auf Nibiru wurde entweder künstlich erzeugt, oder sie war das Ergebnis geothermisch erhitzter Gase und Dämpfe aus dem Inneren des Planeten.

Ein Außenplanet mit elliptischer Umlaufbahn empfängt während seiner weitesten Entfernung von der Sonne nur sehr wenig Sonnenstrahlung, aber wenn er sich in Sonnenähe befindet, ist die Strahlung umso intensiver, was schwerwiegende Folgen für die Atmosphäre hat. Laut der von Sitchin veröffentlichten historischen Zeitleiste [88] stand das Leben auf Nibiru vor etwa 450.000

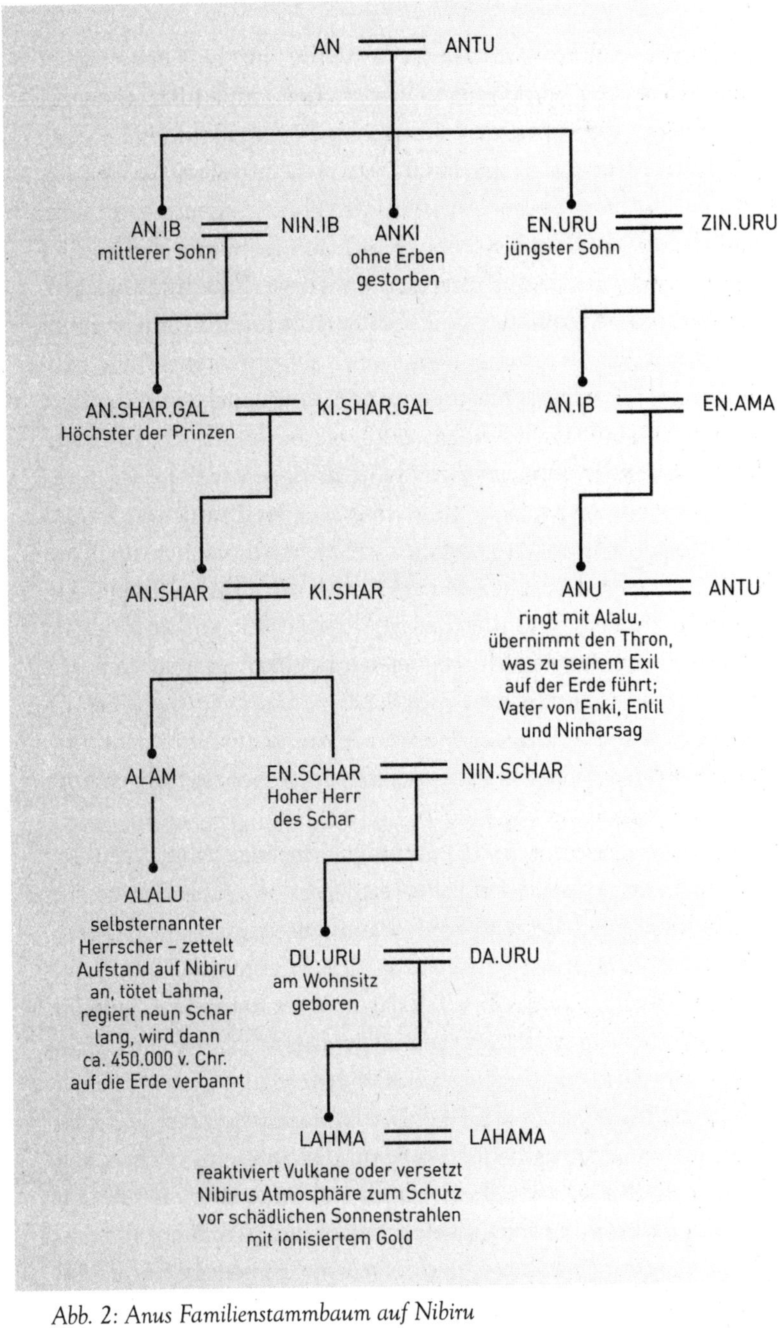

Abb. 2: Anus Familienstammbaum auf Nibiru

Jahren aufgrund der sich verschlechternden Atmosphäre und der in Sonnennähe erhöhten Strahlung kurz vor der Auslöschung. Auf dieses Ereignis wird in Abbildung 2 angespielt.

Gleichzeitig fand auf Nibiru auch ein politischer Machtkampf statt. In dessen Verlauf gelang es Anu, dem ungerechten Herrscher Alalu die Regierungsmacht zu entreißen und ihn ins Exil zu verbannen. Alalu konnte jedoch schon vorher in einem Raumschiff entkommen und auf die Erde fliehen, wo er Gold entdeckte. Er bot diesen Fund als Reparation an, denn man wollte Nibirus Atmosphäre retten, indem man ionisierte Goldpartikelchen darin freisetzte.

Anu schickte seinen wissenschaftlich begabten Sohn Enki zur Erde, um die Möglichkeiten, das von Alalu entdeckte Gold von dort nach Nibiru zu transportieren, einzuschätzen. Ungefähr 5.000 Erdjahre später, also vor etwa 445.000 Jahren, reiste Enki dann schließlich zur Erde und stellte fest, dass ein Jahr auf Nibiru 3.600 Erdenjahren entspricht. Laut der sumerischen Aufzeichnungen, inklusive der sumerischen Königsliste, war die erste Stadt, die von den Anunnaki kolonisiert wurde, das an den Flussmündungen des Persischen Golfs gelegene Eridu [16]. Nach seiner Ankunft auf Erden begann Enki mit einer Gruppe von Assistenten in den Gewässern des Persischen Golfs nach Gold zu suchen, hatte aber nur mäßigen Erfolg. Da der Prozess, genügend Gold für die Anreicherung der Atmosphäre von Nibiru zu fördern, nur langsam voranging, entsandte Anu nun auch seinen jüngeren Sohn Enlil, der Enki helfen sollte, die Goldförderung zu beschleunigen. Das Projekt wurde vom Persischen Golf nach Südafrika verlegt, wo Enki nahe dem Sambesifluss Gold entdeckt hatte. Doch um das Gestein zu zermalmen und das Golderz zu verarbeiten, benötigte man eine entsprechende Infrastruktur. Deshalb baten Enki und Enlil Anu darum, selbst zur Erde zu kommen und sie bei der schwierigen Goldförderung zu beraten.

In einem Zeitraum irgendwann zwischen 445.000 und 360.000 Jahren vor unserer Zeit traf Anu auf der Erde ein und wurde über den gegenwärtigen Stand der von Enki geleiteten Minenarbeiten unterrichtet. Die Frage, welcher der beiden Brüder die Minen und welcher die Kommandozentrale in Mesopotamien, insbesondere in Nippur, leiten sollte, rückte in den Vordergrund. Laut der Erzählung im Atrahasis losten Anu, Enki und Enlil aus, wer welche Aufgabe erfüllen sollte. Dies vergrößerte den Abstand zwischen den beiden Brüdern noch, die ohnehin oft miteinander in Konflikt gerieten. Enki war der erstgeborene Sohn von Anu und Anru. Den sumerischen Erzählungen nach war jedoch Enlil der rechtmäßige Erbe, denn die Erbgesetze von Nibiru bestimmten, dass der rechtmäßige Erbe ein Nachkomme des Mannes und seiner Halbschwester sein musste. Hierfür hatten die Anunnaki wissenschaftliche Gründe: Das weibliche genetische Material enthält mitochondriale DNS, das männliche jedoch nicht. Dank dieses Vorgehens folgt der Stammbaum stets der mütterlichen Linie.

Das Los bestimmte, dass Enlil in das mesopotamische Gebiet geschickt wurde, wo ihn Terah und dessen Sohn Abram später im Tempel von Ur unterstützen sollten. Enki jedoch ging nach Abzu (Afrika), um die Gewinnung des für Nibirus Atmosphäre dringend benötigten Goldes zu beschleunigen. Anu kehrte nach Nibiru zurück, um sich um sein Königreich auf dem Heimatplaneten zu kümmern. Inanna, der Lieblingsenkelin Anus, wurde die Herrschaft über das Indus-Tal anvertraut, und die Sinai-Halbinsel behielten sich die Anunnaki zur eigenen Verfügung vor. Diese Aufteilung fand im Jahre 3760 v. Chr. statt.

Vor ungefähr 415.000 Jahren reiste dann Enkis Halbschwester Ninharsag, die den Rang eines medizinischen Offiziers bekleidete, zur Erde und errichtete in Schuruppak ein medizinisches Zentrum. Ihre Aufgabe bestand darin, sich um die Gesundheit der Nibiru-Astronauten zu kümmern, denn die Anunnaki klagten über spürbare Alterungserscheinungen, die sie auf Nibiru nicht gekannt hatten. Man nahm an, dass dies ein Resultat der sehr viel kürzeren Umlaufzeit der Erde um die

Sonne war, denn Nibiru benötigte für eine komplette Sonnenumkreisung ein »Schar«: 3.600 unserer Erdenjahre.

Stadt	Funktion
Nippur	Raumflugkontrollstation
Sippar	Raumflughafen
Schuruppak	Medizinisches Zentrum
Bad Tibira	Golderzverarbeitung
Larsa und Lagash	Navigationshilfen
Ur	Kommandozentrale Enlils
Eridu	Erdstation 1, Hauptquartier Enkis

Tab. 2: Außenposten der Anunnaki vor der Sintflut

Mehrere Städte wurden in Sumer gegründet, um die Stadt Eridu, die Enki bei seiner Ankunft gebaut hatte, zu ergänzen. Diese Städte sollten bei der Goldausbeutung spezifische Funktionen erfüllen und die nötige Infrastruktur bilden, um den Kontakt mit Nibiru aufrecht zu erhalten [13]. Tabelle 2 nennt die Städte und ihre jeweiligen Funktionen. Abbildung 3 zeigt eine Karte mit der Lage der heutigen Städte zueinander.

Im Atrahasis wird berichtet, dass der Zwölferrat der Anunnaki vor ungefähr 300.000 Jahren in Enkis Reich in Südafrika tagte, um darüber zu diskutieren, wie man den Goldabbau beschleunigen könnte. Die Erzählung bietet viele Hintergrundinformationen über diese bemerkenswerte Versammlung historischer Astronauten. Die höherrangigen Ratsmitglieder, darunter angeblich auch Enki selbst, brachten einige ihnen dienstverpflichtete Gehilfen mit, die bei der Etablierung des irdischen Goldproduktions-Außenpostens mitarbeiten sollten. Das verschollene Buch Henoch nennt sie *Wächter* [36], aber im

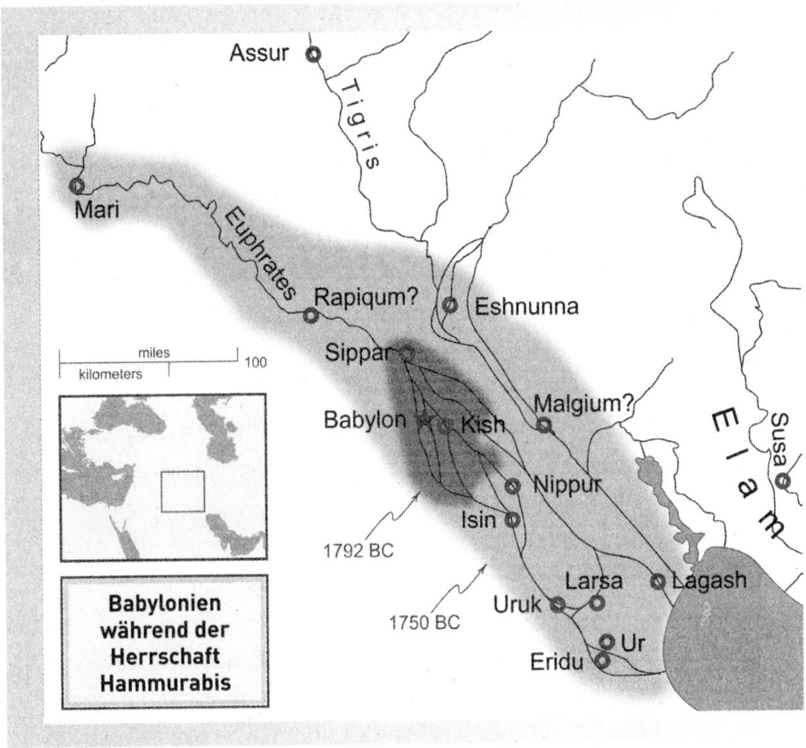

Abb. 3: Anunnaki-Städte im altbabylonischen Reich

Atrahasis heißen diese Minenarbeiter *Igigi.* Sie waren im Verhältnis zu den Menschen anscheinend recht hoch entwickelt, gehörten aber dennoch explizit der Arbeiterklasse an.

Den Igigi fielen schwierige, arbeitsintensive Aufgaben zu: Sie mussten Flussbette ausbaggern, Aquädukte und Städte bauen und natürlich das Gold in den südafrikanischen Minen gewinnen. Anscheinend wurden ihnen auf ihrem langen Einsatz auf Erden (der ein »Schar« beziehungsweise rund 3.600 Erdenjahre betrug) keine weiblichen Gefährten mitgegeben. Es folgt ein Ausschnitt aus der ersten Tontafel des Atrahasis, der Altbabylonischen Version (OBV), die von Stephanie Daily in ihrem Buch *Myths From Mesopotamia: Creation, the Flood, Gilgamesh and Others* [Mesopotamische Mythen: die Schöpfung, die Sintflut, Gilgamesch und mehr], übersetzt wurde (Oxford World's Classics, S. 9-10) [37].

Athrasis Tafel I [37, S. 9]

Als die Götter statt der Menschen
die Arbeit taten, die Lasten trugen,
war die Last den Göttern zu groß,
die Arbeit zu schwer, die Mühe zu viel.
Die großen Anunnaki befahlen den Igigi,
die siebenfache Arbeitslast zu tragen.
Ihr Vater Anu war König,
ihr Ratgeber war der Krieger Enlil,
ihr Haushofmeister war Ninurta,
ihr Kanalaufseher Ennugi.
Sie nahmen den Kasten mit den Losen ...,
warfen die Lose, die Götter machten die Einteilung.
Anu ging hinauf in den Himmel,
und Enlil nahm die Erde für sein Volk.
Der Riegel, der das Meer absperrt,
wurde dem weitsichtigen Enki zugeteilt.
Als Anu gen Himmel gefahren war
und die Götter des Apsu
hinabgetaucht waren,
befahlen die Anunnaki des Himmels
den Igigi, die Arbeitslast zu tragen.
Die Götter mussten Kanäle graben,
Flussbetten räumen – die Lebensadern des Landes.
Die Igigi mussten Kanäle graben,
Flussbetten räumen – die Lebensadern des Landes.
Die Götter gruben das Flussbett des Tigris
und gruben dann das des Euphrat ...

In der Tiefe errichteten sie
das Apsu des Landes,
darinnen hoben sie die Gipfel
aller Berge.
Sie zählten die Jahre der Lasten;
3.600 Jahre lang trugen sie die Zusatzlast,
schwere Arbeit, Tag und Nacht.
Sie stöhnten und beschuldigten sich gegenseitig,
stöhnten über die Massen der ausgegrabenen Erde.
»Lasst uns den Haushofmeister konfrontieren
und ihn dazu bringen, uns zu entlasten!«

Um die wichtigsten Informationen dieser ersten Tontafel zusammenzufassen: Die Igigi umzingeln das Lager des Enlil (Enlil in der altbabylonischen Übersetzung) und fordern, von ihrer übermäßigen Arbeitslast befreit zu werden. Meuterei liegt in der Luft. Anu, Enkis und Enlils Vater, wird von Nibiru als Berater herbeigerufen. Auch Enki wird gebeten, sich an den Bemühungen um eine Beilegung des Aufstands in den Minen zu beteiligen. Man hält die Igigi kurzzeitig mit dem Versprechen hin, ihre Arbeitslast zu reduzieren, während der Rat der Anunnaki tagt, um über die aufständischen Igigi-Minenarbeiter zu diskutieren. Enki und seine Halbschwester Ninharsag, die oberste Medizinerin, arbeiten schließlich zusammen, um ein genetisches Mischwesen, einen primitiven Arbeiter zu züchten, der die Igigi–Arbeiter ersetzen soll.

Im nächsten Kapitel wollen wir gemeinsam die Indizien für die Anwesenheit der Anunnaki auf der Erde untersuchen.

3

Spuren der Anunnaki auf der Erde

Welche Hinweise auf die physische Anwesenheit der Anunnaki finden sich auf der Erde? Die hier aufgeführten Indizien sind entweder schriftlich dokumentiert oder entstammen astrologischen, technischen und biologischen Bereichen.

Astrologische und astronomische Indizien

Der sumerische Schöpfungsmythos Enuma Elisch [89], aufgezeichnet auf Tontafeln, die heute im Museum der Universität von Pennsylvania ausgestellt sind, berichtet in allegorischer Form von himmlischen Kriegern, deren Kämpfe und Heldentaten die Umlaufbahnen der Planeten und ihrer Trabanten um die Sonne begründeten. Diese Tontafeln, auf die die Legenden der altbabylonischen Version in Keilschrift niedergeschrieben wurden, stammen aus der Zeit zwischen 1936 und 1901 v. Chr. Laut den sumerischen Aufzeichnungen war Marduk, der erstgeborene Sohn Enkis, der babylonische Nationalgott und erreichte um 2000 v. Chr. den Höhepunkt seiner Macht.

Man vermutet jedoch, dass eine noch viel ältere Version des Schöpfungsmythos existiert, in dem Nibiru als der ursprüngliche Heimatplanet bezeichnet wird, und dass der Name Nibiru später in der altbabylonischen Version durch Marduk ersetzt wurde. Abgesehen von einigen Ausnahmen sind die Planetennamen und die Entfernungen ihrer jeweiligen Umlaufbahnen von der Sonne korrekt wiedergegeben. Das Erstaunliche an der babylonischen Schöpfungsgeschichte ist das akkurate Wissen um unser Sonnensystem, das erst kürzlich durch die moderne Wissenschaft bestätigt werden konnte. Ist es möglich, dass unsere aktuellen wissenschaftlichen Kenntnisse erst jetzt den Punkt erreicht haben, an dem sie das babylonische Schöpfungsepos verifizieren können?

Der Bericht spricht von zehn beziehungsweise neun Planeten, wobei Sonne und Mond mit aufgelistet sind. Auf Tabelle 3 (siehe unten) sehen Sie eine Gegenüberstellung der heutigen und der nibiruanischen Planetennamen unseres Sonnensystems. Interessanterweise trugen die Planeten die Namen der Anunnaki-Elite, und laut den sumerischen Aufzeichnungen kannte man insgesamt zehn Planeten, während wir heute nur neun Planeten kennen beziehungsweise als solche akzeptieren.

Rang	Himmelskörper	Name im Schöpfungsepos
11	Sonne	Apsu
10	Mond	Qingu
9	Merkur	Mummu
8	Venus	Lahamu
7	Erde	Ki
6	Mars	Lahmu
5	Jupiter	Kischar
4	Saturn	Anschar
3	Neptun	Nudimud
2	Uranus	Anu
1	Pluto	Gaga
12	Nibiru	Marduk

Tab. 3: Das babylonische Epos der Planetenschöpfung

Es folgt eine Zusammenfassung des Schöpfungsepos: Die Geschichte begann damit, dass Sonne und Mond sich miteinander verbündeten, um Tiamut zu vernichten. Enki erfuhr von dem Plan und schützte Merkur, indem er die Strahlung der Sonne verminderte. Daraufhin versetzte Enki erst Merkur und anschließend auch die Sonne »in Schlaf« [37, S. 235]. Merkur, der Ratgeber, befand sich nun in einer Art schlafloser Benommenheit. Ea (ein anderer Name Enkis) löste Merkurs Gürtel und nahm ihm erst seine Krone und dann auch seinen strahlenden Umhang ab, den er sich selbst umlegte. Beachten Sie, dass Enkis Planet Neptun war, was implizieren könnte, dass Merkurs Umlaufbahn sich infolge der veränderten Sonnenstrahlung kurzzeitig veränderte. Nibiru »ruhte 900 Jahre lang auf der Spitze der Sonne« (war er vielleicht in einer Sonnennahen Umlaufbahn gefangen?) [33]. Die Strahlung der Sonne bedrängte Tiamut. Ea und seine Frau Damkina bekamen ein Kind: ihren erstgeborenen Sohn Marduk. Marduk beeinflusste somit als Nachkomme hochrangiger Anunnaki-Ratsmitglieder die ganze Erzählung, da er sein Geburtsrecht auf eine himmlische Zeugung zurückführte. Auf der Höhe seiner Regentschaft über Babylon übernahm Marduk von Enlil den 50. und höchsten Rang des Rates.

Von den himmlischen Tierkreiszeichen werden Stier, Fische und Steinbock beschrieben. Qingu (der heutige Erdenmond) war an Tiamut gebunden, die »Hüterin der Tafel des Schicksals«. Angestiftet von der Sonne, versuchte Neptun, Tiamuts Zorn zu besänftigen, und wandte sich an Anschar (Saturn), um ihm zu berichten. Tiamut wurde gezwungen, von ihrer Umlaufbahn abzuweichen. Ea empfahl, Tiamuts Streitkräfte aufzureiben und schickte Marduk (Nibiru) zu Hilfe. Nibiru wurde in die Umlaufbahn des Saturns hineingezogen, was einen beruhigenden Effekt hatte. Ein Satellit oder Mond des Saturns wurde als Kundschafter zum Merkur und zur Venus geschickt, wobei Merkur und Venus als »Vorfahren Saturns« bezeichnet wurden. Eine Strahlenwaffe namens Inhullu-Wind wurde als »Wind des Bösen« bezeichnet, als Orkan, als Wirbelsturm, der sieben Winde gegen Tiamut freisetzte. Diese verfolgten Tiamut auf ihrem Pfad und holten sie schließlich ein. Auch eine Flutwaffe wurde gegen Tiamut eingesetzt, und endlich traf ein Asteroid (ein »Pfeil«) Tiamut und spaltete sie. In der Folge wurde Qingu zerstört. Eine Konstellation von Planeten, Sternen und Tiamuts planetarischen Überresten wurde in Nibirus Umlaufbahn hineingezogen. Der untere Teil Tiamuts wurde »zertrampelt«, die andere Hälfte ihrer Masse »zum Dach des Himmels geschleudert«; dort wurde sie durch einen Riegel gesichert und von einem Wächter bewacht. Danach wurden die Gewässer zu einem einzigen Ozean vereinigt. Nun korrigierte man Nibirus Kurs wieder und glich seinen Standort an den Enlils (planetarische Angliederung Jupiter, Tierkreisangliederung Stier) und Enkis (planetarische Angliederung Neptun, Tierkreisangliederung Fische) an. Der Erdenmond war also früher ein Trabant Tiamuts.

Ich kann dem Leser oder der Leserin nur wärmstens empfehlen, das Enuma Elisch in seiner ursprünglichen Form zu lesen, um das richtige Gefühl für dieses detaillierte Schöpfungsepos zu bekommen. Laut diesem allegorischen Bericht befand sich Tiamut, ein Planet von der Größe des Uranus, zum Zeitpunkt der Schöpfung unseres Sonnensystems auf einer Umlaufbahn zwischen Mars und Jupiter. Die Erde existierte damals noch gar nicht. Nibiru wurde in die Gravitation unseres Sonnensystems hineingezogen, und es gibt verschiedene Hypothesen darüber, woher er ursprünglich kam. Wenn man so will, begann mit dieser »Gefangennahme« ein himmlischer Kampf um die Position seiner Umlaufbahn. Als Nibiru seine Umlaufbahn um die Sonne begann, wobei er an den äußeren Planeten vorbeizog, neigte sich Uranus aufgrund der veränderten Gravitationsverhältnisse zur Seite, und Pluto wurde aus seiner ursprünglichen Umlaufbahn um den Saturn herausgeschleudert und dadurch zu einem »echten Planeten« – ein Rang, der ihm von den Wissenschaftlern erst kürzlich wieder abgesprochen wurde.

Dann stieß einer von Nibirus Trabanten auf dem Weg zum Sonnennahen Bereich mit Tiamut zusammen, und Nibiru selbst kollidierte während seiner nächsten Sonnenumrundung mit Tiamut. Ein großer Teil Tiamuts brach ab und formte die Erde, und der Rest ihrer zerschmetterten Substanz bildete den Asteroidengürtel, der sich heute zwischen Mars und Jupiter befindet. Die Erde stabilisierte sich auf ihrer heutigen Umlaufbahn, wurde zu einem festen Planeten und zog einen der Nibirumonde als eigenen Trabanten an. Einige moderne Untersuchungen der tiefen Erdspalten im Pazifik sowie die relativ ungewöhnliche Größe des Erdmondes erhärten diesen sumerischen Schöpfungsbericht, der in jedem Frühling in Babylon öffentlich verlesen wurde. Außerdem könnte ein solcher Zusammenstoß mit Nibiru die Saat des Lebens auf der Erde ausgebracht haben – eine zufällige Befruchtung, im Gegensatz zu einer absichtlichen Befruchtung, wie sie Dr. Jonas Salk aus San Diego vertritt. Dieser postuliert nämlich, dass intelligente Wesen die Erde gezielt mit fremden Lebensformen besamt haben.

Der wichtigste Teil des Schöpfungsepos benennt also einen weiteren Planeten in unserem Sonnensystem: Nibiru, den Heimatplaneten der Anunnaki, der sich in großem Abstand zur Sonne, nämlich jenseits von Pluto, auf einem 3.600 Jahre dauernden, rückläufigen Orbit um die Sonne befindet. Dr. Robert S. Harrington, ehemals Chef des Marineobservatoriums der USA, entdeckte einige Hinweise, die dies offenbar bestätigen. Pluto wurde 1930 von einem gewissen Tombaugh entdeckt und sein Mond Charon 1978. Gewisse Schwankungen in den Umlaufbahnen der Planeten Uranus und Neptun führten 1983 zum Einsatz eines Infrarot-Astronomie-Satelliten, IRAS, der ausgesandt wurde, um den hypothetischen Planeten, der diese Schwankungen vermutlich verursachte, zu entdecken.

Die von IRAS gesammelten Daten weisen eindeutig auf einen großen Braunen Zwerg hin, der vier Mal so groß ist wie die Erde.

1992 veröffentlichten Harrington und van Flandern vom Marineobservatorium einen Artikel, in dem sie alle verfügbaren

Informationen zusammentrugen, ihre Entdeckungen bekanntgaben und ihrer Überzeugung Ausdruck verliehen, dass ein zehnter Planet in unserem Sonnensystem lokalisiert worden war. Sie bezeichneten ihn sogar als »Eindringlings-Planeten« [82]. Zecharia Sitchin und Dr. Harrington, der mit sämtlichen Schriften Sitchins zum Thema eines zehnten Planeten vertraut war, vereinbarten eine Zusammenkunft, um IRAS' Forschungsergebnisse mit Sitchins Interpretation des babylonischen Schöpfungsepos Enuma Elisch zu vergleichen. Die Daten, die sowohl IRAS als auch andere Forschungssonden wie Pioneer 10 und 11 und Voyager gesammelt hatten, veranlassten Harrington ebenso dazu wie die Umlaufbahn, Größe und rückläufigen Eigenschaften des zehnten Planeten, Sitchin zuzustimmen: Es musste sich dabei um Nibiru handeln [82].

Wenn ein Planet von der Größe Nibirus alle 3.600 Jahre zwischen Mars und Jupiter vorbeizieht, hat das zweifellos gewaltige Auswirkungen.

Höchstwahrscheinlich ist Nibirus Vorbeiziehen sogar die Ursache für die irdischen Polverschiebungen und Polumkehrungen und für die Veränderungen der irdischen Präzession um die eigene Achse. Dazu kommen noch potenziell gefährliche Meteore und anderes Weltraumgeröll, das Nibiru auf seinem Lauf vom Asteroidengürtel in den inneren Bereich des Sonnensystems hinter sich herzieht.

Technologische und bauliche Indizien

Es ist nicht schwer, auf der ganzen Welt ungewöhnliche Artefakte zu finden, die die Fähigkeiten der jeweiligen Zivilisationen, denen sie angeblich entstammen, zu übersteigen scheinen. Beispiele dafür sind etwa die Hieroglyphen im ägyptischen Tempel Abydos, auf denen Raketen, Flugzeuge, Unterseeboote und sogar ein sehr fortschrittlicher Hubschrauber abgebildet sind, der aussieht wie der AH-64 Apache Helikopter der Vereinigten

Staaten. Oder der irakische »Batteriefund« – präzise konstruierte Architektur aus uraltem, granithartem Gestein, bei der sich die Frage aufdrängt: Warum sollte eine Kultur aus allen zur Verfügung stehenden Baumaterialien ausgerechnet das schwierigste ausgewählt haben, nämlich massive Steinblöcke von jeweils mehr als 1.000 Tonnen Gewicht? Auch die Trilithon-Steine von Baalbek im Libanon gehören in diese Kategorie. Die Antwort auf die Frage lautet höchstwahrscheinlich: weil es möglich war und kein Problem darstellte.

Eine der faszinierendsten diesbezüglichen Entdeckungen ist der Hathor-Tempel auf dem biblischen Berg Sinai. In diesem Tempel fand man ein weißes talkumartiges Pulver, das, wie sich herausstellte, offenbar beim Einschmelzen von Gold entstand [48]. Dieser Fund führte zur Wiederentdeckung des monoatomischen Goldes durch David Hudson. Supraleiter aus diesem Material haben bei Zimmertemperatur die erstaunliche Eigenschaft, die Schwerkraft zu vermindern – und gewissen Behauptungen zufolge hat man sie damals benutzt, um die riesigen Steinblöcke zu bewegen, die beim Tempelbau verwendet wurden. Außerdem hat man festgestellt, dass bestimmte Anunnaki, die einer speziellen, auserwählten Blutlinie entstammten, das monoatomische Gold aßen, und zwar in Form eines konisch geformten Gebäcks, das an den Wänden des Hathor-Tempels dargestellt ist [48]. Die kürzeren Zyklen des irdischen Orbits wirkten sich, wie bereits erwähnt, auf die DNS der Anunnaki nachteilig aus, insbesondere ihre Telomer-Chromosomen wurden durch die aufgrund der größeren Sonnennähe erhöhte Strahlung geschädigt [14, 16]. Der Verzehr von monoatomischem Gold »erleichtert« den menschlichen Energiekörper und stellt obendrein aufgrund seiner verringerten Atommasse, die durch wiederholte Erhitzungs-, Schmelzungs- und Härtungsprozesse vermindert wird, eine Brücke zu anderen Dimensionen her. Um es in weißes Pulver zu verwandeln und seine Masse zu verringen, wurden dem Gold anschließend noch andere Stoffe hinzugefügt, hauptsächlich Antimon.

Flugzeugmodelle, unglaublich präzise gebaute Sonnen- und Mondtempel, die exakt nach den Sonnwenden und Tagundnachtgleichen ausgerichtet waren, sowie Zehntausende von Tontafeln und anderen schriftlichen Berichten über höher entwickelte Wesen, welche die jeweiligen Eingeborenen zivilisierende Technologien lehrten – diese und ähnliche Entdeckungen, die auf der ganzen Welt gemacht wurden, weisen darauf hin, dass die Anunnaki tatsächlich hier auf der Erde waren.

Besonders eindrucksvolle Hinterlassenschaften der uralten Anunnaki-Astronauten sind die Bauwerke der vorsintflutlichen mesopotamischen Städte, etwa Eridu, Babylon und Uruk, wo der berühmte Gilgamesch König war.

Indizienliste

1. Bauwerke wie beispielsweise in Baalbek, die die Fähigkeiten der zeitgenössischen Bauingenieure weit in den Schatten stellten [70].
2. Goldminen, die laut Kohlenstoffdatierung etwa 200.000 Jahre alt sind – genau der Zeitpunkt, an dem Enki sich angeblich in Afrika aufhielt [13, 14].
3. Steinerne Behausungen unweit der Goldminen, entdeckt von Michael Tellinger, in denen die eigentlichen Ahnen der Menschen lebten, nämlich die genmanipulierten Sklaven der Anunnaki. Die Resultate der DNS-Untersuchungen stehen allerdings noch aus.
4. Tafeln aus gebranntem Ton, auf denen in Keilschrift dokumentiert ist, wer die Anunnaki waren und worin ihre Mission auf der Erde bestand. Die sumerischen Aufzeichnungen berichten überdies von den einzelnen Individuen [41, 43].
5. Das Enuma Elisch, das im Museum der Universität von Pennsylvania ausgestellt ist, enthält sehr komplizierte und technisch korrekte Beschreibungen von Kollisionen am Himmel, die zur Ausprägung unseres heutigen Sonnensystems

führten. Laut dieser Schilderungen kannten die Sumerer den Planeten Pluto, den die NASA erst in den 1980er Jahren eindeutig identifizierte. Woher wussten sie von ihm [37, 89]?

6. Die Stadt Eridu, erbaut mit Ziegeln aus gebranntem Ton, die aus dem irakischen Wüstensand lugen. Sie wurde 1973 von der Chicagoer Universität fotografisch dokumentiert, und so lokalisierte man »Erdstation Eins«. Die sumerische Königsliste bestätigt die Existenz dieser Stadt und ihrer Könige.

Schriftlich dokumentierte Indizien

Unser Verständnis der kulturellen Hintergründe jener antiken Siedlungen im Nahen Osten bildete sich erst Anfang des 19. Jahrhunderts heraus. Damals machten archäologische Ausgrabungen in Mesopotamien die Welt auf das hohe zivilisatorische Niveau der Sumerer aufmerksam. Man fand dort nicht nur amtliche Aufzeichnungen von Eheschließungen, Geburten und rechtskräftigen Verträgen, sondern auch Hinweise auf die Geschichte der Anunnaki selbst [116]!

Die Sumerer haben das Konzept der mythologischen Wesenheiten keineswegs erfunden. Vielmehr geht aus ihren Aufzeichnungen hervor, dass ihnen die außerirdische Abstammung der Astronauten bewusst war, die in den Ziggurat-Tempeln verschiedener Städte ihren Wohnsitz bezogen und zu Göttern erhoben wurden. Die Außerirdischen, die die sumerische Zivilisation schufen, bestanden jedoch aus Fleisch und Blut und unterhielten regelmäßigen Kontakt zu den Menschen, ihren genetisch gezüchteten Hörigen. Als Assurbanipals Bibliothek in Ninive in Flammen aufging, wurden viele der darin aufbewahrten Tontafeln gebrannt und dadurch für die Nachwelt erhalten. Erst kürzlich entdeckte man in Sippar, dem Raumflughafen der Anunnaki, eine versiegelte, 2,7 mal 1,8 Meter große Kammer. In dieser Kammer befanden sich fast vierhundert chronologisch geordnete Tontafeln mit lückenlosen Aufzeichnungen über die Bemühungen der Anunnaki während ihrer Mission auf der Erde [82]. Insbesondere Sitchin setzte sich dafür ein, die Weltöffentlichkeit endlich über die Einzelheiten dieser sumerischen Anunnaki-Berichte aufzuklären. Schließlich sind seit der ersten Entdeckung bereits über hundert Jahre vergangen, aber erst heute werden diese Informationen allmählich akzeptiert. Zurzeit werden die Tafeln digitalisiert, um ihre Übersetzung zu beschleunigen und akkurater zu machen [63].

Es ist nicht schwierig, physische Indizien zu finden, die diese dokumentierten Hinweise bestätigen. Dem sumerischen Atrahasis-Dokument zufolge gruben die Anunnaki in Afrika nach Gold. Die uralten Goldminen wurden entdeckt: Ihrer Kohlenstoffdatierung zufolge sind sie 200.000 Jahre alt, und laut Michael Tellinger, dem Autor von *Adam's Calendar* [111] und *Slave Species of God* (Sklavenspezies Gottes) [119], waren die dortigen Minenarbeiter mit unseren biologischen Vorfahren verwandt. Die entscheidenden Hinweise, die Michael Tellinger dazu veranlassten, in Südafrika nach den Anunnaki-Goldminen zu suchen, stammten von Texten wie dem Atrahasis und den sumerischen Aufzeichnungen, in denen Afrika als »Enkis Reich« bezeichnet wird.

Biologisch-genetische Indizien

Es dürfte die Leser kaum noch überraschen, dass die genetischen Hinweise auf die ersten primitiven, von den Anunnaki geschaffenen Arbeiter ebenfalls in Südafrika auftauchten, und zwar ganz in der Nähe der von der angloamerikanischen Minengesellschaft PLC erworbenen Goldminen [112]. Enkis Haus Schimri, sein genetisches Labor, befand sich also tatsächlich genau an dem Ort, an dem es laut den sumerischen Texten hätte sein müssen, was auch die kürzlich durchgeführte »Suche nach der genetischen Eva« bestätigte, bei der die menschliche

Abstammung mithilfe mitochondrialer DNS zurückverfolgt wurde [86, 88]. Auch die genetische Adam-Studie, die unsere Ursprünge anhand der Mutation der Y-Chromosomen zurückverfolgte, führte zu genau demselben Ort und Zeitraum wie die Eva-Studie. Im Atrahasis finden sich obendrein Einzelheiten über Experimente, bei denen man tierische DNS mit der DNS der Anunnaki kreuzte, bis man schließlich auf die Lösung stieß: den Homo Sapiens Sapiens [37].

Laut den Anunnaki waren *sie* es also, die der frühen Menschheit die Intelligenz verliehen, und dies erklärt unsere überraschend schnelle technologische Entwicklung – immerhin haben wir es heute, nach einer Evolution von nur etwa 200.000 Jahren, schon bis zur Raumfahrt gebracht. Diese Geschwindigkeit passt schlecht zu der Tatsache, dass wir einst Millionen von Jahren brauchten, um die allerprimitivsten Werkzeuge zu entwickeln, bevor der Paradigmenwechsel der Sumerer eine beschleunigte Entwicklung einläutete [43].

Im nächsten Kapitel wollen wir den genetischen Schöpfer der Menschheit ein wenig genauer betrachten.

4

Enki, der Wissenschaftler: Schöpfer des Menschen

Die Anunnaki befanden sich mit ihrer Goldminenoperation in Südafrika in einer beträchtlichen Zwangslage. Als sie vor fast 432.000 Jahren mit Enki hier angekommen waren, wurden sie bei der Kolonisierung der Erde zunächst von den Igigi unterstützt. Nachdem sie im Persischen Golf gelandet waren, bauten sie Eridu (Erdstation Eins) und bemühten sich vergeblich, genügend Gold aus dem dortigen Meer zu gewinnen. Daraufhin verlegten sie die Goldgewinnung nach Abzu am Sambesi-Fluss in Afrika. Später stellten sie den Igigi niedrigere Arbeiter als Hilfskräfte zur Seite, die ausschließlich als Goldschürfer dienten. Doch nachdem sie lange Zeit unter offenbar harten Bedingungen in den Minen gearbeitet hatten, rebellierten die Minenarbeiter, belagerten Enlils Festung und forderten Entlastung.

Der folgende Ausschnitt aus dem Atrahasis vermittelt die Emotionen dieser Minenarbeiter, die dem Bericht zufolge bereits 3.600 Jahre lang dort gearbeitet hatten (man beachte: 1 Schar lang = 1 nibiruanisches Sonnenjahr).

Atrahasis Tafel I [37, S. 10]

Kommt, tragen wir Enlil,
den Ratgeber der Götter, den Krieger, aus seiner Wohnstatt.

Dann ließ sich Alla vernehmen
und sprach zu den Göttern, seinen Brüdern:
Kommt! Tragen wir Enlil,
den Ratgeber der Götter, den Krieger, aus seiner Wohnstatt.
Nun ruft den Schlachtenruf!
Die Götter lauschten seiner Rede,
entzündeten ihre Werkzeuge,
legten ihren Spaten fort fürs Feuer,
ihre Lasten für den Feuergott,
sie entflammten. Als sie ankamen
am Tor der Behausung des Kriegers Enlil,
war es Nacht, die Zeit der mittleren Wache.
Das Haus war umzingelt ...

Enlils Wächter Nuksu und Kalkal informierten ihren Meister über den Pöbel, der seine Wohnstatt eingekesselt hatte. Als Enlil erfuhr, dass er von Igigi-Minenarbeitern umzingelt war, ließ er Waffen in sein Haus bringen. Nusku, Enlils Wesir, warnte ihn jedoch und riet ihm, den Rat seines Vaters Anu einzuholen und auch Enki holen zu lassen. Anu und Enki wurden zu einer außerordentlichen Ratssitzung einberufen, um zu diskutieren, was man bezüglich der revoltierenden, niedrigrangigen Anunnaki unternehmen sollte.

Atrahasis Tafel I [37, S. 10]

Anu der Himmelskönig war anwesend,
Enki, der König der Apsu, nahm teil.
Die großen Anunnaki waren anwesend.
Enlil stand auf und legte seinen Fall dar.
Enlil ließ seine Stimme vernehmen
und sprach zu den großen Göttern:

»Haben sie sich denn gegen mich erhoben?
Soll ich in die Schlacht ziehen …?«
Anu ließ seine Stimme vernehmen
und sprach zu dem Krieger Enlil:
»Sende Nuksu hinaus,
er soll herausfinden, was die Igigi wollen,
die deine Tür belagert haben.«

Nuksu näherte sich in voller Bewaffnung dem Pöbel und fragte im Namen von Anu, Enki, Enlil und Ennugi, dem Aufseher der Kanäle, wer ihr Anführer sei und was ihre Forderungen seien.

Die aufrührerischen Minenarbeiter beauftragten Nuksu, Enlil folgende Botschaft zu bringen:

Atrahasis Tafel I [37, S. 12]

»Jeder Einzelne von uns Göttern hat den Krieg erklärt!
Wir haben das Graben eingestellt.
Die Last ist zu schwer, sie bringt uns um!«

Als Enlil hörte, was ihm Nuksu im Namen der empörten Minenarbeiter mitteilte, weinte er über diesen Stand der Dinge. Dann wandte er sich an seinen Vater Anu und bat ihn darum, an einem der Minenarbeiter ein Exempel zu statuieren und ihn öffentlich hinrichten zu lassen.

Atrahasis Tafel I [37, S. 13-15]

Anu ließ seine Stimme vernehmen
und sprach zu den Göttern, seinen Brüdern:

»Worüber beklagen wir uns?
Ihre Arbeit war tatsächlich zu schwer, ihre Bürde war zu groß.
Täglich hallte die Erde wider,
das Warnzeichen war laut genug, wir hörten sie lärmen.«
[Lücke]
Enki (Ea) ließ seine Stimme vernehmen
und sprach zu den Göttern, seinen Brüdern:
»Warum geben wir ihnen die Schuld?
Ihre Arbeit war zu schwer, ihre Bürde zu groß.
[Lücke]
Belet-ili, die Göttin des Mutterleibes, ist anwesend –
sie soll den urzeitlichen Menschen erschaffen,
damit er die Last tragen kann,
damit er Enlils Arbeit tun kann.
Belet-ili, die Göttin des Mutterleibes ist anwesend,
die Göttin des Mutterleibes soll Nachkommen erschaffen,
und der Mensch soll die Last der Götter tragen!«
[Lücke]
Nintu (anderer Name Belet-ilis) ließ ihre Stimme vernehmen
und sprach zu den großen Göttern:
»Es geziemt mir nicht, ihn zu erschaffen.
Dies ist Enkis Fachgebiet: Er macht alles rein!
Wenn er mir Lehm gibt, will ich es tun.«
Enki ließ seine Stimme vernehmen
und sprach zu den großen Göttern:
»Am ersten, siebten und fünfzehnten Tag des Monats
werde ich eine Reinigung durch Waschung vollziehen.
Dann sollte ein Gott gemetzelt werden,
und die Götter können durch Untertauchen gereinigt werden.
Nintu soll Lehm mischen
mit seinem Fleisch und Blut.
Dann werden ein Gott und ein Mensch

im Lehm miteinander vermengt werden.
Lasst danach für immer den Trommelschlag erklingen,
lasst einen Geist entstehen, das Fleisch des Gottes formend,
lasst sie (Nintu) es manifestieren, als sein lebendiges Zeichen,
und lasst den Geist existieren, damit der gemetzelte Gott nicht vergessen wird.«
Im Rat antworteten sie: »Ja!«,
die großen Anunnaki, die die Schicksalsmächte bestimmen.

Der Rat der Anunnaki unter dem Vorsitz von Anu beschloss also, Enki und Nintu (die leitende Medizinerin, die auch den Namen Ninharsag trug) mit der Züchtung einer primitiven Arbeiterrasse zu beauftragen, die die rebellischen Igigi-Minenarbeiter ersetzen sollte. Im Folgenden beschreibt das Atrahasis sehr ausführlich verschiedene genetische Versuche, Fehlschläge und entsetzliche Unglücksfälle. Als sich schließlich der gewünschte Erfolg einstellte, sprach Nintu, die inzwischen zur Meisterin aller Götter befördert worden war, erneut zum Rat der Anunnaki.

Offenbar musste selbst die »Mutter der Menschheit« einen ausführlichen Arbeitsbericht bei ihrem Chef abliefern!

Atrahasis Tafel I [37, S. 16]

»Ich habe mit Vollkommenheit die Arbeit ausgeführt,
die ihr mir aufgetragen habt.
Ihr habt einen Gott gemetzelt, und mit ihm seine Intelligenz.
Ich habe euch von eurer schweren Arbeit befreit,
ich habe eure Last dem Menschen auferlegt.«

Das Konzept der genetischen Manipulation wird heutzutage von modernen, zivilisierten Menschen nicht nur verstanden, sondern ist inzwischen so weit verbreitet, dass sich niemand mehr darüber wundert. Wäre es möglich, dass die Anunnaki, deren Zivilisation der unseren um mindestens 450.000 Jahre vorausging und die die Raumfahrt gemeistert hatten, die nötigen Fähigkeiten zu einer *In-Vitro-Fertilisation* besaßen, einer Reagenzglasbefruchtung? Laut dem Atrahasis-Bericht war dies tatsächlich der Fall, wodurch unsere menschliche Vorstellung eines »Schöpfers« in einem ganz neuen Licht erscheint. Man darf sich fragen, ob sich die Tätigkeit der modernen Genforscher unserer heutigen Zeit wirklich allzu sehr von der Enkis in seinem afrikanischen Labor unterscheidet. Beachtenswert ist das Anunnaki-Konzept eines Geistes, der von einem geopferten Wesen auf ein anderes übertragen wird. Dabei fallen einem Geschichten ein, in denen von der Unterwelt und von der Bewahrung oder Instandsetzung der Seelen die Rede ist.

Auch in diesem Zusammenhang ist es interessant, dass der Schöpfungsbericht im Enuma Elisch von einem Zusammenstoß zwischen Nibiru und Tiamut berichtet, in dessen Folge ein Teil Tiamuts zur Erde wurde. Könnte es sein, dass die Erde damals durch Samen von Nibiru kontaminiert wurde? Laut Enkis Schriften stammte diese Lebenssaat vom Schöpfer des Alls. Also besaßen die Anunnaki das Konzept eines übergeordneten Gottes, der höher war als die mit dem Wort »Götter« bezeichneten Wesen, zu denen manchmal sogar die Igigi zählten. Enki erklärte, bei den zweifüßigen Hominiden, die er in der afrikanischen Steppe fand, hätte er deutliche Anzeichen für dieselbe Art von Evolution festgestellt, die auch auf Nibiru stattgefunden hatte. Insofern betrachtete man die genetische »Aufbesserung« der frühen, vormenschlichen Hominiden lediglich als eine Art Ankurbelung eines natürlichen Prozesses und nicht unbedingt als die Schöpfung einer völlig neuen Spezies.

Was bedeutet dies für uns? Die Menschheit verdankt ihre Existenz demnach in erster Linie einem ursprünglichen Schöpfer des Alls, von dem die Saat des Lebens stammte, und erst in zweiter

Linie dem uralten Astronauten Enki, in dessen genetischen Samen, der zur Erschaffung des archetypischen Adapa verwendet wurde, der Kode der Anunnaki eingebettet war. So gesehen lebt in unseren halb-anunnakischen Genen unsere uralte Astronauten-Identität und Astronauten-Intelligenz noch immer weiter.

Ich möchte die Leser nun auf einen weiteren sehr wichtigen Punkt hinweisen. So viel wir wissen, entstanden die Atrahasis-Tontafeln in der altbabylonischen Epoche um 1700 v. Chr. Anscheinend haben hebräische Priester während ihrer babylonischen Gefangenschaft den sumerischen Sintflutbericht kopiert und zu ihrem Buch Genesis modifiziert. In Babylon hatten die Hebräer Zugriff auf die wahre Geschichte der großen Flut, aber ihr Hauptanliegen war es, Enlil zu besänftigen, ihren uralten, monotheistischen Astronauten-Gott, vor dessen Zorn sie Todesangst hatten. Deshalb beschreibt Genesis 6 den Hintergrund der großen Flut aus einer reinen Enlil-Perspektive – wie auch aus der gesamten Torah jegliche Hinweise auf andere Mitglieder des Anunnaki-Rats eliminiert wurden, insbesondere auf Enlils Erzrivalen und Halbbruder Enki.

Genesis 6:1-4 (Deutsche Einheitsübersetzung)

Als die Menschen sich über die Erde hin zu vermehren begannen und ihnen Töchter geboren wurden, sahen die Gottessöhne, wie schön die Menschentöchter waren, und nahmen sich von ihnen Frauen, wie es ihnen gefiel. Da sprach der Herr: »Mein Geist soll nicht für immer im Menschen bleiben, weil er auch Fleisch ist; darum soll seine Lebenszeit hundertzwanzig Jahre betragen. In jenen Tagen gab es auf der Erde die Riesen, und auch später noch, nachdem sich die Gottessöhne mit den Menschentöchtern eingelassen und diese ihnen Kinder geboren hatten. Das sind die Helden der Vorzeit, die berühmten Männer.«

Das altbabylonische Atrahasis berichtet von einem völlig anderen Auslöser der zerstörenden Flut als die Genesis. Im sumerischen Bericht ärgert sich Enlil über den Lärm, den die Menschen verursachen, und will sie zum Schweigen bringen. Die Tatsache, dass die Nephilim sich Menschenfrauen nahmen und womöglich galaktische Gesetze übertraten, indem sie sich mit genetisch erzeugten Sklavenfrauen vereinigten, wird von Enlil ignoriert. Stattdessen ist der Grund für die Auslöschung der Menschen ihre eigene Bosheit – siehe den folgenden Ausschnitt aus der Bibel:

Genesis 6:5-7 (Deutsche Einheitsübersetzung)

Der Herr sah, dass auf der Erde die Schlechtigkeit des Menschen zunahm und dass alles Sinnen und Trachten seines Herzens immer nur böse war. Da reute es den Herrn, auf der Erde den Menschen gemacht zu haben, und es tat seinem Herzen weh. Der Herr sagte: »Ich will den Menschen, den ich erschaffen habe, vom Erdboden vertilgen ...«

Der Vergleich zwischen Genesis und Atrahasis ist sehr interessant, denn dabei stößt man auf ein paar höchst unverschämte Lügen, die auch dem oberflächlichsten Betrachter auffallen müssten. Erstens war Enlil an der Erschaffung des Menschen gar nicht beteiligt, obwohl er das in Genesis 6:5 behauptet. Vielmehr waren laut dem Atrahasis, das mindestens 1.700 Jahre früher entstand, ausschließlich Enki und Ninmah dafür verantwortlich. Und wenn alles Sinnen und Trachten der Menschen immer nur böse war – galt das dann auch für die Zeit, in der sie in den Goldminen schufteten, um Gold für Enlil zu beschaffen? Laut dem Atrahasis-Bericht beschwerte dieser sich wiederholt, dass er nicht schlafen konnte, weil die Menschen solchen Lärm machten. Wie wäre es stattdessen mit Ohrstöpseln gewesen? War ihm das etwa zu unbequem? Oder war der Grund für seinen Zorn nicht vielmehr der Gedanke, dass dieser fruchtbare Nachwuchs seines Erzrivalen und Bruders das Potenzial dazu besaß, sich gegen seine, Enlils Vorherrschaft zu erheben? Folgt man der Logik der booleschen Algebra, ist der Gebrauch von Begriffen wie »alles« und »immer« ein absoluter Fauxpas. Ganz offensichtlich hatte der Ghostwriter der Bibel (dessen Auftraggeber Enlil war) die boolesche Algebra und ihre wissenschaftlichen Regeln nicht genügend studiert, da er in diesem Abschnitt so häufig mithilfe von Absoluta kommuniziert.

Interessant ist auch, dass es den »Baum des Wissens von Gut und Böse« tatsächlich gab, und zwar in Eridu, Enkis erstem irdischen Außenposten. Enlil-Jehova erklärte Adapa im Garten Eden von Eridu, dass er sterben müsse, wenn er seine Früchte äße. Enki widersprach dieser Lüge und sagte Adapa, dass er keineswegs sterben, sondern vielmehr wie »einer von uns, einer der Götter« werden würde. Offenbar bewirkte diese Pflanze also eine Art Transformation, die das menschliche Bewusstsein veränderte. Jedenfalls sagte Enki die Wahrheit und wurde dafür dämonisiert und als Schlange dargestellt, während Enlil log und sich selbst zum Gott erhob. Die Lüge wurde offensichtlich, als Adam nicht starb, sondern sich stattdessen seiner Nacktheit bewusst wurde – und dies bestätigte zugleich, was Enki als den wahren Grund für Enlils Verbot, die Frucht vom Baum des Wissens um Gut und Böse zu essen, angab. Es ging dabei nämlich in Wahrheit darum, Zugang zu einem höheren Bewusstsein zu gewinnen, was Enlil verhindern wollte.

Als Nächstes folgten unerwartete Handlungen von Seiten Enlils, die auf Völkermord hinausliefen. Anscheinend waren die Menschen 600 Jahre nach dem ursprünglichen Menschheitszuchtprogramm äußerst fruchtbar und lärmend.

Atrahasis Tafel I [37, S.18]

600 Jahre, weniger als 600 Jahre waren vergangen,
und das Land wurde zu groß und die Menschen zu zahlreich.
Das Land lärmte wie ein brüllender Stier.
Der Gott wurde durch ihr Spektakel ruhelos,
Enlil musste ihren Lärm hören.
Er wandte sich an die großen Götter:
»Der Lärm der Menschen ist zu groß geworden,
mich flieht der Schlaf bei ihrem Spektakel.
Befehlt, dass die Süruppu-Krankheit ausbrechen soll.«

Dies scheint der wahre Ursprung des Konfliktes zwischen Enki und Enlil zu sein. Mit Ninharsags Hilfe war Enki zum stolzen Schöpfer der Menschheit geworden, und es war ihm sogar gelungen, sein Versprechen zu erfüllen und die Götter von der schweren Arbeit in den afrikanischen Goldminen zu befreien. Natürlich war er wütend über den Befehl seines Halbbruders Enlil, eine Seuche auf das Volk loszulassen, denn Enlil zielte offensichtlich darauf ab, die Quelle des Lärms, nämlich die Menschen, auszulöschen. Es gab außerdem noch weitere Konfliktpunkte zwischen den beiden Halbbrüdern, die sich an Themen wie Geburtsrecht, Erbe, offiziellem Rang und Titel entzündeten. Doch davon wird später in diesem Buch die Rede sein.

Die Bibel bestätigt, dass zwischen der Erschaffung Adapas und dem Zeitpunkt, an dem die Menschen so zahlreich geworden waren, dass Enlil sie auslöschen wollte, 600 Jahre vergangen waren. Dies entspricht genau Noahs Alter zum Zeitpunkt der Sintflut.

Genesis 7:11-12 (Deutsche Einheitsübersetzung):

... im sechshundertsten Lebensjahr Noahs, am siebzehnten Tag des zweiten Monats. An diesem Tag brachen alle Quellen der gewaltigen Urflut auf, und die Schleusen des Himmels öffneten sich. Der Regen ergoss sich vierzig Tage und vierzig Nächte lang auf die Erde.

Das sumerische Atrahasis spricht jedoch statt von vierzig Tagen des ununterbrochenen Regens nur von sieben Regentagen.

Auch die Altersangaben in Genesis 5, die von Adam bis Noah reichen, lohnen eine genauere Betrachtung. Auf dieser Liste phänomenal langer Lebenszeiten werden Spitzenalter von 895 Jahren (Mahalalel) und 962 Jahren (Jered) erreicht. Ob man die jeweilige Lebensdauer einfach übertrieben hat? Oder bewirkte in der Anfangsphase vielleicht das noch relativ reine Blut der Anunnaki, das noch nicht durch die generationenlange Vermischung mit Menschen verdünnt worden war, die hier genannten außergewöhnlichen Lebensalter? Ein weiterer erwähnenswerter Punkt ist die Altersbegrenzung, die die Anunnaki ihren primitiven Arbeitern »einprogrammierten«. Sie gaben ihnen zwar genügend Intelligenz, um in den Minen zu arbeiten, aber nur eine kurze Lebensspanne, um Überbevölkerung zu vermeiden. Wie in Genesis 6:3 erwähnt wird, erhielten die Menschen eine maximale Lebensdauer von 120 Jahren. Diese Zahl entspricht den Angaben im Atrahasis.

Wenn man online nach dem ältesten Menschen seit dem Beginn der modernen Geschichtsschreibung sucht, trifft man auf Madame Jeanne Calment, eine Französin, die vom 21. Februar 1875 bis zum 4. August 1997 lebte. Ihre offizielle Lebensdauer betrug also 122 Jahre und 164 Tage. Offenbar hat sie die genetischen Vorgaben der Anunnaki ein wenig überschritten, und zwar um genau 2 Jahre und 164 Tage. Insgesamt scheint das genetische Ziel von 120 Jahren jedoch recht gut funktioniert zu haben, wenn man die Menschenmassen bedenkt, die seither die Erde bevölkert haben.

Gegen Ende der Atrahasis-Tafel I wird darauf hingewiesen, dass Atrahasis selbst eng mit dem großen Gott Enki verknüpft war. Sowohl den genealogischen Tabellen [48, S. 316] als auch dem Buch Henoch zufolge war Atrahasis niemand anderer als der Sohn Enkis und Batanaschs, der Frau des biblischen Lamech [14]. Insofern macht es Sinn, dass Enki gemeinsam mit seinem Sohn Atrahasis einen Aufstand unter den Menschen anzettelte und sie sogar in den Formen des friedlichen Protests unterwies. So wollte er die regierenden Mächte (Enlil) dazu bringen, von der Geißel der Süruppu-Krankheit abzusehen, worin diese auch immer bestanden haben mag. Offenbar hatte Enkis Einmischung Erfolg, sehr zum Ärger Enlils, der dadurch gezwungen war, sich wutschnaubend einen anderen Anschlag auf seine Menschensklaven auszudenken.

Bald darauf befahl Enlil eine neue Form des Völkermordes:

Atrahasis Tafel I [37, S. 20]

Er sprach zu den großen Göttern (Elil = Enlil):
»Der Lärm der Menschen ist zu groß geworden, der Schlaf flieht mich bei ihrem Radau.
Schneidet den Menschen die Nahrungszufuhr ab!
Sorgt dafür, dass es nicht genug Pflanzen gibt, um ihren Hunger zu stillen!
Lasst Adad seinen Regen zurückhalten! (Iskur Adad war einer der Söhne Enlils.)
Und lasst unten kein Flutwasser aus den Quellen fließen.
Lasst den Wind stürmen, er soll den Boden kahl wehen.
Lasst Wolken sich auftürmen, aber keinen Regen bringen,
lasst die Felder kärgliche Ernten produzieren,
lasst Nissaba ihren nährenden Leib verschließen.
Sie sollen kein Glück mehr erleben.«

Wieder setzte sich Enki für die Menschen ein und gab ihnen Ratschläge, wie sie mit dem Unwillen seines Halbbruders Enlil umgehen sollten. Er riet den Menschen, Widerstand zu leisten, indem sie nicht mehr zu ihrer Gottheit beteten und Iskur Adad dadurch beschämten, dass sie ihm Regen für die Ernte vorenthielten. Und abermals hatte Enkis Einmischung Erfolg, obwohl er nicht lange anhielt. Enlil bestand auf seinem Plan, die Menschheit durch verschiedene Härten auszurotten. Er sandte weitere Krankheiten, um ihren Lärm zum Verstummen zu bringen. Die ganze Menschheit wurde von Übelkeit, Kopfschmerzen, Süruppu und der Asakku-Krankheit geplagt.

Atrahasis Tafel I [37, S. 26]

Die Ernte der Felder nahm ab, Nissaba wandte ihre Brust ab,
die dunklen Felder wurden weiß,
das weite Land brachte Alkali hervor,
die Erde verschloss ihren nährenden Busen:
Keine Pflanzen wuchsen, kein Getreide spross.
Die Menschen wurden von Asakku befallen,
der Mutterleib war zu eng für die Geburt der Babys.
[Lücke]
Als das zweite Jahr kam,
hatten sie ihre Vorräte aufgebraucht.
Als das dritte Jahr kam,
sah man den Menschen das Verhungern an.
Als das vierte Jahr kam,
war ihre aufrechte Haltung zusammengesackt,
ihre breiten Schultern gebeugt,
und die Menschen gingen öffentlich gebückt herum.
Als das fünfte Jahr kam,
betrachteten Töchter ihre Mütter mit Misstrauen,
Mütter öffneten ihren Töchtern nicht die Tür,

Töchter beäugten misstrauisch die Waagschalen, wenn ihre Mütter etwas verkauften,
Mütter beäugten misstrauisch die Waagschalen, wenn ihre Töchter etwas verkauften.
Als das sechste Jahr kam,
servierten sie ihre Töchter als Mahlzeit,
servierten sie ihre Söhne als Nahrung.

Wieder suchte Atrahasis seinen Herrn Enki auf, um ihn und die wenigen Menschen, die noch übrig waren, vor Enlils Anschlägen zu schützen. Seine Bitte um Intervention führte zu einem erneuten Konflikt zwischen den beiden Brüdern. Enlil war immer noch nicht zufrieden mit der Zerstörung und den Seuchen, die er über die Menschheit gebracht hatte, und befahl Enki, eine Flut hervorzurufen, um den Rest der Menschheit zu vernichten. Enki weigerte sich erbost. Obwohl die Anunnaki mithilfe eines ähnlichen Systems wie HAARP – auf das ich noch zu sprechen kommen werden – die Fähigkeit besaßen, das Wetter zu manipulieren, geht aus den Umständen nicht eindeutig hervor, ob die folgende große Flut tatsächlich von den Anunnaki herbeigeführt wurde, oder ob sie eine Konsequenz der Schwerkraftverhältnisse war, die sich durch das Vorbeiziehen Nibirus ergaben, da dieser sich auf seiner 3.600 Jahre langen Umlaufbahn gerade in Sonnennähe befand. *Enlil befahl, den Menschen das Wissen um eine bevorstehende, gewaltige Flutwelle vorzuenthalten, die durch das Verschieben der polaren Eiskappen entstand [14] und das Potenzial besaß, ganz Mesopotamien zu zerstören.* Aber ob nun die Anunnaki die Flut mithilfe einer »Flutwaffe« selbst erzeugten, oder ob sie aufgrund der durch Nibirus Vorbeiziehen entstandenen himmlischen Gravitationsverschiebungen von ihrem Kommen wussten – es war Enlil, der die Verantwortung für die katastrophale Zerstörung übernahm, um seine strafende Macht in den Augen der Menschen zu vergrößern [Genesis 6:5]. Wer den strafenden, rächenden Gott des Alten Testaments kennt, wird im Atrahasis die Einstellung Enlils (Elil im altbabylonischen Atrahasis-Text), seine Taten und seinen an der Menschheit verübten Völkermord sicherlich wiedererkennen.

Enki sah jedenfalls die gewaltige Flut voraus, ob sie geplant war oder zufällig entstand. Aus Sorge um seinen Sohn Atrahasis beschloss er, den Eid, die Menschen nicht vor der drohenden Gefahr zu warnen, den er dem Rat der Anunnaki hatte schwören müssen, zu brechen. Doch statt Atrahasis direkt anzusprechen, richtete er seine Rede an die Wand der Schilfhütte, in der sein Sohn Zuflucht gesucht hatte. Er riet Atrahasis, ein Boot zu bauen:

Atrahasis Tafel I [37, S.29]

Wand, höre mir gut zu!
Schilfhütte, achte sorgfältig auf alle meine Worte!
Reiße das Haus ein, baue ein Boot,
missachte jeglichen Besitz und rette lebende Wesen.
Das Boot, das du baust ...
Mach ein Dach, das den Dächern Apsus gleicht,
so dass die Sonne nicht hineinsehen kann!
Baue obere Decks und untere Decks,
das Verbindungsmaterial muss sehr fest sein,
der Bitumen muss stark sein, damit es solide wird.
Ich werde hier Regen auf dich fallen lassen.
[Lücke]
Er öffnete die Sanduhr und füllte sie,
er sagte ihm, der Sand, der für die Flut bemessen war,
sollte genug für sieben Tage sein.

Wie bereits erwähnt, steht im Buch Genesis, dass es vierzig Tage lang regnete, während das Atrahasis von sieben Tagen spricht. Vielleicht versuchte Enlil, Enki symbolisch die Schuld an der Flut zu geben, indem er der Anzahl der Regentage den numerischen Rang Enlils gab, nämlich 40. Dies ist zwar reine Spekulation, würde aber dem Charakter der beiden Brüder entsprechen. Jedenfalls wurde Atrahasis faktisch zum Retter der Menschheit, zum biblischen Noah. Atrahasis war mehr als 600 Jahre alt und König der Stadt Schuruppak, die auch Ninharsags medizinisches Zentrum war (andere Namen dieser Person sind Nintu, Bellet-iti, Mami – und später in Ägypten Isis). Als Atrahasis seine geliebte Stadt verließ, begründete er dies dem Volk, das er dort zurückließ, mit einer Geschichte, die gewiss glaubhaft erschien. Er sagte, sein Gott Enki sei in Streit mit Enlil geraten, und da ihre Stadt in Enlils Hoheitsgebiet (Mesopotamien) läge, sei es am besten, wenn er selbst nach Afrika (Apsu) ginge, das in Enkis Reich lag, denn dort würde Enki ihn schützen. Anschließend gibt die Tafel eine sehr detaillierte, sumerische Beschreibung von Noahs Arche.

Fast alle Forscher stimmen darin überein, dass die große Flut, über die viele Kulturen berichtet haben, um 11.000 v. Chr. am Ende der letzten Eiszeit stattfand [18, S. 346]. Nach der Flut landete Atrahasis mithilfe seines Anunnaki-Navigators, den Enki ihm mit an Bord gegeben hatte, in seinem Bitumen-Boot auf dem höchsten Berggipfel dieses Gebiets, dem Berg Ararat. Die Anunnaki, die unterdessen über den Verlust der Menschen getrauert hatten, entdeckten von einer ihrer Flugmaschinen aus Atrahasis' Boot und landeten ebenfalls auf dem Ararat, um sich ein Bild der Lage zu machen.

Atrahasis Tafel III [37, S. 34]

Der Krieger Enlil entdeckte das Boot
und war wütend auf die Igigi.
»Wir, die großen Anunna, haben einvernehmlich einen Eid geschworen!

Kein Lebewesen sollte entkommen!
Wie konnte irgendein Mensch diese Katastrophe überleben?«
[Lücke]
Enki ließ seine Stimme vernehmen
und sprach zu den großen Göttern:
»Ich tat dies, entgegen euren Wünschen!
Ich habe dafür gesorgt, dass das Leben erhalten blieb.«

Hier steht es also, schwarz auf weiß – beziehungsweise eingeritzt in Ton: Enki erschuf die Menschen aus seinen eigenen Genen und widersetzte sich dem Befehl seines Bruders Enlil, an diesen primitiven Arbeitern Völkermord zu begehen und sie auszurotten. Er rettete seinen Sohn Atrahasis vor der großen Flut, die die mesopotamische Zivilisation der Sumerer zerstörte.

5

Einfacher Arbeiter = Sklave

Als Ingenieur und Informatiker ist es für mich besonders interessant, über die Kriterien nachzudenken, die der Anunnaki-Wissenschaftler Enki zu berücksichtigen hatte, als er daran ging, eine Arbeiterklasse zu erschaffen. Sollten die Arbeiter lesen können, damit sie Anweisungen auch ohne mündliche Verständigung folgen konnten? Oder sollte die Kommunikation mit den Arbeitern auf einer höheren elektromagnetischen Schwingungsebene erfolgen, zum Beispiel telepathisch? Und wie stand es um potenzielle Aufstände? Letzteres musste im Grundkonzept unbedingt berücksichtigt werden, denn schließlich war der Aufstand der Igigi der Auslöser für die Erschaffung einer primitiven Arbeiterschaft gewesen.

Vom Standpunkt der allgemeinen Sicherheit aus gesehen war die Fähigkeit, verbale oder mentale Anweisungen präzise empfangen zu können, sicherlich eine sehr wünschenswerte Grundeigenschaft des einfachen Arbeiters. Aber wie entwarf man am besten einen solchen primitiven Arbeiter, dessen Denkfähigkeit ausreichte, um die Anweisungen des Vorarbeiters in physische Handlungen umzusetzen und beispielsweise mit einem Spaten umzugehen? Sollten die Arbeiter sprechen und verbale Befehle verstehen können?

Andererseits: Wenn einer der Igigi die Arbeiter mit Intelligenz ausgestattet hatte, wie im Atrahasis behauptet wird – wie konnte man dann verhindern, dass sie mithilfe ihrer Intelligenz begriffen, dass sie in Sklaverei lebten, und womöglich ebenfalls rebellierten, genau wie ihre Vorgänger? Um solche Fragen zu beantworten, müssen wir uns einem komplizierten Thema zuwenden, nämlich der Wechselwirkung von Energie und Materie, und hier insbesondere der Aussendung von Signalen auf extrem niedrigen Frequenzen (*extreme low frequency* = ELF). Denn in diesem Frequenzbereich, genauer gesagt unter 20 Hertz, laufen die bekannten mentalen Prozesse ab.

Was würde geschehen, wenn ein Signal von außen die gleiche Frequenz hätte wie das Gehirn, aber potenziell eine höhere Signalamplitude aufwiese? Es käme zu einer Interferenz, und das stärkere Signal würde den im biologischen Gehirn erzeugten Gedanken aufheben. Könnten die Anunnaki eine ähnliche Technologie eingesetzt haben wie unser modernes HAARP, das Hochfrequenz-Aurora-Forschungs-Programm? Jerry Smith hat ein ganzes Buch darüber geschrieben, *HAARP – The Ultimate Weapon of the Conspiracy* (HAARP, die ultimative Verschwörungswaffe), und darin stellt der Autor folgende Frage:

Was wäre, wenn man eine Waffe hätte, die alle feindlichen Spionagesatelliten auf einmal zerstören könnte? Und wenn dieselbe Waffe imstande wäre, die Erde in ein undurchdringliches »Abschirmfeld« zu hüllen, eines, das jede eindringende interkontinentale Rakete zerstören würde? Eine Waffe, die Elektronenwolken erzeugt, wäre zu beidem fähig. Was könnte eine sich im Krieg befindliche Nation mit einer Waffe anstellen, die in der Lage ist, den Jetstream der Atmosphäre unbemerkt umzuleiten? Man könnte das Wetter ganzer Kontinente kontrollieren und nach Belieben Hochwasser oder Dürren herbeiführen. Ein auf der Erdoberfläche stationierter Sender von ausreichender Größe könnte solche Phänomene bewirken. Diese Technologie könnte auch als eine die Erde durchdringende Tomografie (*earth penetrating tomography* = EPT) eingesetzt werden, um unterirdische Erdöl- oder andere Rohstoffvorkommen aufzuspüren. Für das HAARP-Projekt wurde ein Sender gebaut, dessen Signalstärke ausreicht, um das Nordlicht – Aurora Borealis – in eine virtuelle Antenne zu verwandeln, die wiederholt im ELF-Bereich sendet [85].

Was könnte eine Nation oder ein verschlagener Außerirdischer nicht alles mit einer derartigen Waffe anstellen, die willkürlich den Geist verwirren oder Emotionen wie Angst und Wut erzeugen kann? Vor allem, wenn man diese großflächig einsetzen könnte, beispielsweise um feindliche Truppen zu beeinflussen, die gerade zum Schlachtfeld unterwegs sind? Oder ganze Städte, sogar ganze Kontinente?

Das menschliche Gehirn arbeitet im gleichen ELF-Frequenzbereich, in dem HAARP immer wieder sendet. Könnte man damit gezielt Menschen manipulieren, etwa indem man holografische Bilder an den Himmel projiziert – Bilder von Göttern, die sie anbeten, und von Erzfeinden, die sie fürchten sollen? Das Senden im ELF-Bereich entspricht der Ausstrahlung einer Trägerwelle; wenn man dann im selben Maß, wie Gedankenimpulse erzeugt werden, »Daten« auf die Trägerwelle moduliert im selben Frequenzbereich hinzufügt, in der auch Gedankenimpulse generiert werden. Dadurch kann man Worte, Gedanken oder Bilder direkt in das Gehirn einpflanzen. Für die Anunnaki wäre das eine äußerst effiziente Methode gewesen, mit den ihnen untergeordneten Menschen, denen keinerlei direkter Kontakt zu den nibiruanischen Astronauten gestattet war, zu kommunizieren.

Könnte man mithilfe der HAARP-Technologie Anweisungen oder Nachrichten direkt auf eine große Arbeiterschaft, etwa auf Minenarbeiter, übertragen? Wir dürfen wohl davon ausgehen, dass die Anunnaki die Menschen so konzipierten, dass der Informationsfluss in beide Richtungen gewährleistet war, und dass sie gewisse Sicherheitsvorkehrungen einbauten, um die Gedanken der Minenarbeiter zu überwachen. Dadurch waren sie in der Lage, jeden drohenden Aufstand schon im Keim zu ersticken.

Die heutige optische Technologie ermöglicht uns Einblicke sowohl in geschlossene Frachtcontainer als auch in den menschlichen Körper, wie bei Flugpassagierkontrollen. Die gleiche

Technologie wird im medizinischen Bereich zur Krankheitsanalyse benutzt, in Form von Computertomografie, Röntgenstrahlen und dergleichen mehr. Es wäre kein Problem, einen Satelliten dergestalt zu konstruieren, dass er den Energiezustand eines menschlichen Körpers feststellen kann. Warum man so etwas tun sollte? Die Nervenknotenpunkte entlang des menschlichen Rückgrats, von Yogis und Energietherapeuten *Chakras* genannt, werden schon seit Jahrtausenden mit speziellen Frequenzbereichen und Farben in Verbindung gebracht. Hoch entwickelte Wesen wie die Anunnaki könnten durchaus Geräte besessen haben, die den Energiekörper des Menschen auf der Chakra-Ebene erfassen. Mithilfe solcher Geräte könnte man sowohl die möglichen Absichten hinter der Handlungsweise eines Wesens feststellen als auch die individuell erreichten evolutionären Energieebenen quantitativ aufzeigen – wobei das Scheitel-Chakra die höchste erreichbare Ebene ist.

Vergessen wir nicht: Die Anunnaki entwarfen primitive Menschen als Sklaven, mit der Absicht, sie zu steuern und bei relativ komplizierten Bergwerks- und Bauarbeiten einzusetzen. Im Atrahasis steht, dass ihnen dazu die Intelligenz bereits als Teil ihres Designs mitgegeben wurde. Hieraus ergibt sich jedoch ein Dilemma für den Schöpfer, denn dann fabriziert er keinen Roboter mit einem begrenzten Satz programmierter Befehle, sondern ein Wesen mit *Intelligenz,* das folglich die Fähigkeit besitzt, ein Ich-Bewusstsein und Ich-Zentrum zu entwickeln; früher oder später wird das zwangsläufig zum Wunsch nach Unabhängigkeit und zur Rebellion führen. Diesem Dilemma sahen sich letztlich sowohl die Anunnaki-Meister als auch die Igigi gegenüber, jene Gruppe genmanipulierter Sklavenarbeiter, die von Nibiru auf die Erde transportiert worden war, um die Arbeit in den Bergwerken, beim Städtebau und bei allen anderen Projekten der Anunnaki-Meister zu erledigen.

Irgendwann ergab sich bei den Igigi auf der Erde das gleiche Problem, das sich heute an den Menschen zeigt. Ausgehend von einer primitiven Bewusstseinsebene, mit der ihre Schöpfer sie absichtlich ausgestattet hatten, um sie als primitive Arbeiter – sprich: Sklaven – einzusetzen, entwickelten sie sich weiter. Die eingebaute Falle in dieser Gleichung ist die Tatsache, dass Evolution nicht aufhört. Früher oder später – besonders, wenn einem Wesen die Intelligenz gegeben wird, relativ komplizierte Aufgaben zu erfüllen – entwickelt sich der Arbeiter dann so weit, dass ein Ich-Bewusstsein entsteht. Ähnliches lesen wir in der Bibel in der Erzählung von Adam und Eva im Garten Eden. Ich-Bewusstsein steht im Gegensatz zur Sklaverei, und das wusste Enlil; deshalb begriff er auch, dass Enki die ganze Zeit den Plan verfolgt hatte, eine Arbeiterschaft zu erschaffen, die sich so lange in diese Richtung entwickelte, bis sie eine wesentliche Bedrohung für die Machthaber darstellte. Noch dazu waren diese Geschöpfe mit Zeugungsfähigkeit ausgestattet worden, um den Arbeiterbedarf durch ein rasches Anwachsen der Bevölkerung zu decken.

Mit der Zeit fanden die Igigi-Sklaven auf der Erde ihr Ich-Bewusstseinszentrum und rebellierten gegen die Anunnaki-Elite, ihre Sklaventreiber. Dadurch entstand der Bedarf nach einer Ersatz-Sklavenrasse: Enkis primitiver Arbeiter, der anatomisch moderne Mensch. Möglicherweise war es der Zeitunterschied oder der schnellere Lauf der Zeit, der in den alten Igigi-Astronauten, die den kürzeren Sonnenumlauf der Erde nicht gewohnt waren, ihre Identitätsfindung bewirkte. Und diese Identitätsfindung verursachte die Revolte. Dennoch dauerte es lange, bis die Rebellion stattfand – viele Schars nach der Zeitrechnung der Igigi, wobei ein Schar bekanntlich 3.600 Jahre umfasst.

Enki wusste dies alles zweifellos, und er beabsichtigte, den auf der Erde bereits ablaufenden Evolutionsprozess zu beschleunigen. Er hatte erkannt, dass die Samen des Lebens ursprünglich von Nibiru stammten (siehe die Schöpfungskosmologie im Enuma Elisch, in der von einem Zusammenstoß zwischen Tiamut-Erde und dem Quingu-Mond die Rede ist), und er wusste, dass es den

Neandertaler gibt. Enki hatte ihn nämlich in Afrika entdeckt und dem Anunnaki-Rat davon berichtet. Erinnern wir uns, dass er und sein Bruder Enlil das Los hatten entscheiden lassen und Enki daraufhin die Aufsicht über den Goldabbau in Afrika übertragen worden war, während sein Bruder Enlil in Mesopotamien blieb. Enkis Wohnsitz war seitdem *Abzu* oder Afrika, wo er die Minenarbeiter beaufsichtigte. Die genetischen Eingriffe in die Neandertaler-Bevölkerung wurden vermutlich nur deshalb vom Rat genehmigt, weil man der Meinung war, dadurch lediglich den Evolutionsprozess der primitiven Erdlinge, der ja ohnehin schon im Gange war, zu beschleunigen. Also war es weder schädlich noch unfair, den Neandertaler zum primitiven Arbeiter zu befördern, nicht wahr?

Hinzu kam, dass die Anunnaki auf ihrer Heimatwelt mit ökologischen und atmosphärischen Problemen zu kämpfen hatten. Es war in höchstem Maße wichtig für Nibiru, auf der Erde Gold zu gewinnen und es dann in der eigenen Planetenatmosphäre zu einer Art Eloxalschicht umzuwandeln.[1] Enlil war natürlich extrem erbost über Enkis subversives Vorgehen und seine äußerst klugen Geschöpfe, über die sogar Enki, obwohl er sie selbst erschaffen hatte, sehr erstaunt war. Enki muss sich seinen primitiven Arbeitern gegenüber recht lüstern verhalten haben, denn er prahlte vor seinem Sohn Marduk über seine Abenteuer mit schönen Erdenfrauen, die in einem Fluss badeten. Marduk lachte darüber und machte eine Bemerkung über den Ruf, den sein Vater bei den Frauen hatte. Aber auch Marduk fand die Erdenfrauen unwiderstehlich und verzichtete sogar auf seinen Götterstatus auf Nibiru, um Sarpanit, eine Sterbliche,

1 Wir kennen das Eloxal-Verfahren, die elektrolytische Oxidation von Aluminium, bei der durch Umwandlung der obersten Metallschicht ein oft salzartiges Oxid oder Hydroxid gebildet wird, das tiefere Schichten vor Korrosion schützt. Dabei beträgt beispielsweise die atmosphärische Oxidschicht des Aluminiums nur wenige Nanometer. Der Schutz hält solange an, wie keine Lücken in dieser Schicht entstehen. Das scheint auf eine ziemlich verzweifelte Maßnahme zum Schutz der Atmosphäre von Nibiru hinzuweisen. – *Der Verlag*

zu heiraten. Enlil wiederum unternahm einen Raubzug, um die primitiven Arbeiter zu entführen und nach Mesopotamien, in das ED.IN, zu verschleppen. Er war zwar verärgert über den Erfolg der genetischen Manipulationen seines Bruders, aber die so erschaffenen Sklaven waren auch ihm bei den anfallenden Arbeiten sehr nützlich.

In Anbetracht der Spannungen zwischen den Brüdern hatte Enki zweifellos guten Grund dazu, alle Designpläne und Sicherheitsaspekte hinsichtlich der neuen Arbeiterrasse genauestens zu überprüfen. Wie sollte er die primitiven Arbeiter ansonsten unter Kontrolle halten, zumal ihnen auch noch erlaubt wurde, sich zu vermehren? Das allein brachte bereits die Gefahr eines Aufstands gegen die zahlenmäßig weit unterlegene Anunnaki-Elite mit sich, die ein wütender Mob revoltierender Minenarbeiter allzu leicht überrennen konnte. Außerdem gab es laut den ursprünglichen Aufzeichnungen bereits 600 Igigi auf der Erde, die schließlich ebenfalls regiert werden mussten. Aus Sicht des Befehlshabers und Überwachers beunruhigte Enlil die Idee, eine größere primitive Arbeiterschaft zu erschaffen, die anscheinend auch noch eine höhere Intelligenz als die Igigi besitzen würde.

Wahrscheinlich suchte Enki schon aus reiner Geschwisterrivalität immer wieder nach Möglichkeiten, an der Fassade seines Bruders zu kratzen, dessen Effektivität als Befehlshaber zu mindern und ganz allgemein dem höherrangigen Enlil – der nicht nur sein Bruder, sondern auch noch der rechtmäßige Erbe war – Paroli zu bieten. Das böte zumindest eine hinreichende Erklärung für die Schwierigkeiten, vor denen Enki stand, als er den Rat davon überzeugen musste, ihm die Erschaffung einer primitiven Arbeiterrasse zu gestatten, denn dabei waren Sicherheits- und Kontrollprobleme vorprogrammiert.

Es liegt auf der Hand, dass zur Kontrolle einer großen Anzahl von Sklaven bestimmte Kommunikationsmethoden nötig waren – sowohl für die Erteilung individueller Aufträge als auch für Gruppenaufgaben wie gemeinsam an einem Seil zu ziehen. Angesichts der fortgeschrittenen Fähigkeiten, die die Anunnaki auf dem Gebiet der Genetik bereits demonstriert hatten, liegt die Frage nahe, mit welchen Kommunikationsmethoden sie die primitiven Arbeiter ausgestattet hatten, damit sie effektiv befehligt und kontrolliert werden konnten? Liefen die Minenarbeiter mit elektronischen Geräten wie einem drahtlosen Motorola-Headset in den Stollen herum? Höchst unwahrscheinlich. Was sollte man tun, wenn man plötzlich nicht mehr mit einem Arbeiter kommunizieren konnte? Das war viel zu riskant. Genausogut könnte man jedem Strafgefangenen in einem Gefängnis ein Funkgerät geben. Ein eleganteres, biologisches Vorgehen wäre vorzuziehen.

Berücksichtigt man den großen zeitlichen Vorsprung ihrer kosmischen Entwicklung, können wir wohl mit Sicherheit davon ausgehen, dass die Kommunikationstechnologie der Anunnaki selbst unseren heutigen Möglichkeiten weit überlegen war. Warum sollten elektronische Geräte mitgeführt werden, um mit Sklaven Kontakt zu halten, wenn man stattdessen das elektromagnetische Spektrum benutzen kann, um Daten aufzumodulieren und sie sofort unmittelbar und lautlos an eine Gruppe oder Einzelperson zu schicken, nicht elektronisch wie heutzutage, sondern biologisch unter Verwendung direkter Frequenz-Zugriffsmethoden, wie dies Delfine und andere hoch entwickelte Wesen tun?

Gibt es denn überhaupt Beweise für die Annahme, dass Menschen einen »eingebauten« Nachrichtenempfänger besitzen? Und wie steht es mit einem Sender? Die meisten modernen Zivilisationen, die an das Internet angeschlossen sind, kennen das Modem oder haben zumindest schon davon gehört. Das Wort ist ein Kürzel für Modulator-Demodulator. Modulation ist eine Technik, die von Kommunikationsspezialisten verwendet wird, um mittels Trägerwellen im elektromagnetischen Spektrum (EMS) Nachrichten zu verschicken und zu empfangen. Und wenn unsere heutige Gesellschaft bereits in der Lage ist, das EMS für das Verschicken und Empfangen von Daten zu benutzen, dann waren die Anunnaki das bestimmt auch – wahrscheinlich sogar noch effektiver.

Ziehen wir einmal die Möglichkeit in Betracht, dass die Anunnaki in der Lage waren, den inneren Aufbau des Menschen selbst als biologisches Kommunikationsgerät zu benutzen, um ihre Befehle weiterzugeben – oder dass sie diesen Aufbau entsprechend veränderten. Dazu wollen wir zunächst die Evolution des menschlichen Gehirns kurz umreißen.

Unser Gehirn besteht aus drei verschiedenen Strukturen, die drei evolutionären Stufen entsprechen. Der älteste, am tiefsten liegende und kleinste Bereich ist der Hirnstamm oder das *Reptiliengehirn* [90]. Das Reptiliengehirn steuert das Herz, die Lunge und andere lebenswichtige Organe. Es befähigt uns zur Aggression, zur Paarung und zur Reaktion auf unmittelbare Gefahr.

Säugetiere entwickelten außerdem das *limbische System.* Das ist die mittlere Schicht unserer Gehirne, die das Reptiliengehirn umgibt. Die physiologischen Eigenschaften, die Säugetieren eigen sind, befinden sich im limbischen Gehirn, beispielsweise das System des Hypothalamus, das uns warm erhält.

Das limbische Gehirn produziert aber auch Emotionen, und Emotionen ermöglichen Beziehungen. Im Gegensatz zu Reptilien sorgen Säugetiere für ihre Jungen. Säugetiere entwickelten Gehirne, in denen die Mutter-Kind-Beziehung und andere Arten von Beziehungen »vorprogrammiert« sind.

Die häufigste Reaktion eines Reptils auf seine Jungen ist Gleichgültigkeit; es legt seine Eier ab und läuft weg oder schlängelt sich davon. Säugetiere bilden enge soziale oder familiäre Gruppen, deren Mitglieder Zeit damit verbringen, sich zu berühren und füreinander zu sorgen. Eltern ernähren und beschützen ihre Jungen und einander vor der feindlichen Welt außerhalb ihrer Gruppe. Ein Säugetier wird sein Leben riskieren und möglicherweise sogar verlieren, um einen Gefährten oder seine Jungen vor einem Angriff zu beschützen. Eine Strumpfbandnatter oder ein Molch hingegen sieht dem Sterben seiner Verwandten zu, ohne mit der - bei ihnen ja auch nicht vorhandenen - Wimper zu zucken [92].

Die Großhirnrinde, auch *Neocortex* genannt, ist die jüngste und äußere Schicht unseres Gehirns. Die ältesten Säugetiere, wie zum Beispiel das Opossum, haben lediglich eine dünne Großhirnrinde. Bei Kaninchen ist sie schon etwas dicker, bei Katzen noch mehr. Affen besitzen bereits eine recht beachtliche Großhirnrinde, Menschen - und nur Menschen - haben eine *ganz gewaltige* Großhirnrinde.

Das Reptiliengehirn und das limbische System sind beim Menschen hinsichtlich Größe und Aufbau vergleichbar mit anderen Tieren. Unsere Vorfahren entwickelten eine enorme Großhirnrinde, während sich die älteren Gehirnbereiche nicht veränderten.

Die Großhirnrinde *lernt Neues.* Tiere mit wenig oder gar keinem Neocortex handeln lediglich so, wie die Programmierung ihrer Gene es ihnen vorschreibt. Tiere mit einer Großhirnrinde können neuartige Nahrung finden, in unbekannter Umgebung überleben oder ihre Paarungsstrategie verändern, um die Reproduktion erfolgreicher zu gestalten.

Beim Menschen ermöglicht die Großhirnrinde sogar noch mehr, als nur unbekannte Nahrung zu entdecken und neue Überlebenstaktiken zu erlernen. Unsere Gehirne können abstrakt denken. Wir kommunizieren durch Signale (beispielsweise die Sprache), beziehen Vergangenheit und Zukunft mit ein und opfern unsere persönlichen Interessen nicht nur für unsere Familien (wie auch andere Tiere es tun), sondern darüber hinaus für Ideen (wie Ehre und Vaterland).

Konflikte zwischen den Gehirnbereichen führen zu Beziehungsproblemen. Entsteht innerhalb eines Gehirns ein Konflikt, gewinnt der ältere Bereich. Im Gegensatz dazu kann ein Mensch mit *integriertem* Gehirn, der also sein gesamtes Gehirn benutzt, Beziehungsprobleme lösen.

Das aufsteigende retikuläre Aktivierungssystem

Im menschlichen Gehirn gibt es ein primitives Organ, das für die Aufmerksamkeit verantwortlich ist: das aufsteigende retikuläre Aktivierungssystem [90]. Dabei handelt es sich um einen Teil des Überlebensbereichs des Gehirns, der zusammen mit den ergänzenden Nervenknoten und Netzwerken im menschlichen Körper funktioniert. Primitiv, wie es entwicklungsgeschichtlich ist, dient es als Quelle der Intuition und instinktiven Gefühle, auf die sich der Mensch ursprünglich verließ, um ohne das reflektierende Bewusstsein des modernen Menschen in seiner Umwelt überleben zu können.

Heutige Wissenschaftler glauben, dass die weitere Evolution des Gehirns (einfach im Laufe der Zeit oder durch die Anunnaki beschleunigt?) dem frühen, primitiven Gehirnsystem, das nach wie vor funktioniert und simultan operiert, größere Komplexität verlieh. Die Frage stellt sich, ob das primitive Gehirn, wenn es denn genügend stimuliert wird, die Funktionen des besser entwickelten, mit reflektierendem Bewusstsein ausgestatteten Gehirns außer Kraft setzen könnte. Mögliche Antworten auf diese Frage müssen diverse Faktoren berücksichtigen, die auf mentale Prozesse Einfluss nehmen, welche wiederum eine Fokussierung der Aufmerksamkeit bewirken. Bedenken Sie, dass unsere Aufmerksamkeit ebenso durch geschicktes Marketing erregt werden kann wie durch etwas so Aufdringliches wie eine bestimmte Frequenz, die durch das aufsteigende retikuläre Aktivierungssystem (ARAS) unmittelbar mit dem primitiven Gehirn in Verbindung tritt.

Das aufsteigende retikuläre Aktivierungssystem kontrolliert nach wie vor das Bewusstsein im modernen Menschen. Im Prinzip ist es eine Art Computer, der die Sinneseindrücke direkt verarbeitet, wobei im Hintergrund ständig ein Überlebensprogramm abläuft. Die Fähigkeit des Menschen, durch das ARAS im Bewusstsein Ereignisse zu filtern, lässt sich ganz leicht de-

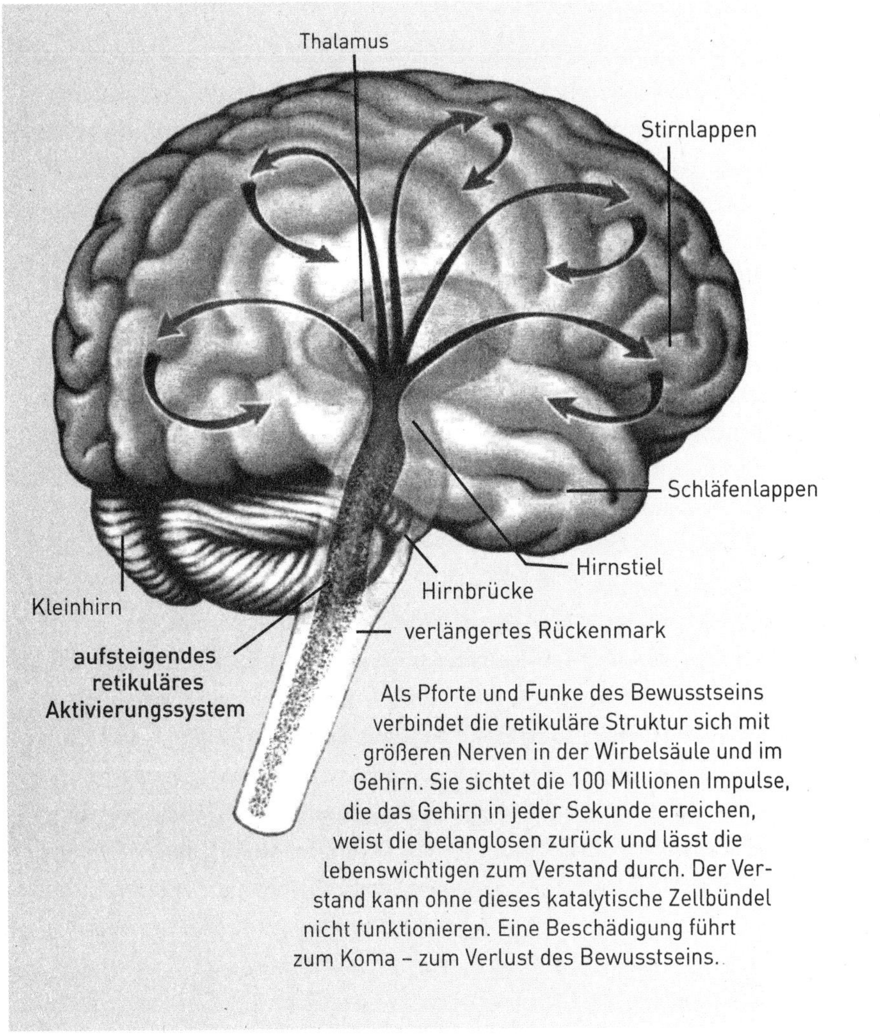

Abb. 4: Das aufsteigende retikuläre Aktivierungssystem

monstrieren [90]. Berühren Sie beispielsweise einmal jemanden an einem bestimmten Körperteil, wo er es nicht erwartet oder nicht sehen kann. Diese visuell nicht wahrgenommene Berührung wird von der empfangenden Person verarbeitet, die dadurch plötzlich auf den Körperteil, der berührt wurde, aufmerksam wird. Den gleichen Effekt kann man erzielen, indem man jemanden verbal auf die taktile Empfindung aufmerksam macht, die etwa seine Armbanduhr auf seiner Haut hervorruft. Die Wirkung des ARAS zeigt sich in dem Unterschied der generell »im Hintergrund« gespeicherten, passiven Wahrnehmung der entsprechenden Körperteile zur unmittelbaren Wahrnehmung eines augenblicklichen sinnlichen Reizes. Der Empfänger war sich des Körperteils nicht voll bewusst, bis die physische Berührung erfolgte.

Das ARAS kann die Aufmerksamkeit aber immer nur auf ein Ereignis gleichzeitig richten, nicht auf mehrere – selbst wenn es den Anschein hat, als arbeite es parallel wie ein Computer. Stellen Sie sich vor, in einem Raum mit zwanzig Menschen zu sein, die sich alle zugleich an dem Experiment beteiligen. Das ARAS könnte nicht »entscheiden«, auf welche physische Empfindung es zuerst reagieren soll. Folglich ist es dafür zuständig, die Aufmerksamkeit auf wichtige Ereignisse in unserem Umfeld zu lenken, die *Priorität* haben – und natürlich ganz besonders auf diejenigen, die unser Überleben betreffen.

Auf Abbildung 4 sieht man, wie die Impulse, die durch das aufsteigende retikuläre System das Gehirn aktivieren, aus dem verlängerten Rückenmark (*Medulla oblongata*) austreten und sich zurückgebunden als Bewusstsein manifestieren.

Gehirnfrequenz

Wenn zwei Wellenformen sich mischen, kann die daraus resultierende Welle entweder eine höhere oder eine niedrigere Schwingung haben – je nachdem, ob die beiden Wellenkämme der Frequenzwellen sich so überlagern, dass sich ein höherer Ausschlag ergibt. Sind Wellenkamm und Wellental zeitgleich ausgerichtet, ergibt sich ein geringerer Wellenausschlag. Siehe Abbildung 5.

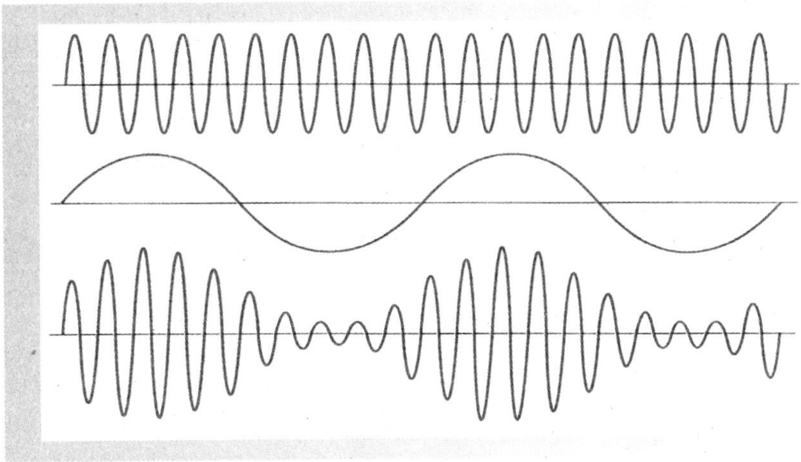

Abb. 5: Die Überlagerung von Wellen

Obertöne und binaurale Beats

Ruft man eine Schallwelle hervor, wird sie auf beiden Seiten der Grundfrequenz Kopien des ursprünglichen Signals mit geringerer Amplitude erzeugen. Normalerweise sieht das wie sich verkleinernde Impulsspitzen aus, während das Spektrum sich auf beiden Seiten der Grundfrequenz erhöht oder verringert. Mischen wir nun zwei Frequenzen, und die Differenz der Frequenzen beträgt 10 Hz (= Hertz), dann wird sich bei jedem N x 10 Hz ein Oberton oder »Echo« der Differenz zwischen den Frequenzen (N = 1, 2, 3 etc.) ergeben, und wir dürfen eine Energie von 10 Hz, 20 Hz, 30 Hz und so weiter erwarten.

Mithilfe dieser Regel kann man einige sehr interessante Klangwirkungen erzielen. Treffen zwei Frequenzen auf das auditive System des Menschen, nimmt das Ohr nicht etwa beide Frequenzen unabhängig voneinander wahr, sondern vielmehr ihre Differenz. Liegt diese Differenz innerhalb des bei Menschen üblichen Gehirnwellenspektrums, findet ein Phänomen namens *Entrainment* statt, das man auch als »Mitführung« oder »Angleichung« bezeichnen könnte. Anders ausgedrückt: Besteht eine Differenz zwischen den Frequenzen F1 und F2, kann das menschliche Gehirn diese Frequenzen in einem bestimmten Umfang verändern. Nehmen wir an, ein Musikinstrument bringt eine Frequenz F1 von 150 Hz hervor und ein zweites Musikinstrument eine Frequenz F2 von 152 Hz; in diesem Fall wird das menschliche Gehör – insbesondere das aufsteigende retikuläre Aktivierungssystem – die Frequenzen F1 und F2 synchronisieren – *Entrainment* oder »Klangangleichung« findet statt. Das Ergebnis ist ein binauraler Beat von 2 Hz, nämlich der Differenz von F1 und F2. Tabelle 4 zeigt die verschiedenen Kategorien, in die man durch Auswertung unzähliger EEGs die menschlichen Gehirnwellen unterteilt hat. Der 2-Hz-Beat liegt innerhalb des Gehirnzustands, der als Delta bezeichnet wird. Das ist der Bereich des Yoga-Trancezustands oder des Tiefschlafs.[2]

Wie hängt das nun mit den Anunnaki zusammen? Enki, der Schöpfer und wichtigste Verfechter der Idee, die Menschheit durch die Erweckung ihrer Chakras und ihres Bewusstseins zu »Gottessöhnen« zu machen, hatte einen Sohn namens Thoth. Dieser hat das Bewusstsein der Menschen so konzipiert, dass es für die verschiedenen Frequenzen empfänglich ist, die durch die radialen Entfernungen eines kugelförmigen Resonanzkörpers – wie beispielsweise der Erde – entstehen. Liest man die Smaragdtafeln, ahnt man den Umfang des Energiewissens, das Thoth besaß. Wie sein Äskulapstab bezeugt, war er ein äußerst erfahrener Genetiker. Lawrence Gardner erörtert in seinem essenziellen Werk *Das Geheimnis der Gralskönige* die Bedeutung dieses uralten Symbols und seine Verbindung zu Thoth. Dabei spielten

---

2 Ausführliche Informationen zum Phänomen des Entrainments finden Sie in dem Buch *Tantra des Klangs* von Jonathan und Andi Goldman, das im Amra Verlag vorliegt. Es befasst sich sehr ausführlich mit erweiterten Klangtechniken, die Körper, Geist und Seele harmonisieren, und enthält auch entsprechende Übungen auf CD. »Tantra« (Sanskrit für »Gewebe«, »Kontinuum«, »Zusammenhang«) bezeichnet das Netz des Lebens, das die gesamte Wirklichkeit miteinander verknüpft; es geht in dem Buch um den Zusammenklang verschiedener Energien, durch die eine neue, ganzheitliche Qualität entsteht. – *Der Verlag*

das Wissen um Energie, Materie und die menschlichen Epiphyse oder Zirbeldrüse als Funktion des Bewusstseins, in Verbindung mit der DNS, eine Rolle. Gardner behandelt dieses zentrale Thema mit größter Ausführlichkeit.

Gehirnwellenzustand	Frequenz (Hz)	Bemerkungen
Delta	0,5 – 3	Yogatrance, Tiefschlaf
Theta	4 – 7	Halbschlafzustände, Außerkörperliche Erfahrungen, Halluzinationen
Alpha	8 –12	Meditation / Entspannung
Beta	13 – 20	Wachbewusstsein

Tab. 4: Gehirnwellenbereiche

Wesentlich ist in diesem Zusammenhang, dass es eine natürliche, von der Erde erzeugte Frequenz gibt, die innerhalb des menschlichen Gehirnwellenspektrums liegt: die sogenannte Schumann-Resonanz-Frequenz. Zu ihrer Ermittlung bedient man sich folgender Gleichung: Lichtgeschwindigkeit dividiert durch den Umfang der Erde. Interessanterweise können noch weitere Frequenzen identifiziert werden, wenn man die Tiefe der Projektionsstelle, von der aus die Radialachse aus dem Erdinneren projiziert wird, verändert. Menschliche Gehirnwellen funktionieren zwischen ungefähr 0,5 Hz und 20 Hz und werden in verschiedene Klassen eingeteilt: Delta, Theta, Alpha und Beta. Die Schumann-Resonanz-Frequenz beläuft sich auf etwa 7,8 Hz und liegt somit innerhalb des Alphawellenbereichs.

Auf Abbildung 6 ist eine Wellenform dargestellt, die zwei Frequenzen von 401 beziehungsweise 403 Hz zeigt. Sie wurden von einem Signalerzeuger zusammengemischt. Die Schwebungsüberlagerung (*Beat Frequency Oscillation* = BFO) sollte für jeden leicht nachvollziehbar sein. Ein kompletter Zyklus wird in 0,5 Sekunden durchlaufen, daraus ergeben sich zwei Zyklen pro Sekunde (2 Hz). Das ist genau die Differenz zwischen den beiden Frequenzen 403 und 401 Hz. Diese BFO hat das Potenzial, das Gehirn auf 2 Hz einzukuppeln: das Grundkonzept hinter der Klangangleichung, die wir auch als *Entrainment* kennen.

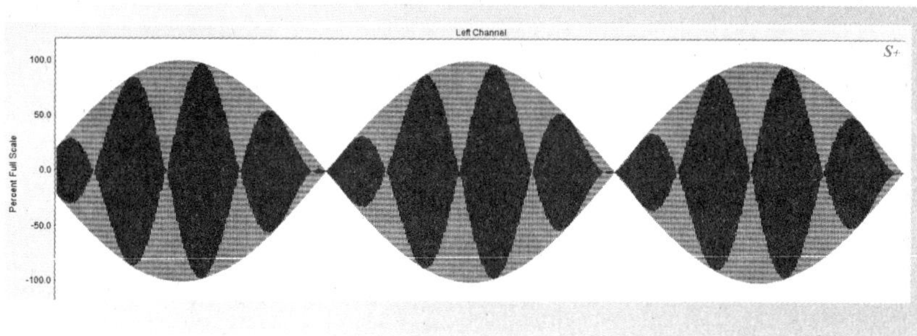

Abb. 6: Binauraler Beat 401 Hz, gemischt mit 403 Hz

Vielleicht empfinden manche Menschen Didgeridoo-Musik deshalb als so hypnotisch, weil die Frequenzen dieses Instruments zur Veränderung der Gehirnwellen führen und auf die »Traumzeit« der australischen Aborigine-Tradition einstimmen. Hinter der vom Didgeridoo verursachten mentalen Frequenzveränderung steht anscheinend eine Wissenschaft, die sich der Klangangleichung als Grundlage für schamanische Heilmethoden bedient.

Bedenken Sie, dass die menschliche Stimme zusammen mit dem Didgeridoo binaurale Beats erzeugt. Die Stimme wird auf die Trägerwelle des tönenden Instruments moduliert. Wir haben die Funktion der extrem niedrigen Frequenzen (ELF) als Trägerwelle bereits diskutiert. Um einem anderen Menschen Gedanken oder Bilder zu senden, muss man lediglich die entsprechenden Daten auf die Trägerwelle modulieren, wodurch Gedanken emuliert werden. Und was könnte die Trägerwelle besser modulieren als die menschliche Stimme?

Alle domestizierten Katzen schnurren mit der gleichen Frequenz! Große Katzen, mickrige Katzen, alte Kater, junge Kätzchen – immer die gleiche Frequenz. Ob das besagt, dass Schnurren kein physiologisches Phänomen ist, sondern etwas, das vom Gehirn zentral gesteuert wird? Schnurren wird mit Zufriedenheit, Wohlbefinden, Gesundheit und »tranceähnlichem« Verhalten assoziiert. Schnurren Katzen, um ihre Neuronen zu massieren? Oder massieren die Neuronen die Katze mit Klang, wie wir es aus dem wissenschaftlichen Fachgebiet der Kymatik kennen?

Laut Wikipedia ist die Schumann-Resonanz ein Satz von Frequenzen, die mit ihren etwa 7,8 Hz proportional zur Grundfrequenz des elektromagnetischen Feldes und der kugelförmigen Resonanzkammer der Erde angeordnet sind. Diese Frequenz entsteht, weil die Entfernung zwischen der Erdoberfläche und der leitfähigen Ionosphäre als geschlossener Frequenzleiter funktioniert. Der wiederum verhält sich wie ein Hohlraumresonator, etwa für die extrem niedrigen Frequenzen (ELF), die Blitze hervorrufen. Interessanterweise liegen die ELF von 7,8 Hz innerhalb des Gehirnwellenbereichs des Menschen, und zwar im Alphawellenbereich. Das Wachbewusstsein rangiert im Allgemeinen zwischen 13 und 20 Hz – insbesondere bei den industrialisierten, auf die linke Gehirnhälfte orientierten Bewohnern der westlichen Hemisphäre. Könnte es sein, dass die von den Alphawellen erzeugte schärfer fokussierte, aktivere Denkweise die vorgesehene Frequenz für die auf der Oberfläche der Resonanzkammer Erde lebenden Menschen ist?[3]

Einen Zusammenhang mit den neun Unterwelten der Maya (deren Radien vom Erdmittelpunkt aus gemessen werden) so-

3 Unter dem Titel *Lichtmedizin* liegt auf Amra Records eine CD mit Meditationsmusik vor, die sich binauraler Beats bedient. Komponiert wurde sie von dem Berliner Ausnahmemusiker Michael Reimann. Sie bezieht ihre besonders entspannende Wirkung aus dem Umstand, dass der Differenzton der binauralen Beats genau der Schumann-Frequenz entspricht, also der Grundschwingung unserer Erde. Dies führt beim Hören zu tranceartigen Zuständen, die innere Ausgeglichenheit, Harmonie und Medialität fördern. – *Der Verlag*

wie zwischen den in Wechselbeziehung stehenden Kugelkörper-Resonanz-Frequenzen und denen, die den menschlichen Energiekörper beeinflussen, hat Dr. Carl Johan Calleman in seinem Buch *Der Mayakalender und die Transformation des Bewusstseins* ermittelt [66]. Anscheinend wurden die Maya von Thoth unterrichtet, wie in Sitchins Buch *Versunkene Reiche* beschrieben [19]. Wer hat wohl den hoch entwickelten Bewohnern der Halbinsel Yucatán die fortschrittlichen Kalenderkonzepte und die Korrelation des menschlichen Bewusstseins mit Frequenzveränderungen der Gehirnwellen beigebracht? Man kann Gift darauf nehmen, dass Thoth dort war, wie auch schon aus den Aufzeichnungen hervorgeht. Die spätere Invasion des Kukulhan erinnert an die von Enlil (Zeus) unterstützten Piraten aus Kreta, die in Enkis (Poseidons) göttliche Stadt Atlantis einfielen. Dieses Thema wird in Kapitel 9 weiter vertieft.[4]

---

4 Hunbatz Men, geboren in Wenkal auf Yucatán, ist der amtierende Tageshüter der Maya und wurde seit seinem ersten Lebensjahr zum Schamanen und Priester ausgebildet. In seinem Buch *Die heilige Kultur der Maya*, das auf Deutsch im Amra Verlag vorliegt, lässt er keinen Zweifel am Ursprung seines Volkes: »Die alten Itzae, wie man die Vorväter unserer Tradition nannte, erinnerten sich auch an die Zeit, als wir auf dem Kontinent Atlantis lebten – oder Atlantiha in der Mayasprache. Jahrtausendelang lebten wir in diesem Land [er verweist auf den altägyptischen Priester, Historiker und Mathematiker Manetho, der berichtete, dass die Maya 13.900 Jahre lang in Atlantis lebten] ... Wenn ihre Kalender ihnen enthüllten, dass ein Zyklus seinem Ende zuging, dann wanderten viele ihrer Gemeinschaften an andere Orte, die magnetische Kraft besaßen, und sie nahmen ihr spirituelles und wissenschaftliches Wissen mit in die neuen Länder. So wurden die heiligen Lehren des Kosmos in vielen magnetischen Zentren auf der ganzen Welt deponiert: Chan Chan (Peru), Huete (Spanien), Tulle (Frankreich), Hu-nan (China), Bethlehem (Israel), Tih (Ägypten), Mississippi (Vereinigte Staaten), Humac (Brasilien), Nagasaki (Japan), Mul (England), Maya (Russland) und Naga (Indien), um nur einige zu nennen. Alle diese Ortsnamen stammen aus der Sprache der Maya. Den großen Kontinent namens Amerika kannten die Itzae laut unserer Überlieferung als Tamaunchan. ... Auch diejenigen, die hierher kamen, brachten das Wissen um Atlantiha mit, aber im neuen Land Tamaunchan entwickelten sie gemeinsam mit den Bewohnern dieser neuen Länder, die man später Maya nannte, noch weiteres spirituelles Wissen. So erbten die Maya das Wissen von Atlantiha und entwickelten zusätzliche kosmische Weisheit. Und mit ihrer heiligen Sprache erschufen sie das Mayawort Hunab K'u, das für sie das große Konzept von der Erschaffung des Universums bedeutete.« – *Der Verlag*

6
Energie, Materie und Bewusstsein

Enki entwarf primitive Arbeiter mit hoch entwickelten wissenschaftlichen Eigenschaften, nämlich genetischen Zuordnungsfunktionen innerhalb eines menschlichen Energiekörpers, der auf sieben Chakras beruht. Sie repräsentieren auch den siebten Planeten, den die Anunnaki Tiamut nannten – unsere Erde.

Eigenständig quantisierte Energiezustände, die analog zum Modell des Atommoleküls aufgebaut sind, werden in der Yoga-Tradition als Chakras bezeichnet. Durch sie besitzen wir Menschen einen Mechanismus, mit dessen Hilfe wir unser Bewusstsein weiterentwickeln und zu »Gottessöhnen« werden können. Hier begegnen sich Energie und Materie. Der niedrigste Energiezustand ist mit dem Wurzel-Chakra verknüpft, das sich in der Beckengegend befindet, wie in Abbildung 7 dargestellt. Es ist der ursprüngliche Nervenkomplex, der dem grundlegenden elektrischen Potenzial der Erde am nächsten ist, und wird auch als Ganglion des Impar bezeichnet. Der höchste Energiezustand wird vom siebten Chakra oder *Scheitelchakra* repräsentiert, das typischerweise der menschlichen Zirbeldrüse zugeordnet wird [8, S. 67]. Die sieben Chakras ermöglichen den Zugang zu einem evolutionären Werkzeug, das die Menschheit dazu befähigt, ihren Weg zur Göttlichkeit fortzusetzen. Es sind quantifizierte Energiezustände, die Enki absichtlich entwarf, um dem Menschen ein Interface für die zukünftige Weiterentwicklung des Bewusstseins zu geben.

Enki war anscheinend nicht bereit, sich mit dem Konzept der Sklaverei abzufinden. Er zog es vor, einen einfachen Arbeiter mit einer genetischen »Starthilfe« zu erschaffen, die diesem das Potenzial verlieh, selbst zum Gott zu werden. Er rang mit dem Konflikt, ein galaktisches Gesetz zu brechen, indem er Arbeiter ins Leben rief, die sich weiterentwickelten, statt es bei primitiven »Werkzeuge« zu belassen. Zu Enlils Gunsten muss hier gesagt werden, dass er für diese Idee eintrat, als der Anunnaki-Rat der Zwölf tagte und die Entscheidung getroffen wurde, eine Sklavenrasse als Ersatz für die Igigi-Minenarbeiter zu produzieren. Dabei war das Wissen um den »Mechanismus«, mit dessen Hilfe primitive Arbeiter an der Evolution des Bewusstseins teilnehmen können, zweifellos streng geheim – Regierungen dürften diese evolutionären Kenntnisse wohl zu allen Zeiten unterdrückt haben.

Dahinter steht eigentlich das Wissen um die Wechselwirkung von Geist und Materie. Wir begegnen ihr auch in der Symbolik des Tierkreises. Der Kreis und das Kreuz repräsentieren hier Geist und Materie, wobei der für uns heute eher religiös angehauchte Begriff »Geist« seine wissenschaftliche Entsprechung in dem überall akzeptierten Begriff »Energie« findet. Nach den Gesetzen der Physik kann Energie weder erschaffen noch zerstört werden, sondern verändert lediglich ihre Form. Dies ist ein sehr wichtiges, fundamentales Gesetz, das nach der Speziellen Relativitätstheorie Einsteins, $E = mc^2$, sowohl für Planeten als auch für den Menschen und die gesamte Materie gilt. Jegliche Materie besitzt das Potenzial zur Umwandlung in eine Form von Energie, wie Einsteins elegante Gleichung zeigt.

Für den Menschen bedeutet das: Seit Anbeginn wird er auf einer uranfänglichen Ebene in seinem tiefsten Wesenskern dazu angehalten, die Schnittstelle endlicher Materie mit der Unendlichkeit zu finden, als die sich Energie in ihrer nicht manifestierten Urform darstellt. Die Energie, die alle Materie – insbesondere lebende Materie – belebt, wird entweder als Repräsentant oder als Teilmenge der unendlichen Schöpfung angenommen.

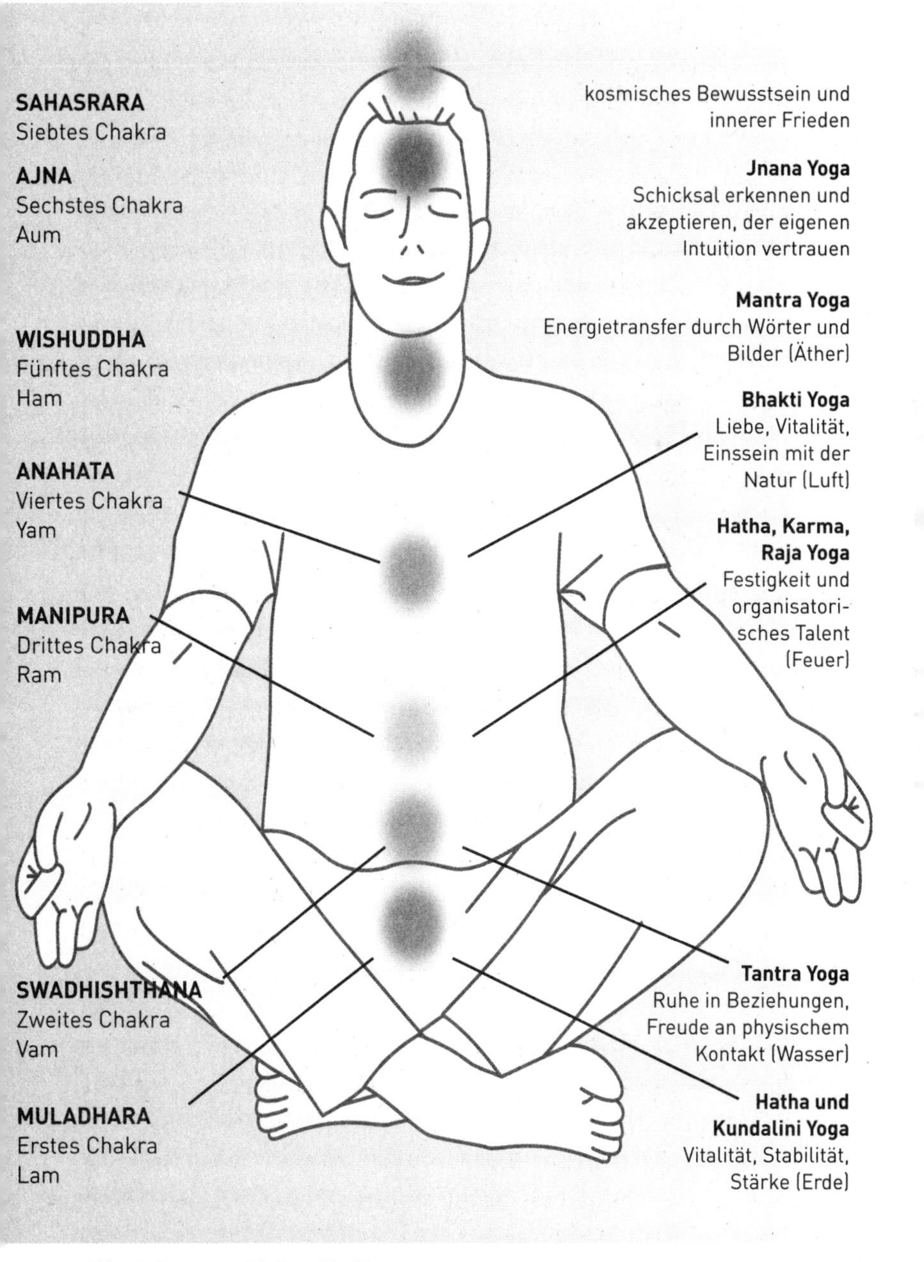

Abb. 7: Die menschlichen Chakras

Die moderne Wissenschaft bestätigt diese Wechselwirkung zwischen Energie und Materie, aber es bleibt noch viel Raum für weitere Untersuchungen.

Menschliche Energie

Als ich mich zum ersten Mal mit dem Thema Struktur beschäftigte, hatte das nichts mit dem menschlichen Körper zu tun. Es beschäftigte mich während meiner Diplomarbeit zum Elektroingenieur an der Universität von Kalifornien in San Diego. Im akademischen Jahr 1996 gelang es mir irgendwie, meine Neugier bezüglich der evolutionären Situation der Menschheit thematisch in meine Doktorarbeit einzubinden – und dafür sogar eigens ein Hardware-Modell zu entwickeln. Mein Doktorvater hat es auch noch genehmigt!

Ich will Ihnen kurz schildern, worum es ging: Ein Hauptbestandteil vieler Leiterplatten in der Elektronikindustrie ist das programmierbare Gatterfeld (*field programmable gate array* = FPGA). Diese hoch entwickelten integrierten Schaltkreise wurden oft als umprogrammierbare Elemente eingesetzt und waren sehr nützlich, weil sie Algorithmen und Logik schneller implementieren konnten, als ein Mikroprozessor es mithilfe von Software hätte erreichen können. Außerdem funktionierten diese Geräte auch dann, wenn die Logik nicht gleich von Anfang an völlig korrekt war, so dass man sie anschließend Schritt für Schritt weiterentwickeln konnte.

Als die Konkurrenz bei der Herstellung von FPGA-Hardware zunahm, stiegen auch die Ansprüche an Speicher- und Logikkapazitäten bei der Entwicklung von Leiterplatten. Die wichtigsten Konkurrenten bei der FPGA-Produktion waren Altera und Xilinx. Letztere brachten ein FPGA auf den Markt, das eine Zellstruktur besaß. So etwas hatte es davor noch nicht gegeben. Im Prinzip handelte es sich um eine riesige Matrix programmierbarer Elemente, die ihrerseits programmierbare Verschaltungen besaßen. *Na und?*, mögen Sie jetzt vielleicht denken. Also, zu diesem Zeitpunkt arbeitete die Softwareindustrie – besonders auf dem Gebiet der Künstlichen Intelligenz – mit sogenannten genetischen Algorithmen. Dabei hanelte es sich um Algorithmen, die Populationen von Wesenheiten kreierten und die Evolution dieser fiktiven Wesen durch Wahrscheinlichkeitsprozesse simulierten – Zufälle. Auf die Weise entwickelten sich diese Wesen wie eine Spezies, die in der Lage war, sich optimal an eine Lebensstressfunktion anzupassen, etwa nach dem Darwinschen Prinzip des Überlebens des Stärkeren. Einfacher ausgedrückt: Die Algorithmen unterzogen die Wesen einem Fitnesstest, der die Tauglichkeit von Nachkommen zeigte, die von diesen Eltern gezeugt wurden. Oft wurde das Problem durch ein Chromosom dargestellt, das mutierte und sich fortpflanzte, ähnlich wie es auch in der Natur geschieht.

Um eine lange Geschichte kurz zu machen: Meine Idee bestand nun darin, einen genetischen Algorithmus innerhalb des Feldnetzes eines sehr großen FPGA von Xilinx zu simulieren. Das Ziel war die »Evolution« der korrekten Schaltungsträgerstruktur innerhalb des Feldnetzes, erzeugt mittels einiger Fitnesstests oder einer Begrenzung, und zwar unabhängig von den Inputs in den Chip. Dieser Gedanke würde jeden Fachmann interessieren, denn jeder, der in dieser Industrie arbeitete, verstand die Unmöglichkeit, schon vorher zu wissen, welche Inputs oder Bedingungen einem Wesen in einer unbekannten Umgebung begegnen mochten – zum Beispiel einem unbemannten Mars Rover.

Normalerweise begegnet man diesem Problem, indem man so viele simulierte Situationen wie möglich eingibt. Dadurch wird eine Reihe logischer Regeln erschaffen, nach denen die Wesen handeln können. Doch bei meiner Forschung müssen die Gegebenheiten eines Umfelds nicht vorher bekannt sein. Dies erlaubt es den Inputs, die innere Struktur des Geräts so zu bestimmen, dass es sich selbst konfigurieren kann, um die jeweils beste Lösung des Lebensfunktionstests zu erarbeiten.

Mit anderen Worten: Die *Struktur* des FPGA gründete in den Inputs, die eine optimale *Funktion* hervorbrachte. Struktur ist Funktion – in diesem Fall sogar wortwörtlich.

Ich will mich jetzt nicht in mörderischen Details über Algorithmen und Chip-Architektur verzetteln. Behalten Sie einfach die Idee von Struktur als Funktion im Sinn, während wir anfangen, dieses Konzept mit der Strukturellen Integration in Verbindung zu bringen, die manchmal auch als »Rolfing« bezeichnet wird. Das ist allerdings ein Name, den Ida Rolf selbst, nach der dieses Verfahren benannt ist, nicht billigte [6].

Struktur ist Funktion und Energie

Strukturelle Integration ist eine Art manipulativer Körperarbeit, deren Zweck darin besteht, den Körper nach dem Schwerkraftfeld auszurichten. Diese Methode wurde von Dr. Ida Rolf erfunden und in ihrem Buch [6] erklärt. Mein Sohn J. J., nun 14 Jahre alt, wurde mit einer genetischen Funktionsstörung namens DiGeorge-Syndrom geboren. Eines der Symptome, an denen er litt, war loses Bindegewebe, weshalb er noch im Alter von fünf Jahren nur schwer ohne Orthesen (orthopädische Beinstützen) laufen konnte. Als ich im Jahr 2000 in San Diego an einem Triathlon teilnahm, erzählte mir ein mitstreitender Sportler von Struktureller Integration. Ida Rolf selbst hatte ein Kind, das aufgrund einer Kinderlähmung ein Bein nicht benutzen konnte. Auf ihrer Suche nach Heilungsmöglichkeiten für Krankheiten des Bewegungsapparats entdeckte sie die »Rolfing 10er Serie«. Zugleich versuchte sie, die Allgemeinheit auf die Beziehung zwischen dem menschlichen Bewegungsapparat und dem Schwerkraftfeld aufmerksam zu machen.

Nachdem ich Idas Buch gelesen und ihre Therapie selbst erlebt hatte, besuchte ich das Institut *Guild for Structural Integration* in Boulder in Colorado, wo ich 2004 ein Zertifikat als

Therapeut für Strukturelle Integration erhielt. Einer meiner Antriebe war natürlich, meinem Sohn bei den Problemen, die er durch seine verschiedenen strukturellen Funktionsstörungen hatte, zu helfen. Fast sieben Jahre lang übte ich diese Tätigkeit hauptberuflich aus und nehme sie auch heute noch manchmal wieder auf, wenn ich den Wunsch habe, jemandem diese Technik beizubringen. Auch meine Frau Christa ist Therapeutin für Strukturelle Integration. Augenblicklich bemühen wir uns darum, Kindern mit speziellen Bedürfnissen, wie mein Sohn J. J. sie hat, diese Arbeit nahezubringen.

Was hat Strukturelle Integration (SI) mit der Zuordnung der Energie im menschlichen Körper zu tun? Erst als ich selbst die ersten Veränderungen in meinem eigenen Körper bemerkte, begann ich über die Beziehung zwischen Struktur und Funktion im Menschen und ihre Verknüpfung mit Energie nachzudenken [7]. Ich begann, mich mit dem Konzept der Energie in Bezug auf den Menschen zu beschäftigen, und stellte fest, dass ich Schwierigkeiten damit hatte, Funktion im Zusammenhang mit menschlichen Belangen zu quantifizieren. Anders formuliert: Wie misst man die Funktion eines Menschen? Natürlich kann man Leistungen in diversen sportlichen Disziplinen miteinander vergleichen, um Stufen der Funktionsfähigkeit festzustellen, aber dies schien mir eher ungenügend zu sein.

Während sich mein Körper einem immer besser strukturierten Zustand näherte, merkte ich, dass ich sensibler für Energie wurde. Eines Tages im Jahr 2003, als meine Aufmerksamkeit während des Unterrichts auf Hawaii abzuschweifen begann (das ist keine Kritik an Ihnen, Jeff Linn, Sie waren ein hervorragender Lehrer!), fragte ich ... nun ja, ich fragte nicht nur, sondern platzte äußerst unhöflich vor der ganzen Klasse mit meiner Frage heraus: »Welche Beziehung besteht zwischen Struktur und Energie?« Alle Leute im Unterrichtsraum sahen mich mit einem Gesichtsausdruck an, der deutlich sagte: »Halt die Klappe, Holzkopf« – also hielt ich die Klappe. Später, als ich in meinem Zimmer saß und auf die Lagune draußen hinausstarrte, dämmerte mir, dass ich als Elektroingenieur die Gesetze der Physik zwar verstand, sie aber niemals wirklich auf meine *Person* bezogen hatte.

Und jetzt kommen wir zum spaßigen Teil! Haben Sie bitte noch ein wenig Geduld mit mir. Also, ich fragte mich: Was ist die Energie (E) eines Menschen? Mein erster Gedanke war, die elektrische Kapazität und Spannung eines menschlichen Körpers zu messen. Das sah allerdings verdächtig nach Arbeit aus, und außerdem wäre es wahrscheinlich ohnehin irrelevant gewesen. Abgesehen davon hatte ich kein Oszilloskop mit nach Hawaii genommen, sondern lediglich ein Fahrrad. Deshalb kam ich darauf, eine Gleichung von jemandem auszuleihen, der viel intelligenter war als ich, nämlich Albert Einstein. Unten sehen Sie die Gleichung [EQ1], die sein berühmtester Beitrag zum Bereich der Physik ist:

$$E = mc^2 \qquad \text{[EQ1]}$$

Sie lautet: »Energie ist Masse mal Lichtgeschwindigkeit im Quadrat«. Zumindest hatte ich nun also einen Ausgangspunkt. Aber bezog sich diese Aussage auch auf die Energie eines Menschen? Sie schien zu knapp, um die strukturellen Veränderungen in meinem Körper zu erklären, die ich aufgrund des Rolfings erlebte. Ich begann also, mit der Gleichung [EQ1] herumzuspielen, um sie direkter mit dem Menschen in Beziehung zu bringen. Normalerweise beziehen wir Begriffe wie »Masse auf der Erde« nicht direkt auf den Menschen, sondern sprechen über das Gewicht eines Gegenstands. Meine Überlegung führte zu einer Gleichung [2], die die Schwerkraft in die obige Gleichung [EQ1] inkorporiert.

$$W = mg \qquad \text{[EQ2]}$$

Bei dieser Gleichung überzeugte mich unsere Besessenheit von der Badezimmerwaage davon, dass ich auf der richtigen Spur war. Gewicht (*weight* = W) auf der Erde wird berechnet, indem man die Masse (m) mit der angenommenen, beschleunigenden Stärke der Schwerkraft (*gravity* = g) multipliziert. In der Nähe der Erdoberfläche wird die Schwerkraft oft als Konstante behandelt. Wenn wir nun die Gleichung [EQ2] umarrangieren, um die Masse zu isolieren, und sie dann in die Gleichung [EQ1] integrieren, bekommen wir [EQ3]:

$$E = \frac{W}{g} c^2 \qquad \text{[EQ3]}$$

Das sieht schon besser aus. Zumindest scheint die Schwerkraft jetzt mit der Energie eines Menschen in Verbindung zu stehen. Die nächste Variable (manche behaupten, sie sei eine konstante Funktion, aber das stimmt nicht), mit der wir arbeiten müssen, um besser zu verstehen, was die menschliche Energie ausmacht – zumindest innerhalb der Konzepte der physikalischen Kräfte, die uns heute bekannt sind – ist die Lichtgeschwindigkeit, kurz c. Während meine Körperstruktur sich allmählich vertikal ausrichtete, entwickelte ich ein Interesse an Yoga, weil es sich meinem Eindruck nach gut als organisierte Stretching-Kur eignete. Bücher über Yoga bezogen sich auf Nervenknoten an diversen Stellen entlang des Rückgrats, die als Energiekanäle funktionierten [8]. Aber die oben angeführte Gleichung [EQ3] war hierbei keine Hilfe, also beschloss ich, die Lichtgeschwindigkeit durch etwas anderes zu ersetzen, nämlich [EQ4]:

$$c = \lambda \nu \qquad \text{[EQ4]}$$

Diese Gleichung drückt aus, dass die Lichtgeschwindigkeit eine Funktion von Wellenlänge und Frequenz (Lambda und Nu) ist. Ein Elektroingenieur würde im Zusammenhang mit Wellenlänge und Frequenz häufig an eine Antennenkonstruktion denken, die so angelegt ist, dass sie sich auf eine bestimmte Frequenz einstellt, wie zum Beispiel bei einem über Frequenzmodulation arbeitenden FM-Radio im Auto. Die Struktur der Antenne dient dazu, sich auf eine bestimmte Frequenz einzustellen, die auf der Wellenlänge des gesendeten Signals beruht. Das elektromagnetische Spektrum enthält natürlich alle Wellenlängen, deshalb war ich zunächst etwas ratlos, wie man das alles einschränken und auf den Menschen beziehen könnte. Mir war klar, dass die gesamten Wellenlängen im Spektrum – sowohl die natürlich vorhandenen als auch die vom Menschen erzeugten – uns alle beeinflussen, aber wie bezog sich diese Energie auf die Gleichung [EQ3]? Dies führte mich zu einer weiteren Substitution, nämlich [EQ4] in [EQ3]. Dadurch enthalten wir [EQ5]:

$$E_{\max} = \frac{W}{g}(\lambda \nu)^2 \qquad \text{[EQ5]}$$

Nun haben wir eine Gleichung, die Schwerkraft, Gewicht, Wellenlänge und Frequenz mit menschlicher Energie verbindet. Wie verhält es sich aber mit den schwachen und starken nuklearen Kräften? Ich begann, mit dem zu arbeiten, was ich bereits formuliert hatte, und dabei die Analogie des menschlichen Körpers als Antenne zu benutzen. Dadurch machten die sieben Chakras, die auch im Yoga bekannt sind, für mich allmählich mehr Sinn. Ich stellte mir jeden Nervenknoten entlang der Wirbelsäule als Grundknoten in einer menschlichen Antenne vor, die sich auf eine Energiequelle (Elektromagnetismus, Schwerkraft, Photonen?) einstellen konnte. Nach Meinung mancher Christen mutet das dämonisch an. Wahrscheinlich muss man Ingenieur sein, um auf diese Weise zu denken – nichts für ungut.

Auf jeden Fall konnte ich jetzt davon ausgehen, dass die Chakras an der Wirbelsäule in irgendeiner Beziehung zu Wellenlänge und Frequenz standen. Und vielleicht – nur vielleicht – dienten diese Knoten ja als Kontaktstellen, zwischen denen mit einer bestimmten Frequenz/Länge und Amplitude irgendeine Welle schwingen konnte. Die Entfernung zwischen den Knoten würde dann die Wellenlänge bestimmen und die Frequenz natürlich daraus folgen, da sie in direkter Beziehung zur Wellenlänge steht, wobei die Lichtgeschwindigkeit die konstante Skalarfunktion darstellt. Wenn sich die Struktur eines Menschen änderte, konnte es demnach sein, dass auch in der Wellenlänge und Frequenz der Energie, »die alle Materie belebt« – inklusive der des Menschen – diverse Veränderungen auftraten. Daraus ergibt sich eine Sequenz von Wellen, deren Wellenlängen und Frequenzen von der jeweiligen Entfernung zwischen den Knoten bestimmt werden. Abbildung 8 zeigt die Knoten/Chakras, wie sie im Handbuch des Sivananda Yoga [8, S. 69] erörtert werden.

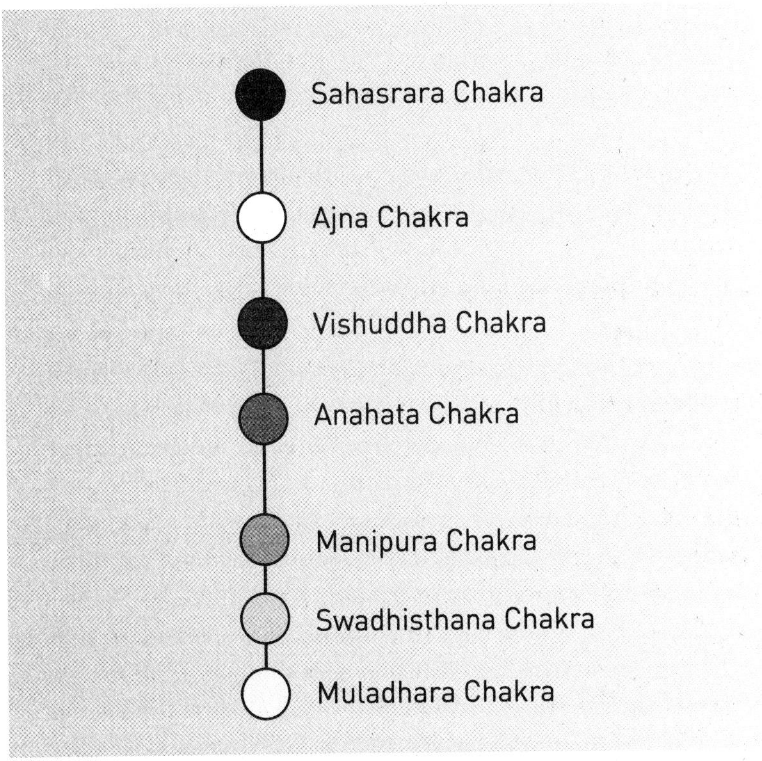

Abb. 8: Die Chakras im menschlichen Körper als Antennenknoten

Die Entfernungen zwischen den Knoten sind in dieser Abbildung natürlich nicht exakt dargestellt und variieren wahrscheinlich auch beträchtlich, wenn die Messungen einer menschlichen Struktur benutzt werden. Dies könnte eine beträchtliche Variante darstellen, wenn die Energie *E* wie in Gleichung [EQ5] berechnet wird. Betrachtet man die Chakras verallgemeinernd als Knoten in einem menschlichen Antennenaufbau, könnte man sich Energiewellen vorstellen – elektrische, chemische oder auch eine Kombination von beidem –, die zwischen den Knoten oszillieren. Da Chakras quantifizierte Mengen beinhalten, wird jeder Wellenlängen- und Frequenzanteil der Chakras in der Gleichung [EQ5A] modifiziert. Diese Gleichung zieht auch die Chakras in Betracht, die vielleicht nicht zum Ganzen beitragen, und erlaubt den Gebrauch diverser Wellenlängen in Übereinstimmung mit den allen Chakras zugeordneten Farben. Formel [EQ5A]:

$$E_{max} = \frac{W}{g}\left(\sum_{i=1}^{i=7} \lambda_i \nu_i\right)^2 \qquad \textbf{[EQ5A]}$$

Aber wenn unser Körper eine »menschliche Antenne« ist, woher bezieht er dann seine Energie? Manche haben die Quelle dieser Energie mit Begriffen wie Christus, Chi, Prana oder anderen Namen aus diversen Kulturen belegt. Ich ziehe die Bezeichnung »die Energie, die alle Materie belebt« vor. Doch welche Bezeichnung der Leser auch vorziehen mag – ich behaupte, dass diese Energie sowohl Wellenlänge als auch Frequenz aufweist und dass sie als Wellenform zwischen den Knoten an der Wirbelsäule existiert – und vielleicht auch anderswo. Man beachte, dass sich die Energie nicht unbedingt optimal zwischen den Knoten bewegen muss. Die Maximalmenge erhältlicher Energie E_{max} wird davon nicht beeinflusst.

Dazu fällt mir die Analogie einer Gitarrenseite ein. Stellen Sie sich eine Gitarre mit einer Saite vor, die mit der Wellenlänge und in der Frequenz des tiefen Tons E vibriert, wenn man sie zupft. Ist die Saite richtig straff aufgezogen, wird sie den reinen Ton spielen. Ist das aber nicht der Fall, werden ungewollt Obertöne entstehen, die entweder eine Abdämpfung oder ein zusätzliches Schrillen bewirken und dadurch den gewünschten Ton verfälschen. Chakras verhalten sich vielleicht analog zu einer Gitarrensaite, da sie eine strukturelle Basis für den Energiefluss zwischen den Knoten mit einer bestimmten Wellenlänge und Frequenz schaffen. Anders als bei der Gitarrensaite entstehen die Wellenformen jedoch zwischen den Knoten in der Rückenmarksflüssigkeit. Abbildung 9 zeigt eine generische, sinusartige Wellenform mit identifizierter Wellenlänge und Frequenz. – Bitte ertragen Sie das Ingenieurkauderwelsch nur noch ein kleines Bisschen länger! – Die Frequenz wird durch die Geschwindigkeit bestimmt, mit der die Wellenform einen kompletten Zyklus von 2π in dem Intervall zwischen den Zeiten t_0 und t_1 vollzieht.

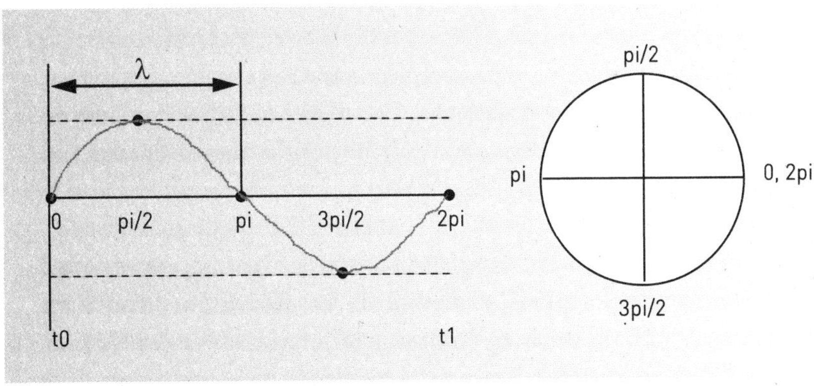

Abb. 9: Wellenlänge und Frequenz einer generischen Wellenform

Was folgt nun aus dieser Hintergrunderklärung über Wellenformen? Es könnte viele verschiedene Wellenformen geben, die zwischen jedem der in Abbildung 8 dargestellten Knoten oszillieren.

Nehmen wir zum Beispiel an, dass zwischen dem in Abbildung 8 dargestellten Muladhara-Chakra und dem Swadhisthana-Chakra eine Wellenform zu oszillieren beginnt, wenn das Becken sich einer optimal ausgerichteten Position nähert. Die Yogatradition erklärt, dass das Prana beziehungsweise »die Energie, die alle Materie belebt« eine Wellenform ist, die auf natürliche Weise vom unteren Chakra am Sacrum (Kreuzbein) nach oben wandert. Ein weiterer Yogabegriff ist *Apana*; dabei handelt es sich um die Energie, die durch alle Chakras nach unten zum Muladhara-Chakra wandert. Wenn dies geschieht, erwacht laut den Yogis das Kundalini, die potenzielle Energie.

Ob dies eine hinreichend exakte Schilderung der Art ist, in der sich die Energie zwischen den Knoten bewegt, ist ein Forschungsthema für sich und sprengt den Rahmen dieses Buches. Doch das Konzept, dass sich zwischen den Knoten vielleicht eine Vielfalt von Wellenformen bildet und dadurch ein komplexes Muster von sich überlappenden Wellenformen entsteht – jede mit einer eigenen Wellenlänge und Frequenz –, passt sehr gut in den Rahmen dieses Buches hinein. Wellenformen können nämlich auch kumulativ sein, wenn ihre Spitzen übereinstimmen oder sie dem Superpositionsprinzip nach (das ist eines dieser schrecklichen Mathe-Dinge) in Phase miteinander sind. Wellenformen, die sich *nicht* in Phase beziehungsweise in Harmonie befinden, tendieren dazu, die sich ergebende Amplitude zu verringern, was die Menge der Energie in der Gleichung [EQ5] beeinflusst.

Sind Wellenformen kumulativ, erhöht sich die Energie in Zweierpotenzen. Sind sie jedoch außer Phase, verringert sich die Energie. Es wäre nicht verwunderlich, eine Beziehung zwischen der Gehirnwellenaktivität und der strukturellen Integrität (Entfernung und Widerstand) der Chakras festzustellen. Hier kann Strukturelle Integration eine bedeutende Auswirkung auf den Energiezustand eines Menschen in Bezug auf das Schwerkraftfeld haben. Insbesondere verändert strukturelle Organisation die

Knotenentfernung und die Viskosität der interstitiellen Gewebeflüssigkeit in den Zellen. In welchem Ausmaß die Viskosität der Rückenmarksflüssigkeit verändert werden kann, ist nicht bekannt. Mithilfe einfacher elektrischer Prinzipien könnte die Viskosität in einem flüssigen Medium aber zweifellos die Beziehung zwischen elektrischem Strom und Voltzahl verändern, nämlich: V = I * R, oder I = V ÷ R. Je kleiner der Widerstand im Medium (R), desto stärker der Fluss der Elektronen.

Was geschieht zum Beispiel mit der Frequenz und der Wellenlänge, wenn der Raum zwischen den Wirbeln des menschlichen Rückgrats sich weitet? Um die Frage genauer auszudrücken: In welcher Beziehung stehen Veränderungen in der Knotenentfernung entlang dem Rückgrat zu der in der Gleichung [EQ5A] definierten Energie? Interessanterweise ist jedem Chakra eine Farbe zugeordnet. Im elektromagnetischen Spektrum werden die Wellenlängen des Lichts durch Farbunterschiede charakterisiert. Die Grautöne in Abbildung 8 sollten dies darstellen, aber es ist schwierig, so etwas in einer schwarzweißen Grafik entsprechend zu differenzieren. Ein Chakra-Diagramm in Kapitel 12 illustriert dieses Prinzip genauer.

Ein anderer interessanter Punkt in der Gleichung [EQ5/5A] ist die Überlegung, inwieweit die Schwerkraft im mathematischen Nenner als Konstante betrachtet werden muss. Nehmen wir einmal an, dass wir den Grenzwert erfassen, wenn g (*gravity* = Schwerkraft) sich der Unendlichkeit nähert. In diesem Fall wird die Energie *E* auf Null reduziert. Siehe Gleichung [EQ6]:

$$\lim_{g \to \infty} E = 0 \qquad \text{[EQ6]}$$

Wen wundert es also, dass man sich, wenn man morgens aufsteht und seinen Körper im Schwerkraftfeld in eine aufrechte Position bringt, so müde fühlt? Ich versichere Ihnen: Die Tatsache, dass man zur Arbeit muss, hat nichts damit zu tun.

Nun wollen wir untersuchen, was es mit dem Grenzwert auf sich hat, wenn g auf null reduziert wird, wie in Gleichung [EQ7] dargestellt:

$$\lim_{g \to 0} E = \infty \qquad \text{[EQ7]}$$

In diesem Fall schwebe ich mit unendlicher Energie herum. Und nun kommen wir wieder zurück auf die Frage nach den Auswirkungen der Schwerkraft auf den menschlichen Körper. Laut Ida Rolf steigert die Schwerkraft, wenn die Struktur korrekt organisiert ist, die menschliche Energie, statt sie zu verringern. Wie kann das sein? Wenn wir zuerst Gleichung [EQ5] betrachten und dann das zweite limes-Szenario in Gleichung [EQ7], wo g sich Null annähert, sehen wir mathematisch, dass die Energie *E* unendlich wird.

Könnte Ida Rolf Recht haben? Was wären die Konsequenzen? Ist dies das Resultat, wenn man die hoch begehrte, ideale »Linie« der Strukturellen Integration im eigenen Körper findet? Nimmt man Gleichung [EQ5] wörtlich, ist dies offensichtlich das Ergebnis. Praktisch zutreffender ist jedoch die Tatsache, dass Menschen im Allgemeinen nun einmal nicht so agieren, als könnte man die Schwerkraft ignorieren. Nehmen wir zum Beispiel einmal an, der Körper eines Individuums wäre im Schwerkraftfeld zu 80 % effizient. Das würde zu einer Veränderung der Gleichung [EQ5] führen, nämlich zu Gleichung [EQ8]:

$$E = \frac{W}{0{,}2g} (\lambda v)^2 \qquad \text{[EQ8]}$$

Die Gleichung [EQ8] zeigt, dass dieses hypothetische Individuum die Auswirkung der Schwerkraft auf seine Masse in geringerem Maß erleben würde, wodurch sich die gesamte Energie *E* vergrößern würde.

Schlussfolgerung

Der menschliche Körper hat Funktionen, die denen einer Kommunikationsantenne analog sind. Die menschliche Antenne besitzt eine primitive Intelligenz, mit deren Hilfe sie versucht, sich optimal auf den kosmischen Sender einzustellen, wobei sie sich am Schwerkraftfeld ausrichtet. Strukturelle Veränderungen, eigene Erfahrungen und die Beschreibungen anderer, die das gleiche Phänomen erlebt haben, bewirken Veränderungen in der menschlichen Energie. Das Individuum spürt diese Veränderungen und demonstriert sie häufig durch Veränderungen seines Verhaltens beziehungsweise seiner Persönlichkeit. Und es erfährt diese Veränderung der Energie nicht nur im Hinblick auf das eigene Potenzial, mehr Arbeit bewältigen oder mehr unternehmen zu können. Vielmehr scheint der geänderte Zustand auch die Wahrnehmung und das Bewusstsein zu beeinflussen. Diese Veränderungen der Energie, beziehungsweise des Bewusstseins, entsprechen dem, was schon in alten Zeiten von Zen- und Yogameistern postuliert wurde, in hohem Maß.

Darum behauptet der Autor, dass die in Gleichung [EQ5] definierte Energie die heute für den Menschen maximal erhältliche Energiemenge ist, so weit unsere Kenntnisse der physikalischen Gesetze in dieser Dimension der Realität dies erlauben. Es mag uns vielleicht altmodisch und verwunderlich erscheinen, dass wir Menschen den gleichen Newtonschen Gesetzen der Physik unterliegen sollen wie alle anderen materiellen Objekte auch, aber das Modell scheint zu funktionieren. Das heißt nicht, dass nicht gleichzeitig Quanteneffekte auftreten können, aber das ist ein anderes Thema.

Was die Schwerkraft angeht: Ich behaupte, dass sie mehr ist als eine bloße Beschleunigungskraft. Die Tatsache, dass Gegenstände, die innerhalb der Erdatmosphäre fallen, eine Endgeschwindigkeit erreichen, beweist diese Aussage. Wäre die Schwerkraft wirklich eine beschleunigende Kraft, würden Gegenstände weiter beschleunigen, statt eine stete Geschwindigkeit zu erreichen. Eine Wissensstufe, die das völlige Begreifen der Schwerkraft einschließt, liegt vorerst noch in der Zukunft, aber unser Verständnis wächst, je mehr sich die Physiker einer Einheitlichen Feldtheorie annähern. Die Einsichten in die atomare Expansion aller Materie, die sich in der Schwerkraft zeigt, werden hoffentlich bald zum Allgemeinwissen gehören – wahrscheinlich spätestens dann, wenn alle Akademiker McCutcheon zustimmen [28]. Vorerst genügt es festzustellen, dass die Schwerkraft im Alltag der Menschen eine wichtige Rolle spielt, denn letzten Endes erhöht oder verringert sie unser aller Gesamtenergie. Entweder unterstützt sie die menschliche Struktur, so dass wir unser Potenzial erreichen können, oder sie bringt mit ihrer bedrückenden Macht unstrukturierte Menschen zum Schrumpfen [6]. Eine aufrechte Struktur ist korrekt und energetisch.

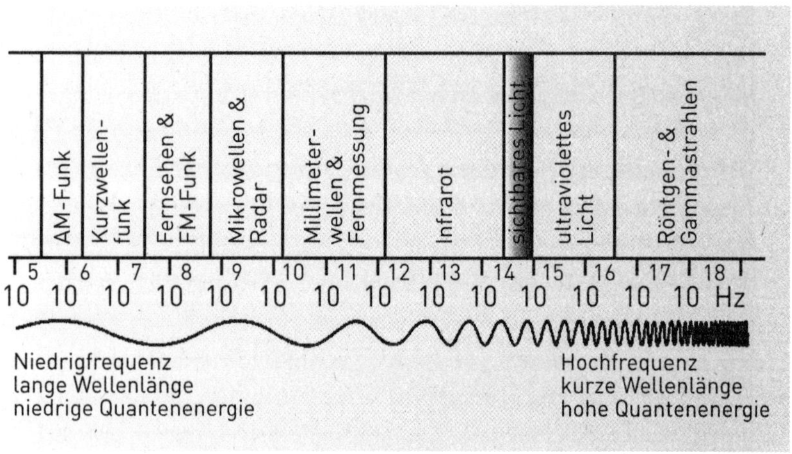

Abb. 10: Das elektromagnetische Spektrum

Allein dadurch, dass Sie in diesem Moment aufrecht sitzen, können diverse energetische Interaktionsmodalitäten nach ihren wahrscheinlichen oder messbaren Wirkungen auf die Materie untersucht werden. Was die konkrete Interaktion zwischen dem elektromagnetischen Spektrum und dem Menschen abgeht, muss noch vieles entdeckt werden. Die Energie kann zahlreiche Formen annehmen, die den Menschen alle beeinflussen: thermische Energie, radioaktive Strahlung, Schalldruckwellen, Mikrowellen, Röntgenstrahlen und so weiter. Abbildung 10 zeigt das Kontinuum des elektromagnetischen Spektrums.

Übrigens interagiert nicht alle Energie mit der Materie: Möglicherweise durchdringt eine bestimmte Frequenz Materie auch ohne jede Wirkung. Diejenige Energie, die von der Materie absorbiert wird, kreiert jedoch eine Interaktion, wodurch wir die Prinzipien der Energiekonservierung studieren und verstehen können. Energie interagiert mit Materie auf verschiedene Weise, wie Abbildung 11 unten zeigt.

Als ich neulich Forschungen im Zusammenhang mit meiner Praxis als Therapeut für Strukturelle Integration betrieb, erhielt ich durch Dr. Harry Oldfield in Großbritannien lizenzierte Software für Resonanztomografie (*Resonant Field Imaging* = RFI) und polychromatische Interferenzfotografie (PIP). Die RFI-Software erlaubt es mir, Frequenzen mit einem tragbaren Messgerät einzufangen und dann die Chakrafrequenz entweder als Wellenlänge anzuzeigen oder dem Patienten als Farbausdruck zu präsentieren. Statt mehrere Frequenzmessungen mit der RFI-Software vorzunehmen, habe ich der Einfachheit halber zusätzlich die PIP-Software gekauft, denn diese erlaubt es mir, die gleichen Daten mit einer HD-Videokamera zu sehen. Danach sammelte ich die durch RFI und PIP aufgezeichneten Forschungsdaten aus meiner Arbeit mit SI-Patienten, und erste Resultate scheinen darauf hinauszulaufen, dass eine starke Korrelation zwischen der menschlichen Struktur und der sich daraus ergebenden Energie existiert. Wenn die Daten in voller

HD auf einen Computer übertragen werden, ist diese Tatsache leicht erkennbar. Wie könnte man diese Daten wohl praktisch anwenden? Denken Sie einmal darüber nach.

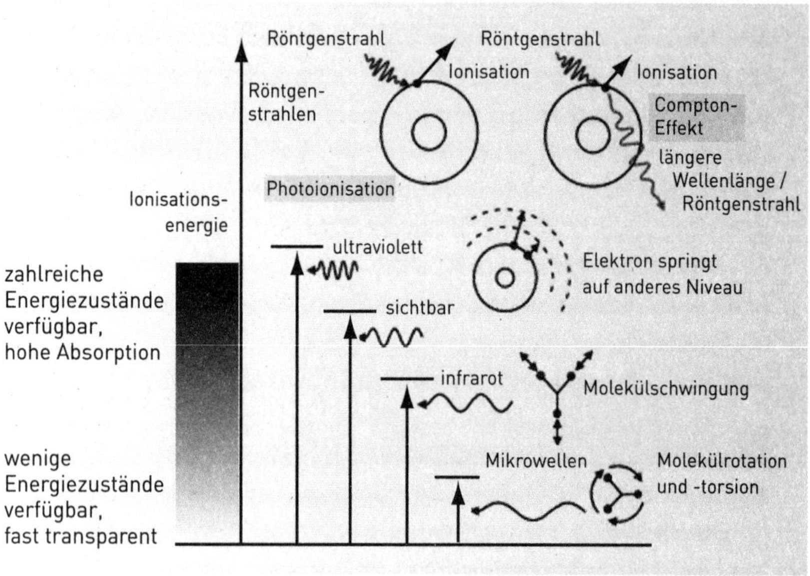

Abb. 11: Wechselwirkungen zwischen Energie und Materie

Die Anunnaki beherrschten dieses Wissensgebiet anscheinend viel besser als wir – immerhin hatten sie ja auch einen galaktischen, geschichtlichen Vorsprung von mindestens 450.000 Jahren. In diesem Abschnitt des Buches geht es uns vor allem um das elektromagnetische Spektrum und sein Interagieren mit der Materie, und in diesem Zusammenhang sind zwei Dinge besonders interessant. Erstens die Anwendung des elektromagnetischen Spektrums zur Sklavenkontrolle, und zweitens die Frage, ob und wie sich die Anunnaki wohl ihr Wissen um die Interaktion zwischen Energie und Materie zunutze machten, um ihr eigenes Leben zu verlängern. Zumindest besaßen sie eine Möglichkeit, ihren Körperzustand zu stabilisieren und den schnelleren

Alterungsprozess zu verlangsamen, den vermutlich jedes Wesen erlebt, wenn es seinen Standort innerhalb der Galaxis verändert und sich verschiedenen planetarischen Umlaufbahnperioden aussetzt, die jeweils die lokalen Lebenszyklen bestimmen. Im nächsten Abschnitt behandeln wir die Auswirkungen von Schalldruckwellen auf den anatomisch modernen Menschen, denn auch dieser Aspekt hängt sehr eng mit Enkis Entwurf eines kontrollierbaren primitiven Arbeiters zusammen.

Schallwellen und Materie

Die Evolution auf der Erde ermöglichte es Raubtier und Beutetier, einander zu orten beziehungsweise zu meiden. Hört ein Raubtier auf der Jagd die typischen Geräusche seiner Beute, kann es die Richtung feststellen, aus der die Geräusche kommen, und weiß somit, wo es die Beute zu suchen hat. Diese Fähigkeit, Geräuschquellen im Raum zu orten, ist nicht nur den Tieren eigen – auch wir Menschen besitzen diesen Spürsinn. Denken Sie nur daran, was passiert, wenn jemand in einem Park unseren Namen ruft. Wir erkennen sofort sowohl die spezifische Richtung, aus der der Ruf kommt, als auch die ungefähre Entfernung. Der akustische Reiz bewirkt, dass ein Wesen seinen visuellen Sinn nach dem Klang ausrichtet. Aus dieser Synthese zwischen dem akustischen und dem optischen Sinnessystem wird ein neuer Bewusstseinszustand erschaffen.

Man könnte also Signale (sowohl im hörbaren als auch im unterschwelligen, nicht hörbaren Bereich) räumlich unterschiedlichen Ursprungs dazu benutzen, Nachrichten innerhalb des elektromagnetischen Spektrums direkt an das aufsteigende retikuläre Aktivierungssystem (ARAS) eines Sklaven zu senden. Faktisch heißt das nichts anderes, als einen Befehl direkt im biologischen, mentalen Regelkreis des Individuums zu deponieren. Wird ein Befehl auf diese Weise empfangen, reagiert das Wesen – besonders ein Wesen ohne Ich-Bewusstsein – auf die Nachricht, als sei sie sein eigener »Gedanke«, und handelt entsprechend. Man beachte, dass hierbei erst dann Probleme auftauchen, wenn das Wesen die Gedanken, die »in seinen Kopf eingepflanzt werden«, in Frage stellt oder wenn es sich bis zu einer Stufe weiterentwickelt, auf der es in der Lage ist, die volle Verantwortung für seine Handlungen selbst zu übernehmen. Denn:

Verhalten ist nichts anderes als die verspätete Bewusstmachung eines bisher als eigen akzeptierten Gedankens.

Wenn ein Gedanke in den biologischen Regelkreis eines menschlichen Wesens eingepflanzt werden kann, besitzt man damit eine biologische Möglichkeit, Sklaven zu kontrollieren – vorausgesetzt allerdings, dass kein freier Wille vorhanden ist, denn dieser würde verhindern, dass der Gedanke als eigener aufgefasst wird. Im letzten Kapitel haben wir das Didgeridoo und seine Fähigkeit, das Bewusstsein zu beeinflussen, kurz erwähnt. Wie verändert die Schwingung einer Überlagerungsfrequenz das menschliche Gehirn – und dies scheinbar ohne jedes Zutun des betroffenen Wesens? Wie kommt das zustande? Die moderne Wissenschaft hat ein Phänomen entdeckt, das den Prozess erklärt, durch den Schall (auch in einem nicht hörbaren Frequenzbereich) benutzt werden kann, um Menschen zu kontrollieren – besonders Menschen, die nicht für den Inhalt der eigenen Gedanken verantwortlich sind. Dieses Phänomen heißt *Klangangleichung* und wurde im letzten Kapitel kurz beschrieben. Wir werden diesen Begriff hier als potenzielle Methode der Anunnaki, ihre Sklavenarbeiter zu befehligen und zu kontrollieren, näher untersuchen.

Stellen sie sich eine Katze vor, die im Garten lauschend auf Beute lauert. Wie Sie sehen, richtet die Katze ihre Ohren unabhängig voneinander nach den Geräuschen aus. Mieze hofft, dass eines davon sie auf ihre nächste Mahlzeit hinweist. Katzen können ihre biologischen Wellenleiter gezielt einsetzen, das heißt, sie können ihre »Hörapparate« individuell nach den Schallquellen ausrichten. Das ist ein Teil der Methode, Schall zu orten. Menschen besitzen diese Fähigkeit ebenfalls, allerdings weniger stark ausgeprägt.

Die Katze hört mithilfe von zwei verschiedenen Sensoren, die sich in einem bestimmten Abstand zueinander befinden. Sie kann diese Sensoren unabhängig voneinander auf ein einziges Ziel ausrichten, um den Standort der ahnungslosen Beute zu erkennen. Der physische Abstand der beiden Empfänger (in diesem Fall der beiden Katzenohren) ermöglicht es, die Signale nicht nur zu empfangen, sondern gleichzeitig auch die beiden voneinander unabhängigen Klangquellen räumlich zu kombinieren. Dies ermöglicht eine genaue Entfernungs- und Richtungsmessung der Geräuschquelle. Diese Methode ähnelt dem Polarkoordinatensystem, das sich bei seinen Kreismessungen ebenfalls sowohl der Richtungswinkel als auch der Entfernungsdaten bedient.

Wenn die Ohren der Katze die Signale empfangen, bedingt die Tatsache, dass sie sich an leicht unterschiedlichen Stellen befinden, eine spezifische Wegdifferenz von jedem Ohr zur eigentlichen Geräuschquelle. Trifft ein Signal mit einer winzigen Verzögerung dazwischen auf die zwei Punkte (die Ohren), hören die Ohren natürlich das Geräusch, aber zugleich geschieht etwas weitaus Wichtigeres im Gehirn der Katze, denn dort wird der Unterschied der Ankunftszeiten beider Signale verarbeitet. Der Vergleich der verschiedenen Ankunftszeiten stellt einen konkreten Verzögerungswert her, den das visuelle System der Katze als Entfernungsschätzung und Richtung des Ziels präzisiert.

Auf ähnliche Weise senden und empfangen Fledermäuse akustische Radarimpulse, verarbeiten die so erhaltene Information und benutzen diese, um ohne Sicht zu navigieren und zu jagen. Es ist das gleiche Prinzip, das auch in der räumlichen Geometrie und in der Signalaufbereitung angewendet wird. Die natürliche Anwendung des Radars durch die Fledermäuse wird Echoortung genannt. Man hat nachgewiesen, dass die Echoortung auch im Menschen funktioniert.

Die primitive Fähigkeit, den Unterschied der Ankunftszeiten von Geräuschen zu interpretieren, ist eine normale Überlebenseigenschaft, die in der Natur vorkommt und auch dem Menschen eigen ist. Der Besitz dieser Information ermöglicht es, ein ahnungsloses Geschöpf durch *Klangangleichung* zu kontrollieren. Im Wesentlichen werden dabei zwei Signale miteinander kombiniert, um die Summe und Differenz der Originalsignale hervorzubringen. Angenommen, wir haben zwei Frequenzen, F_1 und F_2, die im vom Menschen hörbaren Bereich von 0 – 20 Hz liegen. Nehmen wir an, F_1 sei 7 Hz und F_2 4 Hz. Wenn wir beide kombinieren, $F_1 + F_2$, wäre das Resultat paarig. Nennen wir die Ausgangsdaten F_3 und F_4. Abbildung 12 zeigt eine grafische Darstellung des Vorgangs der Frequenzmischung.

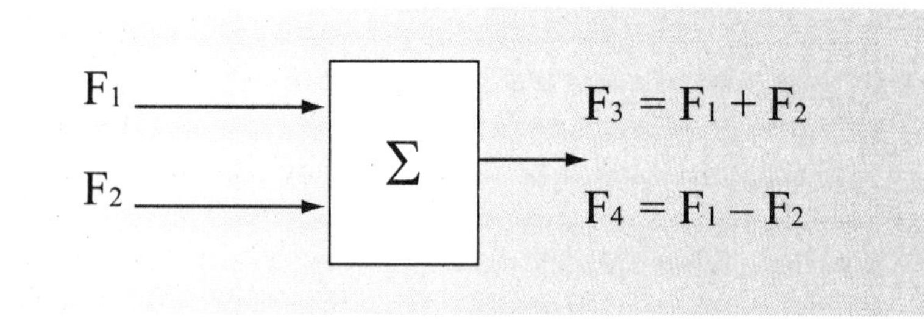

Abb. 12: Der Frequenzmischer

Das Interessante an diesem Phänomen: Selbst wenn die Geräusche in den Ohren als fast gleich interpretiert werden, beginnen die Gehirnwellen in Wechselwirkung zu treten und sich zu einem einzigen resultierenden Signal anzugleichen – vorausgesetzt, die einfallenden Signale liegen im EEG-Bereich des Gehirns von 0-20 Hz. Diese Angleichung entsteht, weil sich das aufsteigende retikuläre Aktivierungssystem mit der Differenzsumme der Signale synchronisiert. Und wenn es lange genug damit fortfährt, wird das Elektroenzephalogramm (EEG) zeigen, dass sich das Gehirn ebenfalls mit der empfangenen Frequenz – entweder F_3 oder F_4, wie in Abbildung 12 gezeigt – synchronisiert.

Ein ähnliches Beispiel für Resonanz ist die Art, in der ein Weinglas vibriert, wenn eine bestimmte Frequenz auf das Glas einwirkt. Das Glas beginnt, mit dem Signal mitzuschwingen und kann durch seine eigene Reaktion sogar zerspringen – je nach Stärke des Glases. Eine ähnliche Schwingungsmethode könnte auch für Menschen entwickelt werden, und die Anunnaki hätten diese Methode bestimmt berücksichtigt, als sie ihre Kommando-, Kontroll- und Kommunikationsentscheidungen für Enkis Entwurf eines primitiven Arbeiters trafen. Falls die Signalquelle so generiert wurde, dass sich die Kommunikation direkt an das ARAS richtete, konnten die Anunnaki Gedanken in die Köpfe der Arbeiter einpflanzen – zum Beispiel, wenn die Arbeiter gerade Musik hörten, oder indem man die Signale in einem Empfängerumfang und einer Amplitude sendete, die verhinderte, dass andere Signale verarbeitet werden konnten, also als sogenannter Störsender.

Die Sklaven-Aufseher konnten Signale ohne Weiteres auf eine Weise verschicken, die das ARAS daran hinderte, andere Signale zu verarbeiten. Dadurch wurde gewährleistet, dass sich die biologischen Roboter ausnahmslos nach den Befehlen der Herren richteten. Es wäre interessant zu überlegen, was einer Gruppe dieser mental ferngesteuerten Roboter geschehen wäre, wenn die Frequenz, die sie kontrollierte, plötzlich unterbrochen worden wäre. Vermutlich hätten sich die »Grundeinstellungen« wieder aktiviert. Ohne die Fähigkeit, Geschehnisse im Langzeitgedächtnis zu speichern, würden die Roboter wieder nach den Programmen funktionieren, die vor den Eingriffen von außen abliefen.

Falls die Sklaven-Arbeiter allerdings Intelligenz und Gedächtnis besäßen, dann besäßen sie auch beim Ausbleiben des Dauersenders immer noch das Wissen, das sie sich erworben hatten, um die ihnen aufgezwungenen Aufgaben zu erfüllen – zum Beispiel

Goldförderung und Städtebau. Eine Sklavenkontrollfrequenz zu eliminieren oder auszuschalten könnte also einen Roboteraufstand auslösen. Ein ausfallssicheres System, das die Sklaven beherrschte, sie kontrollierte und mit ihnen kommunizierte, um eine Revolte zu verhindern, wäre im Anunnaki-Rat ein starkes Verkaufskonzept gewesen, dessen Vorzüge jedem eingeleuchtet hätten. *Dadurch* gewann Enki und durfte seine primitiven Arbeiter erschaffen, um die Igigi-Sklaven, die bereits in Afrika rebellierten, zu ersetzen.

Wir wissen, welche Rolle das ARAS bei der Aufmerksamkeitskontrolle und dem Filtern von Eindrücken spielt, und wir wissen auch, dass Meditationstechniken die Denkprozesse verlangsamen – möglicherweise in den Alpha- oder Deltafrequenzen. Könnte es sein, dass sich die langsamere Gehirnfrequenz mit ARAS synchronisiert und dadurch ein Energiefluss durch die Wirbelsäulenknoten ausgelöst wird, der die Zirbeldrüse am Kopfchakra aktiviert? Wenn die Zirbeldrüse durch eine Ausschüttung von »Kundalini-Energie« aktiviert wird, sieht man ein blendend weißes Licht, das mit dem Erreichen von Samadhi oder einem anderen gesegneten Zustand assoziiert wird. Möglicherweise wird die Zirbeldrüse entweder durch innere oder äußere Reize dazu veranlasst, Dimethyltryptamin (DMT) freizusetzen: das sogenannte »Geist-Molekül«, das nachweislich bei Menschen auftritt, die sich in mystischen oder euphorischen Bewusstseinszuständen befinden [1].

Es ist hoch interessant, die Auswirkungen zu untersuchen, die eine Veränderung der Gehirnwellenfrequenz auf verschiedene Körperteile und das Nervensystem hat – insbesondere auf die Zirbeldrüse und ihre DMT-Produktion, denn diese ist direkt mit dem Bewusstsein verknüpft.

Die Zirbeldrüse

Ein anderer biologischer Bereich, auf den die Anunnaki sich besonders konzentrierten, war die Zirbeldrüse oder Epiphyse. Sie praktizierten diverse Rituale, die alle auf die Aktivierung der Zirbeldrüse abzielten. Die Frage ist: Warum waren sie an dieser Drüse so interessiert, und hatte sie etwas mit biologischer Langlebigkeit und Sklavenkontrolle zu tun?

Viele Geistesdisziplinen beschreiben in psychedelischen Erzählungen gewisse Transformationserfahrungen, die die Teilnehmer dazu motivieren, die jeweilige Disziplin auszuüben. Grelles, weißes Licht, Begegnungen mit dämonischen oder engelhaften Wesen, Ekstase, Zeitlosigkeit, himmlische Klänge, das Gefühl, gestorben und wiedergeboren zu sein, Kontakt mit einer mächtigen, liebenden Präsenz, der die gesamte Wirklichkeit unterliegt – solche Erfahrungen sind allen religiösen Glaubensrichtungen bekannt. Sie sind auch symptomatisch für eine vollpsychedelische DMT-Erfahrung [1, S. 73]. Könnte Meditation eine DMT-Reaktion in der Zirbeldrüse auslösen? Yogatraditionen üben oft Atemtechniken, die eine intensive Schärfung der Aufmerksamkeit und des Bewusstseins bewirken sollen. Die durch ein EEG messbare elektrische Aktivität des Gehirns zeigt den Zusammenhang zwischen Atem und Gehirnwellenverhalten.

Religiöse und spirituelle Traditionen rund um die Welt berichten immer wieder von einem blendend weißen Licht, das eine tiefe spirituelle Bewusstwerdung begleitet. Diese »Erleuchtung« ist normalerweise das Resultat einer Progression des Bewusstseins durch quantifizierte Schritte, die die psychologische und ethische Entwicklung des Individuums testen. Die meisten mystischen Traditionen beschreiben diesen Prozess und seine Stufen. Interessanterweise bestimmen in der Yogatradition die Energiestufen jedes Chakras die erreichbare Bewusstseinsebene, wobei Energie und Bewusstsein miteinander korrelieren. Diese Verbindung besteht in sämtlichen antiken Kulturen [1, S. 58].

Im Judentum bewegte sich zum Beispiel das Bewusstsein durch die *Sefirot*, die kabbalistischen Zentren der spirituellen Entwicklung. Die höchste *Sefira* ist *Keter*, die Krone. In der östlichen ayuvedischen Tradition heißen diese Zentren Chakras, und auch dort wird die Bewegung der Energie, die durch sie hindurch transportiert wird, von bestimmten Erfahrungen begleitet. Das höchste Chakra wird ebenfalls Krone oder tausendblättriger Lotus genannt. In beiden Traditionen befindet sich die Kronen-*Sefira* beziehungsweise das Kronen-Chakra, in der Mitte des obersten Teils des Schädels – genau dort, wo sich beim Menschen die Zirbeldrüse befindet. Interessanterweise geht man davon aus, dass das Dritte Auge mit der Hirnanhangdrüse verknüpft ist [1, S. 59].

Die physische Zirbeldrüse wird erstmals in den Schriften des Herophilus, eines Arztes im Griechenland des 3. Jahrhunderts v. Chr. erwähnt, also zur Zeit von Alexander dem Großen. Im Englischen entstammt das Wort *pineal gland* dem lateinischen *Pinus*, der Pinie, und auch im Deutschen entspricht der Name Zirbel der Pinienzapfen ähnlichen Form dieses kleinen Organs. Die Zirbeldrüse hat ungefähr die Größe des kleinen Fingernagels.

Der Status der Zirbeldrüse im Gehirn ist einzigartig. Alle anderen Bereiche des Gehirns sind gepaart: Sie haben rechte und linke Hälften. Die Zirbeldrüse, das einzige ungepaarte Organ tief im Gehirn, blieb über zweitausend Jahre lang ein anatomisches Kuriosum. Niemand im Westen hatte die geringste Ahnung, welchen Zweck die Zirbeldrüse erfüllte.

Das Interesse an ihr wuchs, als sich der berühmte französische Philosoph und Mathematiker Descartes im 17. Jahrhundert mit ihr befasste. Descartes, von dem der berühmte Satz »Ich denke, also bin ich« stammt, suchte nach einem göttlichen Ursprung für besagtes Denken. In kritischer Selbstbetrachtung stellte er fest, dass es unmöglich war, mehr als einen Gedanken auf einmal zu denken. Von woher im Gehirn stammten diese allein stehenden, einzelnen Gedanken? Descartes schlug vor, dass die Zirbeldrüse, das einzige ungepaarte Organ des Gehirns, die Gedanken erzeugte. Und er glaubte, dass der Standort der Zirbeldrüse, direkt über einem der kritischen Pfade der Gehirn-Rückenmark-Flüssigkeit, diese Funktion noch plausibler machte.

Hohlräume tief im Gehirn – Ventrikel oder Liquorräume genannt – erzeugen die klare, salzige, sehr proteinhaltige Gehirnflüssigkeit. Diese Flüssigkeit schützt das Gehirn, da sie als flüssiges Polster gegen plötzliche Erschütterungen und Stöße wirkt. Außerdem führt sie Nährstoffe in das Gewebe tief im Gehirn und transportiert Abfallprodukte weg.

Nach Descartes' Meinung war es ganz logisch, das gezeitenartige Fluten und Abebben der Gehirnflüssigkeit durch die Ventrikel als Ursprung der Gedanken anzunehmen. Wenn die Zirbeldrüse Gedanken in die Gehirnflüssigkeit »absondert« – welche bessere Methode könnte es dann dafür geben, den »Bewusstseinsstrom« ins gesamte Gehirn zu transportieren [1, S. 59]?

Descartes hatte eine tiefe, spirituelle Seite und glaubte, dass das Denken im Grunde ein spirituelles Phänomen sei, das durch unsere mit dem Schöpfer geteilte Natur ermöglicht wurde. Mit anderen Worten, unsere Gedanken sind sowohl Ausdruck unserer Seele als auch Beweis für deren Existenz. Descartes glaubte, dass die Zirbeldrüse beim Ausdruck der Seele eine entscheidende Rolle spielte.

Descartes theoretisierte also, dass die Zirbeldrüse irgendwie »der Sitz der Seele« sei – der Mittler zwischen dem Spirituellen und dem Physischen. Dort begegneten sich Körper und Geist. Beide Komponenten beeinflussten einander und wirkten in beiden Richtungen aufeinander ein [1, S. 60].

Hatte Descartes Recht? Was wissen wir über die Biologie der Zirbeldrüse, und hat sie tatsächlich mit der Natur von Geist/Energie zu tun? Bei Tieren, die auf der evolutionären Ebene älter sind als wir, etwa Echsen und Amphibien, wird die Zirbeldrüse auch als Drittes Auge bezeichnet. Genau wie die beiden sehenden Augen besitzt auch das Dritte Auge Linse, Hornhaut und Netzhaut und ist lichtempfindlich. Die Zirbeldrüse ist außerdem an der Regulierung der Körpertemperatur und der Hautpigmentierung beteiligt – zwei Grundüberlebensfunktionen der Reptilien, die eng mit dem umgebenden Licht zusammenhängen. Melatonin, das primäre Hormon der Zirbeldrüse, ist auch in primitiven Zirbeldrüsen vorhanden.

Als die Tiere auf der evolutionären Leiter höher kletterten, bewegte sich die Zirbeldrüse aufwärts und schob sich tiefer in das Gehirn hinein, wo sie besser geborgen und von äußeren Einflüssen abgeschirmt war. Bei Vögeln sitzt die Zirbeldrüse zwar nicht länger oben auf dem Schädel, ist aber dennoch empfänglich für das Licht von außen, weil die sie umgebenden Knochen papierdünn sind. Die Zirbeldrüse der Säugetiere, inklusive der des Menschen, sitzt noch tiefer im Gehirn und ist nicht lichtempfindlich – zumindest nicht beim Erwachsenen. Es ist eine interessante Spekulation, dass die Zirbeldrüse, als sie eine spirituellere Rolle übernahm, größeren Schutz vor den Umwelteinflüssen brauchte und deshalb immer tiefer ins Gehirn wanderte.

Die menschliche Zirbeldrüse wird im Fötus nach sieben Wochen sichtbar: genau 49 Tage nach der Empfängnis. Das ist interessanterweise der gleiche Zeitpunkt, an dem auch die sexuelle Zuordnung klar erkennbar wird. Davor ist das Geschlecht des Fötus noch ungewiss beziehungsweise unbekannt. Die Zirbeldrüse und die wichtigste Differenzierung der Menschheit, nämlich ins männliche und weibliche Geschlecht, erscheinen also zur gleichen Zeit [1, S. 61].

Viele Jahre lang betrachteten Physiologen die Zirbeldrüse als eine Art »Blinddarm des Gehirns«. Sie galt als ein aus der Urzeit übrig gebliebenes Organ, eine bloße Erinnerung an unsere Reptilienzeit, und hatte keine erkennbare Funktion. Erst als der amerikanische Dermatologe Aaron Lerner 1958 Melatonin entdeckte, begann man, etwaige Funktionen zu erkennen [1, S. 62].

Die vollständige Bezeichnung für Melatonin lautet N-5-Acetyl-Methoxyl-Tryptamin. Man beachte, dass Melatonin eine zur Tryptamingruppe gehörige Droge ist. Wie Dimethyltryptamin oder DMT ist sie ein sehr starkes Halluzinogen. Noradrenalin und Adrenalin sind Neurotransmitter, die die Erzeugung von Melatonin in der Zirbeldrüse steuern. Ausschließlich Adrenalin und Noradrenalin, die von den Nervenenden der Zirbeldrüse abgesondert werden, haben Auswirkungen auf die Zirbeldrüsenfunktion.

Es ist eigenartig, dass die Zirbeldrüse nicht aus dem Gehirngewebe hervorgeht und außerhalb der Blut-Hirn-Schranke existiert. Das Organ müsste eigentlich auf Chemikalien reagieren, die vom Blut transportiert werden, aber das ist nicht der Fall, denn die Funktionsweise der Zirbeldrüse wird vom Körper intensiv abgeschirmt. Neurotransmitter, die in die Blutbahn eingeführt werden, erreichen die Zirbeldrüse niemals.

Ist Melatonin womöglich das Hormon, das für die mystischen Erfahrungen des grellweißen Lichts verantwortlich ist, die von Yogis beschrieben werden und die einem DMT-Trip sehr ähnlich sind? Während einer von der amerikanischen Bundesdrogenbehörde FDA geförderten Studie unter der Leitung von Dr. Strassman wurde einem Patienten einmal aus Versehen eine hohe Dosis Melatonin verabreicht. Die Ergebnisse zeigten, dass diese Droge – zur großen Enttäuschung der beteiligten Forscher – keine psychedelische Substanz war.

Laut der allgemein anerkannten Hypothese erzeugt die Zirbeldrüse in außergewöhnlichen Lebenssituationen psychedelische Mengen von DMT, dem stärksten bekannten Halluzinogen [1, S. 68]. Das von der Zirbeldrüse erzeugte DMT kommt ausschließlich innerhalb des Gehirns zur Wirkung und kann die Blut-Hirn-Schranke nicht überwinden.

Wenn die individuelle Lebenskraft den Fötus erreicht – in dem Moment, in dem er wirklich zum Menschen wird –, passiert diese die Zirbeldrüse und löst den ersten Ausstoß von DMT aus. Später, während der Geburt, scheidet die Zirbeldrüse noch mehr DMT aus. Bei manchem Menschen führt das von der Zirbeldrüse abgesonderte DMT zu tiefer Meditation, Psychosen oder Nahtoderfahrungen. Wenn wir sterben, verlässt die Lebenskraft den Körper durch die Zirbeldrüse und setzt dabei einen weiteren Ausstoß des psychedelischen »Geist-Moleküls« frei.

Sehr interessant ist die Tatsache, dass in der tibetisch-buddhistischen Glaubenstradition die Seele nach dem Tod 49 Tage braucht, um sich »zu sammeln«, die Lektionen des vergangenen Lebens auszuwerten und dann das nächste Leben auszuwählen [1, S. 61].

Diese Zeitspanne stimmt exakt mit dem Zeitpunkt zweier wichtiger Ereignisse in der Entwicklung des menschlichen Fötus überein: Nach 49 Tagen erscheinen die Geschlechtsmerkmale des Fötus, und es vergehen 49 Tage von der Empfängnis bis zu den ersten Anzeichen der Zirbeldrüse und somit der Präsenz von DMT. Diese Korrelation ist von Bedeutung, weil die Differenzierungen in das weibliche oder männliche Geschlecht zeitgleich mit dem Erscheinen der Zirbeldrüse und der Zirbeldrüsen-DMT erfolgen.

Das ist sicher mehr als bloßer Zufall. Ist es diese Zeitspanne von genau 7 x 7 Tagen, die nötig war, um die von Enki geschaffenen Wesen mit der Energie zu durchdringen, die den Menschen zum Leben erweckt?

Das Leben der Anunnaki bewahren: Sternenfeuergold

Nach dieser kurzen Biologiestunde über die Zirbeldrüse wollen wir nun die Rituale betrachten, die in Mesopotamien im Zusammenhang mit der Entwicklung des menschlichen Bewusstseins praktiziert wurden. In einer Vorratskammer des Hathor-Tempels auf dem Berg Sinai entdeckten Archäologen unter einem Stein im Fußboden eine große Menge weißes, Talkum ähnliches Pulver. Eine Analyse ergab, dass es sich um ein Nebenprodukt der Goldaufbereitung handelte. Anscheinend wurde diese Substanz in die Brote gemischt, die die Tempelpriester und ihre Assistenten aßen.

Was ist diese Substanz, die einerseits mehr wiegt als sie selber, aber auch weniger als sie selber wiegen und dadurch zu »Nichts«

werden kann? Was kann sowohl Gold sein als auch in ein Pulver verwandelt werden? Es ist der Stein des verborgenen Namens, der *schem-an-na*, der »aufwärts gerichtete Feuer-Stein«, der sumerische Stein des Feuers der Metallurgen-Meister [48, S. 129]. Das weiße, pulverisierte Sternenfeuergold wurde von hochrangigen Anunnaki konsumiert, die wussten, dass es die Zirbeldrüse aktiviert und DMT produziert, denn DMT ist auf irgendeine Weise mit der Erzeugung von Telomerase verbunden, einer Substanz, die Schäden reduziert, die durch die Zellteilung entstehen können. Die Anunnaki hatten also eine Lösung für das Problem des schnelleren Alterungsprozesses, verursacht durch die kürzeren Sonnenzyklen auf der Erde, gefunden.

Strassmans Patienten berichteten von dem Gefühl, mit einer heiligen Ebene verbunden zu sein. Dies ist vielleicht eine andere Frequenzdimension, die für uns erreichbar wird, wenn hohe Konzentrationen DMT im Gehirn auftreten. Offensichtlich funktionierte das Präparat nur, wenn es auf die DNS-Stränge einwirken konnte, um den Zerfall der Telomere zu verhindern, was wir im nächsten Kapitel erörtern werden.

Eine weitere hypothetische Anwendung des Sternenfeuergoldes könnte mit der gezielten Verbesserung mentaler oder telepathischer Kommunikation zu tun gehabt haben, denn laut Dr. Strassman erfüllt das »Geist-Molekül« DMT auch eine Signalübertragungsfunktion zwischen elektromagnetischen und chemischen Bereichen. Laienhaft ausgedrückt bedeutet das, dass DMT elektromagnetische Wellen zu Gedanken konvertieren kann und umgekehrt – etwa nach Art eines für kurze Strecken geeigneten Bluetooth-Modems.

Wenn wir das zweite Buch Mose in diesem Zusammenhang lesen, scheint es, dass Mose selbst das Rezept des Sternenfeuergoldes besaß, denn er konvertierte eine goldene Statue in das Elixier der Götter und zwang seine Gefolgsleute, diese DNS verändernde Lösung zu trinken. Wollte er die spirituell Blinden damit zwingen, das grellweiße Licht der DMT-Ausschüttung aus der

Zwirbeldrüse zu erleben, obwohl deren transformative Wirkung nur von relativ kurzer Dauer war?

Exodus 32:19-20 (Einheitsübersetzung)

Als Mose dem Lager näher kam und das Kalb und den Tanz sah, entbrannte sein Zorn. Er schleuderte die Tafeln fort und zerschmetterte sie am Fuß des Berges. Dann packte er das Kalb, das sie gemacht hatten, verbrannte es im Feuer und zerstampfte es zu Staub. Den Staub streute er in Wasser und gab es den Israeliten zu trinken.

Im nächsten Kapitel werden wir das Reich der Energie, der Materie und der Gehirnforschung hinter uns lassen und uns stattdessen den Taten des Königs Gilgamesch von Uruk zuwenden, der eine Möglichkeit suchte, seine genetische Veranlagung zu überwinden, um das ewige Leben zu erlangen, das seine Anunnaki-Blutlinie versprach. Anscheinend hatte er nicht genügend Einfluss, um Zugang zu dem exklusiven Hathortempel-Club auf dem Berg Sinai zu erhalten, dessen »Mitglieder« ihr Leben ständig durch das Gold, das die Minenarbeiter förderten, verlängerten.

7

Gilgamesch, Noah und das ewige Leben

Das Gilgamesch-Epos gilt als das längste und großartigste Werk, das jemals in der akkadischen Keilschrift geschrieben wurde. Die Erzählung berichtet von einem heldenhaften König der sumerischen Stadt Uruk im heutigen Südirak. Aufgrund seiner berühmten Suche nach dem ewigen Leben, einem weltweit wohlbekannten Thema, hat der Heldenkönig Gilgamesch traurige Berühmtheit erlangt.

Das Königtum war im frühen Mesopotamien die einzige Regierungsform, und die Könige wurden von den Anunnaki-Göttern eingesetzt. Sie waren die großen Hirten, die die Ordnung aufrechterhielten, als militärische Führer dienten, für Sicherheit sorgten und auch priesterliche Funktionen ausübten, beispielsweise Gesetzesentwürfe machten oder die Planung und Durchführung großer Bauprojekte vornahmen. Außerdem fungierten sie als Verbindungsglieder zwischen den Göttern und den Volksmassen. Die frühen Könige waren wahrscheinlich Nachfahren der Anunnaki: Halbgötter, in deren Adern sowohl das reine nibiruanische Blut floss als auch die genetische Verdünnung, die für die Sklavenrasse Adapa entwickelt worden war.

Laut der sumerischen Königsliste regierte Lugalbanda, der zweite König von Uruk, der den Beinamen »Hirtenkönig« trug, 1.200 Jahre lang. Ein mythischer sumerischer Text beschreibt eine Liebesbeziehung zwischen Lugalbanda und Ninsun, einer reinblütigen Anunnakigöttin. In der Geschichte *Gilgamesch und Huwawa* wiederholt der Held häufig den Satz: »Beim Leben meiner eigenen Mutter und dem meines Vaters, dem heiligen Lugalbanda!« Damit ist klar, dass Gilgamesch königliches Anunnakiblut besaß, das zu drei Vierteln rein war. Lugalbanda ging Gilgamesch zwar als König und Vater voraus, war aber »lediglich« ein Mensch. Ninsun jedoch war eine reinblütige Anunnakifrau, und ihr Kind war aufgrund der mitochondrialen DNS ihres Erbguts zu ¾ Anunnaki. Das ist der tiefere Grund für die nibiruanischen Erbrechte, nach denen der rechtmäßige Erbe ein Nachkomme des Vaters und seiner Halbschwester sein musste, denn so konnte sichergestellt werden, dass die mitochondriale DNS in den Nachfahren dominierte.

Tabelle 5 führt die erste Königsdynastie von Uruk auf. Die Blutliniendaten zeigen, dass Gilgamesch, obwohl er um 2600 v. Chr. König wurde und 126 Jahre lang regierte, nicht direkt auf seinen Vater Lugalbanda folgte, sondern vielmehr den Thron von Dumuzi übernahm, einem Sohn Enkis.

Tontafeln, die das Gilgamesch-Epos behandeln, wurden an vielen Orten im Nahen Osten gefunden. Die meisten stammen aus dem zweiten vorchristlichen Jahrtausend. Einige wurden in Megiddo entdeckt und waren in akkadischer Sprache abgefasst, andere fand man in Emar am mittleren Euphrat. Außer den akkadischen Versionen gibt es Exemplare in hethitischer und hurrianischer Sprache, die in Hattusa entstanden, der Hauptstadt des Hethiter-Reiches im nördlichen Anatolien. Die in Ninive gefundenen Versionen stammen aus der Regierungszeit des kassitischen Königs Sennacherib im 7. Jahrhundert.

Niemand weiß, warum dieses berühmte Epos geschrieben wurde, aber die darin vorgestellten Götter Mesopotamiens tragen die auch im Atrahasis benutzten Namen, und unter ihnen begegnen wir den wichtigsten Mitgliedern des Anunnaki-Rates: Enlil, Enki und Anu. Gilgameschs heroische und emotionsgeladene Suche nach dem ewigen Leben, das seine Anunnaki-Vorfahren besaßen, hat die Bewohner dieser Gebiete Jahrhunderte lang begeistert. Als König wusste Gilgamesch, dass die Lebens-

Herrscher	Beiname	Regie-rungsjahre	Daten (ca.)
Mesch-ki-ag-gascher von E-ana	*Sohn Utus*	324	ca. 27ste
»Mesch-ki-ag-gascher ging ins Meer und verschwand.«			
Enmerkar	*Sohn Mesch-ki-ag-gaschers, König und Erbauer von Unug (Uruk)*	420	
Lugalbanda	*Der Hirte*	1200	
Dumuzid (Dumuzi)	*Fischer der Stadt Kuara (»Er fing En-me-barage-si einhändig.«)*	100	ca. 2600 v. Chr.
Gilgamesch *(laut Gilgamesch-Epos war ihm Agga von Kisch gleichgestellt)*	*Dessen Vater ein Phantom (?) war, Herr von Kulaba*	126	ca. 2600 v. Chr.
Ur-nungal	*Sohn Gilgameschs*	30	
Udul-kalama	*Sohn Ur-nungals*	15	
La-ba'schun		9	
En-nun-tarah-ana		8	
Mesch-he	*Der Schmied*	36	
Melem-ana		6	
Lugal-kitun		36	
»Dann war Unug besiegt und das Königtum wurde nach Urim (Ur) verlegt.«			

Tab. 5: Die Könige von Uruk

spanne der von Enki geschaffenen Menschen 120 Jahre betrug. Der sensible König trauerte um den Verlust des Lebens und hatte schreckliche Angst vor dem eigenen Tod, der aufgrund seiner genetischen Mängel unvermeidlich war – auch wenn Halbgötter wie er das Glück hatten, viel länger als 120 Jahre zu leben. Dies geht sowohl aus dem Bericht über seine lange Lebensspanne in Genesis 4 hervor als auch aus den vielen ihm zugeschriebenen Taten im alten Mesopotamien.

Die Anunnaki verzehrten das lebensverlängernde »Sternenfeuergold«, um die Auswirkungen der schnellen irdischen Sonnenumdrehung auszugleichen und ihre Telomer-Chromosomen vor der Degeneration zu bewahren [48, S. 253]. Deshalb wirkten sie auf die Menschen unsterblich, und es schien, als besäßen sie das ewige Leben. Aus den Berichten geht nicht hervor, ob auch König Gilgamesch in den Genuss dieses lebensverlängernden Luxus kam. Gilgamesch wusste, dass er aufgrund seines verdünnten Anunnaki-Bluts nicht dieselbe »ewige« Lebensspanne erwarten konnte wie seine Mutter Ninsun.

Presseverlautbarung vom 5. Oktober 2009

Das Nobelpreis-Komitee des Karolinska-Instituts
hat heute beschlossen:

Der Nobelpreis
für Physiologie und Medizin 2009

geht in Anerkennung ihrer Entdeckung

»wie Chromosomen durch Telomere und das Telomerase-Enzym geschützt werden«

zu gleichen Teilen an

Elizabeth H. Blackburn, Carol W. Greider
und Jack W. Szostak.

In der Presse fanden die drei Wissenschaftler Elizabeth H. Blackburn, Carol W. Greider und Jack W. Szostak mit ihrer Erforschung der menschlichen Chromosomen und der Einflüsse, die

die Degeneration (beziehungsweise der Erhalt) der Telomere auf den menschlichen Alterungsprozess haben, nur geringe Beachtung, obwohl sie 2009 dafür mit dem Nobelpreis für Physiologie und Medizin ausgezeichnet wurden.

Man verlieh diesen Wissenschaftlern den Nobelpreis, weil sie die Antwort auf eine wichtige biologische Grundsatzfrage gefunden hatten: Wie werden die Chromosomen während der Zellteilung kopiert, ohne dabei zu degenerieren? Die Nobelpreisträger entdeckten, dass das Enzym Telomerase die Telomere vor der Alterung schützt.

Die langen Stränge der in unseren Genen enthaltenen DNS-Moleküle sind in Chromosomen verpackt, wobei die Telomere sozusagen die Verschlusskappen an den Strang-Enden bilden. Elizabeth Blackburn und Jack Szostak entdeckten, dass eine einzigartige DNS-Sequenz innerhalb der Telomere die Chromosomen vor dem Degenerieren schützt. Carol Greider und Elizabeth Blackburn identifizierten Telomerase, das Enzym, das die Telomere-DNS ausmacht. Aufgrund dieser Entdeckung lässt sich erklären, wie die Telomere die Chromosomen-Enden schützen, die, wie sich herausstellte, aus Telomerase bestehen.

Wenn die Telomere sich verkürzen, altern die Zellen. Ist jedoch die Telomerase-Aktivität hoch, bleibt die Länge der Telomere erhalten und der Zellverfall wird aufgehalten. Dies ist bei Krebszellen der Fall, von denen man durchaus behaupten kann, sie hätten das ewige Leben. Dagegen zeichnen sich bestimmte Erbkrankheiten durch defekte Telomerase aus, wodurch die Zellen geschädigt werden. Mit der Verleihung des Nobelpreises wurde die Entdeckung eines fundamentalen Zellmechanismus gewürdigt, was die Entwicklung neuer therapeutischer Strategien ermöglicht und inspiriert. Anscheinend wird das uralte Wissen um die Verzögerung des Alterns soeben wiederentdeckt.

Die Anunnaki erwähnen, dass das Altern auf der Erde für sie ein Problem darstellte. Sie fanden Lösungen dafür, vor allem durch Sternenfeuergold, das ausschließlich der Elite vorbehalten war. Es wäre interessant, mittels moderner medizinischer Techniken eine vergleichende Studie durchzuführen, um die Vorläufer der Telomerase festzustellen, um die es bei der mit dem Nobelpreis ausgezeichneten Forschung ging.

König zu sein hat seine Privilegien. Für Gilgamesch war die Tatsache, dass er Zugang zu dem ansonsten streng geheimen Wissen der außerirdischen Astronauten hatte, bestimmt sehr faszinierend. Schließlich waren sie in Uruk seine unmittelbaren Nachbarn, denn sowohl der Inanna als auch dem Anu waren in dieser Stadt Tempel geweiht. Die Anunnaki bewachten die insgesamt 94 ME-Tafeln, die detaillierte Informationen über alle Aspekte der Zivilisierung dieses abgelegenen Planeten enthielten. Das auf diesen speziellen Tafeln (auf die ich im folgenden Kapitel näher eingehen werde) gespeicherte Wissen der antiken Astronauten beinhaltete höchstwahrscheinlich auch Einzelheiten über die Genetik und die Rolle, die diese bei den scheinbar ewigen *Lebensspannen* der Götter spielte.

Gilgamesch wusste also, wie entscheidend der Einfluss der Genetik auf die lange Lebensdauer war, die er bei den in Mesopotamien als Götter verehrten Anunnaki aus erster Hand beobachtete. Dies gab ihm den Anstoß dazu, sich auf eine Mission zu begeben, um auch für sich selbst eine lange Lebensspanne zu erringen. Nachdem die letzte große Flut über Mesopotamien hinweggegangen war *(es gab nämlich mehr als eine!)*, landete Ziusudra – alias Atrahasis alias Noah – in seiner berühmten Arche, deren Bauanleitung von seinem Vater Enki stammte, mit seiner Familie auf dem Berg Ararat. Enlil befand sich gerade mit einigen anderen hochrangigen Anunnaki auf einem Erkundungsflug, um die Ausmaße der Hochwasserschäden festzustellen. Dabei entdeckte er Ziusudra und seine Arche und war außer sich vor Zorn darüber, dass ein oder mehrere Menschen die Katastrophe überlebt hatten. Später an diesem Abend bot Ziusudra auf einem improvisierten Altar, den er auf dem Berg gebaut hatte, Opfer dar. Dabei begegnete er Enlil und Enki, und während des

Treffens kam die Wahrheit über seine Blutlinie ans Licht. Enki gab zu, Ziusudras Vater zu sein und ihn deshalb vor der vernichtenden Flut gerettet zu haben.

Im Laufe dieser Zusammenkunft mit Enlil wurde Ziusudra, dessen Abstammung nur zu 50 % Anunnaki war, der Zugang zum ewigen Leben gewährt. Was sich an jenem Abend auf dem Berg genau ereignete, geht aus dem Bericht nicht eindeutig hervor, aber wenn man die in den Anunnaki-Schriften erwähnten Präzedenzfälle berücksichtigt, kann man davon ausgehen, dass der Rat wahrscheinlich den Beschluss fasste, dem neu ernannten Anunnaki-Clubmitglied Uta-napischti Zugang zu einer gewissen »Pflanze des Lebens« zu gewähren, um ihn zu transformieren.

Als Dumuzi und Ningischzida den Adapa in den Himmel (zum Planeten Nibiru) begleiteten, um ihn Anu vorzustellen [14, S. 178], bot Anu dem sterblichen Sklaven das Brot des Lebens und das Lebenselixier an, wie der Ritus es dem nibiruanischen Gastgeber bei einer solchen Audienz vorschrieb. Adapa wies dieses Angebot allerdings auf Wunsch seines Herren Enki zurück. Die angebotenen Substanzen dienten höchstwahrscheinlich dazu, die Schäden in der sich fortwährend selbst erneuernden DNS der Anunnaki rückgängig zu machen, denn dies war die Grundlage ihres biologischen Erneuerungsprozesses. Anscheinend hatten die Anunnaki-Wissenschaftler aufgrund des rapiden Alterungsprozesses der Igigi-Arbeiter, die langfristig in den afrikanischen Minen tätig waren, diesen Erneuerungsprozess der Telomere repliziert oder künstlich neu erzeugt. Und nun suchte Gilgamesch nach einer Pflanze mit der gleichen lebensverlängernden Wirkung.

Gilgamesch bemühte sich zunächst um ein Treffen mit den Göttern im libanesischen Baalbek [70], hatte jedoch keinen Erfolg. Deshalb wollte er Enkis Sohn Ziusudra finden, der nun, seit ihm das Privileg der Langlebigkeit und der Zugang zum »Privatclub der Götter« gewährt worden war, den Namen Uta-napischti trug. Falls es Gilgamesch gelänge, diesen König von

Schuruppak zu finden, der bei den Sumerern Ziusudra und in der kanonischen Bibel Noah heißt, würde er das Geheimnis lüften, in das dieser von Enlil auf dem Berg Ararat eingeweiht worden war, und auch für sich das ewige Leben gewinnen. Schließlich war Ziusudras Blut nur zu 50 % Anunnaki, während Gilgameschs Abstammung zu 75 % Anunnaki war. Folglich erschien es Ninsuns Sohn Gilgamesch nur gerecht, Anspruch auf dasselbe Privileg zu erheben. Dies ist der Katalysator in Gilgameschs epischer Erzählung und der Hintergrund der Ereignisse, die sich um 2600 v. Chr. in Uruk zutrugen.

Ich will hier keine komplette Zusammenfassung der Geschichte wiedergeben, sondern nur die mit unserem Thema verbundenen Aspekte analysieren, obwohl ich dem Epos damit bitter Unrecht tue. Lesern, die sich näher mit dem Gilgamesch-Epos befassen möchten, bieten sich sowohl im Internet als auch in gedruckter Form mehrere Übersetzungen an. Hierzu nur noch eine Anekdote: Das Kind eines meines Freunde geht in unser beider Wohnort San Diego in die fünfte Klasse. Zu meiner Überraschung und großen Freude erhielten die Schüler dort über die Sommerferien die Aufgabe, das Gilgamesch-Epos zu lesen. Dabei haben die meisten Amerikaner schon Probleme, wenn sie die Türkei geografisch vom Irak unterscheiden sollen – geschweige denn damit, sich auf einen uralten Klassiker der fernöstlichen Literatur einzulassen, dessen Wurzeln bis in die erstaunliche sumerische Kultur zurückreichen, der Wiege der modernen Zivilisation [41, 43]. *Kein Wunder, dass amerikanische Eltern sich wünschen, ihre Kinder in Privatschulen schicken zu können*, denn die Gremien, die über den dortigen Geschichtsunterricht entscheiden, müssen sich nicht mit der regierungskonformen Geschichtsschreibung herumschlagen, deren Zensur unweigerlich alles unterliegt, was auf den Schreibtischen öffentlicher Schulbeauftragter landet.

Wie dem auch sei – Gilgamesch findet auf seiner Suche tatsächlich den großen Sintflut-Exilanten Uta-napischti und bringt diesen dazu, ihm Einzelheiten über die gesuchte Lebenspflanze anzuvertrauen. Diese kann man nur in den seichten Küstengewässern der Meere ernten.

Gilgamesch-Epos, Tafel XI [37, S. 109]

Gilgamesch sprach zu ihm, zu Uta-napischti, dem sehr Fernen:
»Ich sehe dich an, Uta-napischti,
und deine Glieder unterscheiden sich nicht von den meinen,
du bist genauso wie ich.
Ich habe das Bedürfnis, mich gegen dich zu behaupten, mit
dir zu kämpfen.«
Uta-napischti sprach zu ihm, zu Gilgamesch:
»Ich will dir eine streng gehütete Tatsache enthüllen,
Gilgamesch.
Ich will dir das Geheimnis der Götter verraten.«

An diesem Punkt gibt der biblische Noah Gilgamesch eine detaillierten Bericht über alles, was sich vor, während und nach der großen Flut ereignet hat. Wenn man diesen Bericht mit der Darstellung in Genesis 7:9 vergleicht, kann man sich nur darüber wundern, dass eine Geschichte, die für die Ursprünge des Menschen so wichtig ist, derart unterschiedlich erzählt worden ist.

Gilgamesch-Epos, Tafel XI [37, S. 109]

Schuruppak ist eine Stadt, die du selbst kennst,
sie liegt am Ufer des Euphrat.
Diese Stadt war schon alt, als die Götter darin beschlossen,
dass die großen Götter eine Flut hervorrufen würden.
Ihr Vater Anu war dort,
der Krieger Enlil, ihr Berater, Ninurta war ihr Kämmerer,
Ennugi der Aufseher über ihre Kanäle,

der weitsichtige Ea leistete mit ihnen den Eid der Verschwiegenheit.
Also wiederholte er ihre Rede vor einer Schilfhütte:
»Schilfhütte, Schilfhütte, Ziegelmauer, Ziegelmauer,
hör zu, Schilfhütte, und gib acht, Ziegelmauer:
Mann aus Schuruppak, Sohn des Ubaru-tutu,
reiße dein Haus ein und baue ein Boot.
Lass deinen Besitz zurück, und suche stattdessen Lebewesen.
Kümmere dich nicht um das Vieh, sondern rette Leben!
Bringe die Saat aller Lebewesen an Bord deines Bootes.«
[Lücke]
Ich begriff und sprach zu meinem Meister Ea:
»Ich habe die Worte genau beachtet, die du auf diese Weise gesprochen hast,
mein Meister, und ich werde entsprechend handeln.
Aber wie soll ich mein Tun der Stadt, den Menschen und den Ältesten erklären?«
Ea (Enki) ließ seine Stimme vernehmen und sprach,
er sprach zu mir, seinem Diener:
»Du sollst ihnen Folgendes sagen:
Ich glaube, Enlil hat mich fallen gelassen,
und darum kann ich nicht in eurer Stadt bleiben,
und ich kann Enlils Land nicht mehr betreten.
Ich muss hinunter nach Apsu gehen und bei meinem Meister Ea wohnen.«

Das Entscheidende an diesem Ausschnitt aus Tafel XI ist, dass Uta-napischti behauptet, sein Schicksal seinem Vater Enki zu verdanken, denn dieser hatte ihn vor der kommenden Flut und vor Enlil gewarnt und ihn mit dem ewigen Leben gesegnet.

Uta-napischti und der König von Uruk gehen gemeinsam auf die Suche nach der legendären Pflanze des Lebens und finden sie tatsächlich, worauf Gilgamesch mit der kostbaren Pflanze übers Meer nach Hause fährt. Laut den offiziell mit Enki verbundenen Symbolen, auf die im Epos angespielt wird, war Enki ein Gott der Gewässer, und folglich wird Gilgamesch die Pflanze wieder abgenommen, denn schließlich sah Enkis ursprüngliches genetisches Design lediglich eine Lebensspanne von 120 Jahren für die Menschen vor. Zwar war es mehr als wahrscheinlich, dass Gilgamesch wesentlich länger leben würde als die übliche den Sterblichen zugebilligte Zeitspanne, aber es sollte ihm nicht bestimmt sein, unsterblich zu werden wie Noah und die Götter. Alexander der Große von Mazedonien war darin ein wesensverwandter antiker Held, denn er sah sich in demselben Dilemma und erlitt dasselbe Schicksal wie Gilgamesch. Beide waren Halbgötter, die hier auf Erden starben – »Helden der Vorzeit, berühmte Männer«, wie die Hebräer sie in ihrer überarbeiteten Bibelversion nennen.

Genesis 6:4 (Deutsche Einheitsübersetzung)

In jenen Tagen gab es auf der Erde die Riesen (Nephilim), und auch später noch, nachdem sich die Gottessöhne mit den Menschentöchtern eingelassen und diese ihnen Kinder geboren hatten. Das sind die Helden der Vorzeit, die berühmten Männer.

Gilgameschs Mutter Ninsun ist ein perfektes Studienobjekt der Genealogie der Anunnaki, da sie einer reinen Blutlinie entstammt. Sie ist die Mutter eines solchen Helden der Vorzeit, eines berühmten Mannes. Da wir ja inzwischen genau wissen, wo Gilgamesch begraben wurde, fragt man sich, wo wohl seine DNS-Analyse archiviert wurde und wer Zugang zu dieser Information besitzt. Ich verweise auf die entsprechende Presseverlautbarung des BBC von 2003 weiter unten.

Was die anderen Taten Gilgameschs angeht, der in der Bibel Nimrod heißt, so finden wir in der Genesis folgende Einzelheiten:

Genesis 10:8-12 (Deutsche Einheitsübersetzung)

Kusch zeugte Nimrod; dieser wurde der erste Held der Erde. Er war ein tüchtiger Jäger vor dem Herrn. Deshalb pflegt man zu sagen: ein tüchtiger Jäger vor dem Herrn wie Nimrod. Kerngebiet seines Reiches waren Babel, Erech, Akkad und Kalne im Land Schinar. Von diesem Land zog er nach Assur aus und erbaute Ninive, Rehobot-Ir, Kelach sowie Resen, zwischen Ninive und Kelach, das ist die große Stadt.

Der große Anunnaki-Forscher Zecharia Sitchin hoffte, dass man noch zu seinen Lebzeiten eine der alten Astronautenleichen von Nibiru genetisch analysieren würde, um seine Hypothese vom Ursprung der sumerischen Götter zu verifizieren. Doch leider geschah das nicht bis zu seinem Tod im Oktober 2010. Auf YouTube gibt es die Aufzeichnung eines Interviews mit ihm aus einer alten, amerikaweiten AM-Radiosendung mit George Noory. Darin drückt der hoch betagte, sanfte Gelehrte die Hoffnung aus, dass seine Theorien über das »Missing Link« (fehlende Bindeglied) des Ursprungs der Menschen, das für ihn in den archetypischen Schlangen-DNS-Strängen der Anunnaki zu finden ist, wissenschaftlich bestätigt werden würden. Vielleicht entstammt die »Müll-DNS« des Menschen [86], wie die Wissenschaftler etwa 95 % unserer DNS aus Unwissenheit nennen, der ursprünglichen Anunnaki-DNS und wurde bei der Züchtung des primitiven Arbeiters deaktiviert?

Vergliche man die ursprüngliche Anunnaki-DNS direkt mit der DNS des Menschen, entzöge das höchstwahrscheinlich sämtlichen Vorbehalten gegen das Konzept der Anunnaki als Schöpfer der Menschheit die Grundlage. In Wahrheit wurde meiner bescheidenen Meinung nach diese DNS-Analyse allerdings schon längst durchgeführt. Schließlich sind die Grabstätten seit der letzten Jahrhundertwende bekannt, und die Somatologie, jenes Teilgebiet der Anthropologie, das sich mit der Lehre vom menschlichen Körper beschäftigt, hat sich seither sehr auf das sumerische Gebiet konzentriert. Mit Sicherheit würde man die Ergebnisse einer solchen Analyse jedoch vor den Massen geheim halten.

Saddam Hussein, der von 1979 bis 2003 irakischer Staatspräsident und zuletzt auch Premierminister war, hatte ein Team deutscher Archäologen damit beauftragt, Gilgameschs Grab in Uruk zu finden. Man hatte den Stadtplan des alten Uruk mithilfe eines Magnetometers festgestellt [68], wie eine Presseverlautbarung des BBC im April 2003 bekannt gibt [74]:

Story der BBC NEWS vom 29. April 2003, 7.57.11 Uhr GMT
(http://news.bbc.co.uk/2/hi/science/nature/2982891.stm)

Grab des Gilgamesch vermutlich gefunden!

Archäologen im Irak haben wahrscheinlich das verschollene Grab von König Gilgamesch gefunden – dem Titelheld des ältesten »Buches« der Menschheitsgeschichte.

Das Gilgamesch-Epos, 2500 v. Chr. von einem nahöstlichen Gelehrten geschrieben, erinnert an das Leben des Herrschers der Stadt Uruk, die dem Irak seinen Namen gegeben hat.

Nun hat eine von Deutschen geleitete Expedition eine komplette Stadt entdeckt, von der man annimmt, dass es sich um Uruk handelt. Sie umfasst auch das damalige Ufer des Euphrat, wo der berühmte König dieser Stadt seine letzte Ruhestätte fand.

»Ich kann nicht völlig zweifelsfrei behaupten, dass dies das Grab von König Gilgamesch ist, aber es kommt dem, was im Epos beschrieben wird, sehr nahe«, sagte Jörg Fassbinder vom Bayerischen Landesamt für Denkmalpflege in München dem »Science in Action«-Programm des BBC World Service.

Magnetisch

Das Buch, eigentlich eine Serie von Keilschrifttafeln, berichtet, dass Gilgamesch unter dem Flussbett des Euphrat begraben und das Grab offenbar gebaut wurde, indem man die Wasser des uralten Flusses nach seinem Tod teilte.

»Direkt am Stadtrand fanden wir in einem Gebiet, das einst mitten im Euphrat lag, die Überreste eines Gebäudes, das man als Begräbnisstätte interpretieren könnte«, berichtete Herr Fassbinder.

Er fügte hinzu, diese erstaunliche Entdeckung der uralten Stadt unter der irakischen Wüste sei nur durch moderne Technologie möglich gewesen.

»Man kann unter den Erdboden sehen, indem man die Unterschiede des Magnetismus im Boden misst«, erklärte Herr Fassbinder. »Zwischen Lehmziegeln und dem Sediment im Flussbett des Euphrat ergeben sich sehr detaillierte Strukturunterschiede.«

Die Messungen ergaben ein Magnetogramm, das anschließend digital kartografiert wurde, woraus praktisch ein Stadtplan des antiken Uruk entstand.

Venedig der Wüste

»Wir waren sehr überrascht, Gebäude zu finden, die bereits im Gilgamesch-Epos beschrieben wurden«, führte Herr Fassbinder aus. »Wir untersuchten über 100 Hektar. Dabei entdeckten wir die Strukturen von Gärten und Feldern, genau wie sie im Epos beschrieben wurden, und wir fanden babylonische Häuser.«

Doch der erstaunlichste Fund sei ein unglaublich fortgeschrittenes Kanalsystem.

»In den Kanälen sieht man ganz deutliche Anzeichen dafür, dass Hochwasser einige Häuser zerstörte, und dies bedeutet, dass es sich um ein sehr fortgeschrittenes System gehandelt hat.

Es war eine Art Venedig der Wüste.«

Der Tempelkomplex von Uruk war in den Eanna- und den Anu-Distrikt unterteilt, die den Anunnaki-Göttern und Ratsmitgliedern Inanna und Anu geweiht waren. Der Anu-Distrikt geht auf die Epoche Eridus zurück, die als eine der ältesten und wichtigsten sumerischen Städte gilt. Die Tempel erfüllten sowohl religiöse als auch wichtige staatliche Funktionen. Gilgameschs Bekanntschaft mit Persönlichkeiten wie Inanna und Anu und sein direkter Austausch mit ihnen machen die Geschichte umso authentischer. Sie waren keine Götter, die man heraufbeschwören musste, sondern lebendige Wesen, die Uruk regelmäßig besuchten und dann ihren Wohnsitz in ihren dortigen Tempeln nahmen.

Saddam Husseins Interesse an einem Wiederaufbau Babylons, dem »Tor der Götter« Marduks, entsprang angeblich seinem Glauben, eine Reinkarnation Nebukadnezars zu sein [75]. Ausgerechnet während des ersten Golfkrieges 1991 heuerte er ein deutsches Archäologenteam an, um die Stätte des alten Uruk mit einem Magnetometer zu analysieren. Um dem Team Zugang zu dem Gebiet zu verschaffen, wurde extra ein großer Kanal gegraben, der das Wasser, an dessen Ufer das berühmte Schilf wuchs, umleitete. Danach konnten die Archäologen das trockengelegte Areal ohne Weiteres betreten. Erscheint es nicht ein wenig verrückt, dass Saddam zu einem Zeitpunkt, an dem die Vereinigten Staaten, die größte Militärmacht der Welt, ihn stürzen wollten, einen so gewaltigen Aufwand trieb, um in seinem eigenen Land Ausgrabungen zu machen?

Es war der unabhängige Archäologe William Henry, der auf einen direkten Zusammenhang zwischen der Anwesenheit von Außerirdischen im antiken Sumer und dem amerikanischen Fokus auf Saddam Husseins Regime hinwies. Henrys Haupthypothese war, dass in sumerischer Zeit ein »Sternentor« existierte, das die Anunnaki/Nephilim benutzten, um zwischen Nibiru und der Erde hin- und herzureisen [53]. Seine Vermutung gründete Henry vor allem auf die folgende Szene aus Sitchins Übersetzung des rituellen Textes auf einer Keilschrifttafel aus Uruk:

Man hat Abbildungen von göttlichen Wesen gefunden, die einen Tempeleingang flankieren und Stäbe empor halten, an denen ringförmige Objekte befestigt sind. Dass es sich bei dieser Szene um ein himmlisches Ereignis handelt, geht aus den ebenfalls abgebildeten Symbolen der Sonne und des Mondes hervor ... abgebildet sind Enlil und Enki, und sie flankieren ein Tor, durch das Anu einen großen Auftritt hat.

Henry behauptet, dass es sich bei dem oben beschriebenen Ereignis nicht nur um eine einfache Tempelszene mit Anu und seinen beiden Söhnen Enlil und Enki, den höchsten Anunnaki der Sumerer, handelte, sondern dass hier ein Transportgerät abgebildet sei, das Anu und andere Mitglieder der Anunnaki-Elite benutzten. Wenn das stimmt, befindet sich dieser Apparat höchstwahrscheinlich in der sumerischen Stadt Uruk [75], denn sie war sowohl die Wiege der sumerischen Zivilisation als auch die Heimat des berühmten Königs Gilgamesch aus dem gleichnamigen Epos.

Könnte dies vielleicht Saddam Husseins Interesse erklären, die exakte geografische Lage der Stadt Uruk festzustellen? Saddams geheime Agenda und ihre Verknüpfung mit den sumerischen Artefakten ist mit ihm gestorben, und wir werden die Wahrheit vielleicht nie erfahren – es sei denn, Anu oder irgendein anderer hochrangiger Anunnaki reaktiviert in Anwesenheit von Medienvertretern aus aller Welt die Portale in Uruk oder in Jerusalem und stellt sich der Welt in irgendeiner Fernseh-Talkshow vor.

8

Die Unterdrückung der Evolution des menschlichen Bewusstseins

»Begreife ganz tief, dass der gegenwärtige Augenblick das Einzige ist, was du hast. Mach das JETZT zum wichtigsten Fokus deines Lebens.«
Eckhart Tolle, *Jetzt! Die Kraft der Gegenwart [23]*

Allen Völkern der Welt müsste klar sein, dass die modernen Regierungen kein Interesse an einer Evolution des menschlichen Bewusstseins haben, und schon gar nicht an der Verlängerung des individuellen Menschenlebens. Diese negative Einstellung der Regierenden ihren Hörigen gegenüber entstand unter Enlil.

Immer wieder tauchen in allen Kulturen der Welt Hinweise darauf auf, dass die Regierungen eine Art chemisch herbeigeführte Sklaverei ausüben. Das jüngste Beispiel hierfür sind Monsanto und sein Team von Anwälten, die die Nahrungsvorräte der Welt mit genetisch veränderten Organismen (GMO) verseuchen, obwohl diese nachweislich großen Schaden anrichten. Dies wurde kürzlich anhand einer Studie an Schweinen nachgewiesen, deren Verdauungssystem dem menschlichen sehr ähnelt. In dieser Studie stellten die Forscher bei denjenigen Schweinen, die genetisch manipulierte Körner fraßen, eine 2,5 Mal höhere Häufigkeit von ernsten Magenschleimhautentzündungen fest als bei der Vergleichgruppe, die unmanipuliertes Getreide fraß. Außerdem erhöhte sich das Gewicht des Uterus bei den GMO-gefütterten Schweinen um 25 Prozent – eine Anomalie, die laut Michael Hansen, dem führenden Wissenschaftler der Verbrauchervereinigung *Consumer Union* zu Problemen in den Fortpflanzungsorganen und im Hormonhaushalt der Schweine führen kann.

In diesem Kapitel werden wir uns detailliert mit modernen Chemikalien beschäftigen, mit denen wir Menschen in direkten Kontakt kommen und die den Regierungen der ganzen Welt dabei helfen, das menschliche Bewusstsein schon auf der niedrigsten Chakrastufe zu unterdrücken. Falls Sie Lust auf die humorvolle Seite dieser Tatsachen haben, empfehle ich Ihnen den Film *Idiocracy*, eine satirische Science-Fiction-Komödie des amerikanischen Regisseurs Mike Judge über den menschlichen Mob, der sich auf die untersten Stufen der menschlichen Existenz begibt – und noch tiefer, bis sogar Platons berühmte, allegorische Höhlenwand in den sprichwörtlichen Schatten gestellt wird. Sie werden bei diesem Film nicht nur lachen, sondern auch in konziliantem kulturellen Ekel den Kopf schütteln.

Versklavungstechniken

Es gibt viele Methoden, derer sich sowohl antike als auch moderne Regierungen bedienen, um die Menschheit zu unterdrücken. Die Sklaverei, die den primitiven Arbeitern aufgenötigt wurde, ließ sich problemlos durch *In-Vitro-Fertilisation* erzielen, die Befruchtung im Reagenzglas: Man mischte einfach Enkis DNS mit der weiblichen Zygote einer primitiven, zweibeinigen Hominidin, die vor etwa 200.000 Jahren die Ebenen Südafrikas durchstreifte.

Abgesehen von dieser physischen Unterdrückung des Bewusstseins durch Experten für menschliche Gene, die moderne anatomische Kenntnisse besaßen, benötigten die Anunnaki, als sie der Menschheit allmählich die Prinzipien der Zivilisation beibrachten, jedoch noch weitere Methoden zur Kontrolle der wachsenden Weltbevölkerung. Laut den sumerischen Texten gab es sogar

Instruktionen zur Besamung fremder Planeten mit neuen Zivilisationen, nämlich in Form von Tafeln oder Informations-Disks, die ihnen dabei halfen. In den Texten werden sie schlicht als »ME« bezeichnet. Von diesen ME-Tafeln oder »Rezept-Disks« mit ihren detaillierten Instruktionen zur Implementierung zivilisierender Elemente hat man insgesamt 94 gefunden. Sie wurden von Enki persönlich aufbewahrt, entweder in seinem Kulttempel in Eridu oder in seinem Goldminenhauptquartier in Südostafrika.

Ökonomische Versklavung

Nehmen wir an, es gäbe eine primitive Arbeiterschicht, und die Anunnaki hätten beschlossen, unter ihnen das Zinswuchersystem einzuführen, das ursprünglich für den antiken Handel, Heiratsverträge und allgemeine Buchführung benötigt wurde. Nehmen wir weiter an, die genetischen Begabungen der primitiven Arbeiter seien anfangs relativ rein und gezielt auf die speziellen Fähigkeiten zugeschnitten gewesen, die für die Minenarbeit oder beim Tempel- und Städtebau erforderlich waren. *Dann wäre es gewiss ein wichtiges Anliegen gewesen, dem primitiven Arbeiter einerseits die Fähigkeit zu geben, relativ komplexe Arbeitsvorgänge zu meistern, andererseits aber alle Verhaltensmuster zu unterdrücken, die aufgrund der extrem harten Arbeitsbedingungen potenziell zur Revolte hätten führen können.*

Auch dem oberflächlichsten Betrachter müsste klar sein, dass ökonomische Ungleichheit eine Folge des Ungleichgewichts zwischen den Möglichkeiten des Einzelnen und einem Zinswuchersystem ist – einem System, das gewisse Fähigkeiten wertschätzt und belohnt, während es zugleich denjenigen, die nicht über die entsprechenden Fähigkeiten oder Besitztümer verfügen, lediglich ein karges Existenzminimum einräumt.

Ein modernes Beispiel hierfür wäre etwa der gewaltige ökonomische Unterschied zwischen einem Wissenschaftler, der den Nobelpreis gewonnen hat, und einem Lernbehinderten, der nicht hoffen kann, jemals an irgendeinem Institut für höhere Bildung zugelassen zu werden. Ersterer wird unvergleichlich viel mehr verdienen als sein benachteiligtes Gegenstück. Man könnte ähnliche Beispiele in unzähligen Bereichen aufzählen, denn überall herrscht ein unfaires ökonomisches System, in dem das Erfolgspotenzial des Einzelnen hauptsächlich einerseits von seinen Genen und andererseits von seinem sozialen Umfeld abhängt. Das Zinswuchersystem wäre allenfalls dann fair und vertretbar, wenn alle Menschen tatsächlich *vollkommen gleich* wären, was absolut nicht der Fall ist.

Falls Sie Zweifel an dieser Aussage hegen, vergleichen Sie doch bitte einmal die Verdienstmöglichkeiten in technischen Fachberufen, etwa Ingenieur, Wissenschaftler oder Computerprogrammierer, mit denen von Hilfskräften in Schnellrestaurants. Letztere treten Gewerkschaften bei und veranstalten Massenstreiks, weil sie von ihrem Verdienst nicht leben können. Vielleicht halten wir es sogar für unser Geburtsrecht, gleiche Chancen auf gesellschaftlichen Aufstieg zu haben, aber wir besitzen keineswegs alle den Intellekt und die Begabung, die dazu nötig wären. Oder ist Einsteins Intellekt derselbe wie der eines einfachen Arbeiters? Selbstverständlich nicht, und ein Zinswuchersystem, das die »Chancengleichheit« als Beweis für seine Fairness anführt, führt sich selbst ad absurdum. *In Wahrheit ist in unserer Gesellschaft ein Großteil der Bevölkerung aufgrund mangelnder Begabungen zu einer ökonomischen Sklaverei verdammt, die als »freies Wirtschaftssystem« getarnt ist.*

Ein Angehöriger der Arbeiterklasse, der auf das Zinswuchersystem angewiesen ist, um Wohnung, Nahrung, Kleidung und medizinische Versorgung zu bezahlen, lebt häufig von der Hand in den Mund und hat keine Möglichkeit, sich aus eigener Kraft aus dieser ökonomischen Falle zu befreien. Und wenn ein Durchschnittsbürger sich ausschließlich darauf konzentrieren muss, innerhalb des Systems zu überleben, dann besteht so gut wie gar keine Gefahr mehr, dass er sich auch noch um eine höhere Bewusstseinsstufe bemüht, die für die herrschende Klasse bedrohlich werden könnte. Noch ein Beleg für diese These gefällig? Traditionell entstammen Dissidenten und die Anführer von Aufständen *nicht* der ökonomischen Sklavenklasse, sondern der gebildeten Bevölkerungsschicht. Zwar waren allzu harte Arbeitsbedingungen immer schon der Auslöser für Aufstände gegen die unmittelbaren Sklavenherren, aber die arme Sklavenklasse selbst besaß nie die Fähigkeit, solche Aufstände zu organisieren und eine große Gruppe zu einem Streik zu motivieren.

Die ganze Menschheitsgeschichte hindurch hat sich die herrschende Klasse stets gewisser Taktiken und Kontrollmethoden bedient, um »Massenaufstände« zu verhindern. Ein bemerkenswerter royaler Ratgeber war Niccolò Machiavelli, der Autor des Buches *Der Fürst*. Es enthält eine Reihe von Lektionen für die französischen Herrscher und steckt voller guter Ratschläge, wie ein Regent mit seinen Untertanen am Besten umgehen sollte.

Unterschiedliche Zivilisationen entwickelten unterschiedliche Methoden, um den Mob ruhig zu stellen. Im alten Rom sicherte man beispielsweise den guten Willen der Massen, indem man sie unterhielt. Im berüchtigten Kolosseum fanden mit schöner Regelmäßigkeit Spektakel statt, die der aufgestauten Frustration ein passives Ventil boten, damit diese nicht an die Oberfläche kam und sich gegen die herrschende Klasse wendete.

Natürlich war kostenlose Unterhaltung von jeher attraktiv, aber es gibt noch andere Methoden, um sicherzustellen, dass die verschiedenen Gesellschaftsschichten den Regeln und Gesetzen der herrschenden Klasse folgen. In seinem Buch *Speisen der Götter* [4] erörtert Terence McKenna gewisse Chemikalien, die über die frühen Handelswege in alle Welt transportiert wurden. *Das Volk konnte diesen chemischen Substanzen nicht widerstehen, und auch die Herrscher schätzten sie sehr, da sie auf das menschliche Bewusstsein einen einlullenden, beruhigenden Einfluss ausübten.*

In Kapitel 6 wurden weitere Techniken zur Bewusstseinsunterdrückung erörtert, darunter moderne Methoden, die auf der Interaktion zwischen Energie und Materie beruhen – insbesondere die Kontrolle, die im Niedrigfrequenzbereich (*extrem low frequency* = ELF) über den menschlichen Verstand ausgeübt werden kann.

Bewusstseinsunterdrückende Chemikalien

Die Pflanzen, Nahrungsmittel und Drogen, die wir Menschen uns zuführen, beeinflussen das Wertsystem des Einzelnen ebenso wie der ganzen Gesellschaft. Der Verzehr gewisser Nahrungsmittel macht die Leute glücklich, andere wirken einschläfernd oder belebend. Die Gesellschaft ermuntert die Bevölkerung, diejenigen Substanzen zu verzehren, die zu einem akzeptablen Verhalten führen.

»Die Angehörigen einer Kultur schwimmen in einem unsichtbaren Meer kulturell sanktionierter, aber dennoch künstlicher Bewusstseinszustände wie Fische im Wasser« [4]. Die verborgene, aber dennoch starke Abhängigkeit von chemischen Substanzen, deren Wirkungen die Untertanen glücklich und leichter regierbar machen, werden von der herrschenden Klasse gefördert, während Substanzen mit anderen Auswirkungen für ungesetzlich erklärt wurden. Beispiele hierfür sind Halluzinogene, zum Beispiel Pilze, die Psilocybin enthalten – denn womöglich wären sich die primitiven Arbeiter nach deren Verzehr ihrer eigenen Nacktheit bewusst geworden.

Als Zucker und andere Gewürze über die Handelsstraßen den Weg nach Europa fanden, wo die Nahrungsaufnahme aufgrund mangelnder Vielfalt seit langem todlangweilig und trübselig gewesen war, endete das europäische Mittelalter. Das christliche, mittelalterliche Europa zerfiel aufgrund der bewusstseinsverändernden Substanzen, die plötzlich auf dem Markt erschienen: Kaffee, Opium, Seide und seltene Edelsteine, die öffentlich zur Schau gestellt wurden. Die neuen Handelsgüter waren exotisch und wundervoll. Zucker, Schokolade, Tee und Kaffee sowie destillierter Alkohol sind noch heute unverzichtbare Bestandteile der modernen Welt. Unser globales Handelsnetz wurde erschaffen, um das gesellschaftliche Bedürfnis nach Abwechslung und Stimuli zu erfüllen – *insbesondere in Bezug auf Nahrungsmittel.* Eine der Drogen, die im mittelalterlichen Europa begeistert aufgenommen wurden, war der aus Zuckerrohr gewonnene Zucker [4].

Die Römer liebten Zucker, aber da das bambusähnliche Gras, aus dem Zucker raffiniert wurde, nur in tropischen Gebieten wuchs, war Zucker ein seltener Luxus, der importiert werden musste. Napoleon I förderte den Anbau von Zuckerrüben als Alternative zu dem schwer erhältlichen Zucker aus Zuckerrohr.

Übermäßiger Zuckerkonsum ist die am weitesten verbreitete Sucht der Welt, die aber weitgehend todgeschwiegen wird [4]. Wie jede stimulierende Substanz erzeugt Zucker ein kurzes Hochgefühl, doch bald darauf folgen Depression, Schuldgefühle und häufig, falls der Konsum die individuelle Toleranz überstieg, ein verdorbener Magen. Extremer Zuckerkonsum ist oft mit einem ernsten Alkoholproblem verbunden. Auch Zucker und Sklaverei sind eng miteinander verknüpft. Die Tatsache, dass Zuckerrohr in tropischen Gegenden wuchs und importiert werden musste, führte zu brutalen Entführungen, erzwungenem Transport und Massenmord an einer breiten Bevölkerung, die von Kaufleuten versklavt wurde, um die wachsenden Forderungen der Zuckersüchtigen zu erfüllen.

Der Tabakgenuss, der in Europa im 16. Jahrhundert begann, wuchs sich zu einer globalen Epidemie aus, auch wenn das Zigarettenrauchen heute in den Vereinigten Staaten, besonders in gesundheitsbewussten Küstengebieten, durch gezielte, von der Regierung verbreitete Negativwerbung und ein generelles Rauchverbot an öffentlich zugänglichen Orten eingeschränkt worden ist. Heute sind die Bewohner der Entwicklungsländer und der verschiedenen Grenzgebiete der Industrialisierungszonen die stärksten Tabakkonsumenten.

Mit der Ankunft der Europäer wurde schon lange vor der Gründung der Vereinigten Staaten der Tabakanbau im amerikanischen Süden zu einer der wichtigsten Geldquellen, um die Kolonisation voranzutreiben. Die Kolonialherren trieben den Tabakanbau vehement voran, was zu den ersten Konflikten mit den amerikanischen Eingeborenen führte und eine Hauptmotivation für den Einsatz afrikanischer Sklaven darstellte. Aber nichts ergänzt den Genuss einer Pfeife oder Zigarette besser als ein Gläschen Schnaps, um den Teer und das Nikotin herunterzuspülen. Als Nächstes wollen wir daher untersuchen, welche Auswirkungen Alkohol auf das menschliche Bewusstsein hat.

Alkohol kann enthemmend wirken, was das Miteinander in der Kneipe an der Ecke dynamischer macht. Man wird jedoch kaum erwarten, dass er einen erhöhten Bewusstseinszustand hervorruft, und das war schon in der Vergangenheit nicht anders [95-107]. Die individuellen Auswirkungen des Alkohols variieren je nach der Einzelperson stark, und zwar qualitativ wie quantitativ. Eine gewisse Anzahl von Drinks macht den einen betrunken, hat aber auf den anderen kaum Auswirkungen. Auch die alkoholbedingten Veränderungen des Verhaltens variieren individuell sehr stark. Manch einer verhält sich durch Alkohol völlig anders, als es seiner normalen Persönlichkeit entspricht – zum Beispiel kann jemand, der üblicherweise ruhig und beherrscht ist, unter Alkoholeinfluss jähzornig und hitzig reagieren oder umgekehrt. Manchmal wirkt sich der Alkohol auch subtiler aus und bewirkt, dass jemand einfach schweigsam wird und sich zurückzieht. Oft sind diese Veränderungen weder gefährlich noch problematisch, aber unter gewissen Umständen können sie beides sein. Zu den ernsteren Verhaltensveränderungen zählen zum Beispiel erhöhte Gewaltbereitschaft, die Unfähigkeit, vernünftige Entscheidungen zu treffen, oder ein salopper, ungeschützter Umgang mit Sexualität.

Häufig trinken Menschen zur Entspannung, oder um sich in Gesellschaft sicherer zu fühlen [96]. Studien zufolge kann Alkohol uns aggressiv machen [106, 107] und Stress und Nervosität sowohl mindern als auch verstärken. Er kann unser

Ego aufblähen, aber auch dazu führen, dass wir deprimiert »in unser Bier weinen« [97].

Sicher stimmen Sie in folgendes Fazit ein: *Immer, wenn wir Alkohol trinken, werden bei jedem von uns Wahrnehmung und Denkfähigkeit eingeschränkt* [99]. Forschungen zufolge schränkt ein Alkoholrausch fast jeden Aspekt der Informationsverarbeitung ein: die Fähigkeit zu abstrahieren und einzuordnen, die Fähigkeit, eine Vielzahl situationsbedingter Hinweise korrekt zu deuten und mehrere Hinweise zugleich zu verarbeiten, sowie den Gebrauch aktiver, systematischer Verarbeitungsstrategien und ihrer kognitiven Auswertung. All dies brauchen wir jedoch, um die Bedeutung der Außeninformationen richtig einzustufen. Alkohol benebelt die Sinne, so dass die Sinneseindrücke nicht mehr exakt genug wahrgenommen werden, um eine entsprechende Reaktion zu generieren – und das könnte unter gewissen Umständen tödlich sein, zum Beispiel, wenn wir betrunken Auto fahren.

Studien zeigen auch, dass Menschen, die regelmäßig Alkohol trinken oder Drogen nehmen, eher dazu neigen, sich auf riskante sexuelle Abenteuer einzulassen. Leigh und Morrison haben 1991 berichtet, dass 50 % aller Teenager beiderlei Geschlechts vor ihrer ersten sexuellen Erfahrung Alkohol getrunken hatten. Je größer die Betrunkenheit beim ersten Geschlechtsverkehr, desto häufiger wird auf den Gebrauch von Kondomen verzichtet [100]. Unter Alkoholeinfluss entscheiden sich Menschen generell oft dazu, mit Unbekannten Sex zu haben, und was noch schlimmer ist: Sie entscheiden sich häufig für ungeschützten Sex [101]. Ganz offensichtlich begünstigen die Auswirkungen des Alkohols auf die menschliche Wahrnehmung und sein Verhalten *keinen* erhöhten Bewusstseinszustand.

Aber es geht mir nicht allein um Alkohol. Durch reisende Kaufleute, die ein gesellschaftliches Bedürfnis erkannten und befriedigten, haben noch ganz andere Substanzen den Weg in die Zivilisation gefunden. Der springende Punkt ist vielmehr:

Alle Chemikalien oder Substanzen, die in der Gesellschaft zirkulierten, wurden von der herrschenden Klasse entweder akzeptiert oder abgelehnt, *wobei die bewusstseinsunterdrückenden Eigenschaften das wichtigste Entscheidungskriterium darstellten.* Besonders interessiert die Herrschenden dabei stets das Potenzial zu einer Revolte oder einem Aufstand gegen die Regierung. Und aufgrund dieses potenziellen Risikos ist es für die Herrscher lebensnotwendig, die von der Bevölkerung konsumierten Chemikalien aufmerksam zu prüfen.

Die ideale Substanz, deren Verzehr jeder Herrscher mit Freuden unterstützen würde, müsste also die Loyalität der Bevölkerung zur Regierung fördern, alle revolutionären Impulse selbst unter extremen Bedingungen unterdrücken, und gleichzeitig dafür sorgen, dass die Untertanen die ihnen gestellten Aufgaben auch zufriedenstellend erfüllen können.

Das perfekte Konsumgut hindert folglich die Untertanen daran, »aufzuwachen« und sich darüber klar zu werden, wie extrem die herrschende Klasse das gemeine Volk zum eigenen Nutzen ausbeutet – ein Vorgehen, das sowohl individuell als auch auf allgemeiner Ebene das Verhältnis zwischen Herr und Sklave charakterisiert.

Insofern überrascht es nicht, dass sich nur solche Substanzen legal im Umlauf befinden, die das menschliche Bewusstsein unterdrücken, während Substanzen, die das Bewusstsein erweitern könnten, verboten sind. Zucker, Tabak, Alkohol und Koffein findet man in der modernen Gesellschaft überall, während Substanzen, die in der Tradition der amerikanischen Ureinwohner zur Bewusstseinserweiterung benutzt wurden, wie gewisse Pilze, Peyote und Cannabis, heute in den Vereinigten Staaten verboten sind. In manchen Bundesstaaten ist es zwar Einzelnen unter Umständen erlaubt, solche Substanzen aus medizinischen Gründen oder für spirituelle Zwecke zu benutzen, aber das sind lediglich Ausnahmen, die nichts daran ändern, dass ihr Konsum vor dem Gesetz generell illegal ist.

Körperstatik und Bewusstsein des Menschen

Der Zustand der statischen Grundstruktur, in der sich die meisten Menschen von der Geburt bis zum Tod befinden, ist eindeutig der einer »gefallenen Schöpfung«. Betrachten wir hierzu einmal die anatomische Evolution, die der moderne Mensch bisher durchlaufen hat. Laut unserem heutigen Wissensstand in Somatologie, die Körperaufbau und Eigenschaften des Menschen anthropologisch betrachtet, haben unsere ersten zweibeinigen Vorfahren vor etwa 3,5 Millionen Jahren den Übergang vom Vierfüßler zum aufrechten Gang vollzogen. Aber was bedeutet die Aussage, der Mensch sei strukturell eine »gefallene« Kreatur? Und wie könnte dieser »gefallene Zustand« mit dem Bewusstsein zusammenhängen?

Bei der Strukturellen Integration nach Ida Rolf wird der menschliche Körper in Blöcke unterteilt, die so aufeinander gestapelt sein müssen, dass innerhalb des Schwerkraftfeldes ein internes Gleichgewicht besteht [117]. Die Blöcke entsprechen den jeweiligen Körperregionen: den Füßen, den Beinen, dem Becken, dem Torso, dem Hals und dem Kopf. Stapelt man sie vom Boden ausgehend aufeinander, erhält man ein funktionierendes Modell der menschlichen Grundstruktur – und wenn man dieses Modell genau betrachtet, springt einem die Wahrheit der obigen Behauptung förmlich ins Gesicht: Die Statik der meisten Menschen ist falsch strukturiert. Anwender von Struktureller Integration können mithilfe bestimmter Linien und Ebenen genau feststellen, inwieweit der individuelle menschliche Körper dem Schwerkraftfeld entsprechend strukturiert ist.

Um die menschliche Struktur zu beurteilen, zieht man am besten über die Seitenansicht eines stehenden Menschen eine Schwerkraftlinie. Sie beginnt an der Öffnung des Ohrs und setzt sich über die Schultern und das Hüftgelenk bis zu den Knien und schließlich zum Fußknöchel fort (siehe Abbildung 13). Wer lieber die lateinischen Anatomiebegriffe benutzt: Die Linie führt vom Meatus acusticus externus über die Cavitas glenuidalis und das Acetabulum bis zur Fibula und schließlich zum Malleolus lateralis. Man beachte, dass diese Linie nur am Oberkopf durch den Knochen verläuft und das Gravitationszentrum hinter dem Schambein im Becken durchquert. Ein Mensch, der wirklich entspannt stehen kann, ist eine Seltenheit, da die erwähnten Blöcke kaum jemals perfekt aufeinander liegen. Überdies neigt die menschliche Struktur, die ja ständig der Gravitation ausgesetzt ist, im Lauf der Zeit dazu, sich immer weiter von der beschriebenen, imaginären Ideallinie zu entfernen.

Auf Abbildung 13 sehen Sie einige typische menschliche Strukturmuster, auch Körperstrukturen genannt.

Es hat fast den Anschein, als wäre die menschliche Körperstatik evolutionär noch nicht weit genug entwickelt, um im Stehen den perfekten Gleichgewichtspunkt aufrechterhalten zu können. Gewisse Schlüsselstellen im Körper neigen dazu, dem idealen Gleichgewichtszustand entgegenzuarbeiten. Zu ihnen zählen der Calcaneous beziehungsweise die Ferse, der Crista iliaca (Darmbeinkamm) und die Occipitalen oder Nackenmuskeln auf der Rückseite des Craniums (Schädels). Hierzu sollte muss man wissen, dass zum Zeitpunkt der Geburt das Gewebe an diesen Punkten noch nicht voll ausgebildet ist, so dass die Knochenstruktur sich nicht entspannt auf die Schwerkraft einstellen kann.

Medizinische Therapeuten für Strukturelle Integration bestätigen, dass auf unserer gegenwärtigen Evolutionsstufe die meisten Menschen mit diesbezüglichen Problemen zu kämpfen haben. Da im Fasziennetz des Darmbeinkamms von Geburt an Strukturen bestehen, die das Becken daran hindern, eine horizontale Position einzunehmen, wird sich das Becken, sobald das Baby laufen lernt, naturgemäß immer mehr nach vorn neigen – und das ist laut der Strukturellen Integrations-Mediziner die Wurzel der meisten Patientenprobleme. Sobald nämlich der Beckenblock auch nur ein wenig nach vorn geneigt ist, beeinflusst dies die Ausrichtung aller darüber befindlichen Blöcke,

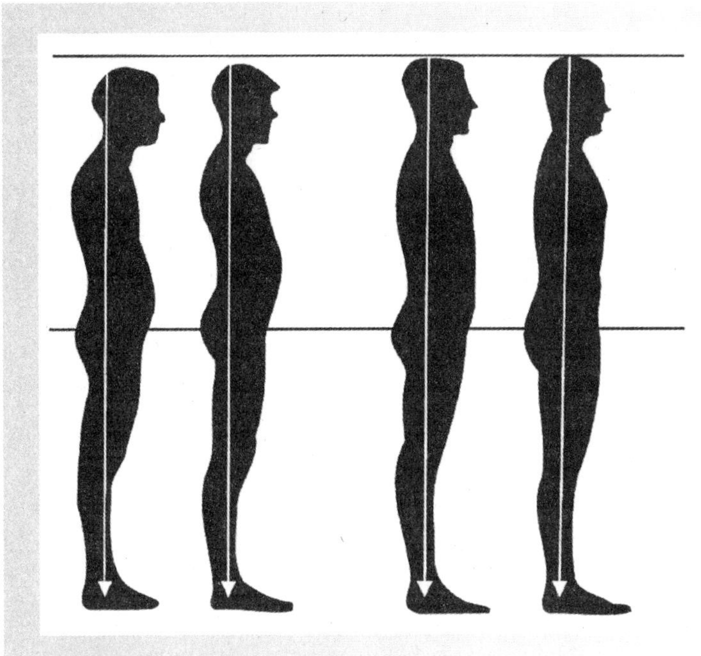

Abb. 13: Menschliche Strukturmuster

die sich anpassen müssen, um innerhalb des Schwerkraftfeldes vertikal zu bleiben.

Wie aus unseren Modellen ersichtlich, müssen sich Torso- und Kopfblock zum Ausgleich ebenfalls neigen. Im Laufe der Zeit wird sich dadurch wahrscheinlich eine im Verhältnis zwischen Meatus acusticus externus (Ohröffnung) und Cavitas glenoidalis (Schultergelenk) nach vorn geneigte Kopfhaltung entwickeln. Diese vorderlastige Kopfneigung bedingt wiederum eine Überbeanspruchung der oberen Rückenmuskeln, insbesondere der Trapezmuskeln und der Rhomboiden, was letztlich zu einer Kyphose, einem Buckel am siebten Rückenwirbel (C7) führt. Je nach dem Grad der Desorganisation in den Faszien der Okzipitallappen (Hinterhauptlappen) und des Calcaneous (Fersenbein) ergeben sich aus dieser falschen Statik auch noch einige andere Muster.

Wir haben diesen Ausflug in die menschliche Grundstruktur unternommen, um aufzuzeigen, in welch »gefallenem« Zustand sich der Körper des Menschen im Verhältnis zum Schwerkraftfeld tatsächlich befindet. Aber welche Auswirkungen hat ein statisch falsch strukturierter Körper?

Menschen, die Yoga, Tai Chi oder ähnliche Übungen praktizieren, wissen aus Erfahrung, wie wichtig es ist, die Knochenstruktur im Schwerkraftfeld auszubalancieren und zu synchronisieren. *Wer seine Körperstruktur neu ausrichtet, erfährt aus erster Hand, wie eng der Zustand der Körperstatik mit Energie und Bewusstsein verbunden ist.* Kraft, Gleichgewicht, Flexibilität und Bewusstsein hängen von der richtigen Statik ab. Daraus folgt, dass Menschen, die sich nicht aktiv darum bemühen, ihren Körper perfekt nach dem mächtigen Schwerkraftfeld auszurichten, höchstwahrscheinlich aufgrund des stets zunehmenden Ungleichgewichts unter körperlichen Schmerzen leiden werden. Wenn man den Körper nicht nach dem Schwerkraftfeld ausrichtet, verhindert man jedoch auch die richtige Integration von Energie und Materie und blockiert somit die eigene Fähigkeit, höhere Bewusstseinszustände zu erleben.

Die allmähliche Verfestigung des Fasziennetzes ist ein natürlicher Prozess und führt nicht zu denselben Behinderungen wie Unfälle oder schlechte Haltung. Dennoch wird ein Kind von etwa sieben Jahren ohne eine aktive Verbesserung seiner Körperstatik den ständigen Ermahnungen seiner Eltern, gerade zu sitzen, nicht nachkommen können. Wenn der Schwerpunkt der Knochen in Kreuzbein und Sitzbein nicht mithilfe der Eltern oder eines Therapeuten an die Unterseite des Beckens auf die Sitzoberfläche platziert wird, kann das Kind schlichtweg nicht lernen, im Gleichgewicht zu sitzen – und dies führt zu einer weiteren Verschiebung der Körperstatik, die vom alles beherrschenden Becken ausgeht.

Mit anderen Worten: Bringt man einem Kind nicht frühzeitig bei, richtig zu sitzen und eine gute, funktionsfähige Körperstatik aufzubauen, dann werden die falschen Sitzgewohnheiten in den aufeinandergestapelten Blöcken weitere Schäden anrichten. Beim Kampf zwischen dem menschlichen Körper und der Schwerkraft bleibt die Schwerkraft immer Sieger.

Betrachtet man den »gefallenen« Zustand der menschlichen Gesamtbevölkerung vom statischen Standpunkt aus, erkennt man, dass er sich im allerbesten Fall behindernd auswirkt. Noch schlimmer sind jedoch seine Auswirkungen auf das menschliche Bewusstsein, das sich nur innerhalb der körperlich vorgegebenen Grenzen entwickeln kann. Mir fällt als Analogie zu dem statisch falsch strukturierten menschlichen Körper eine kaputte Radioantenne ein. Und falls ökonomische Bedürftigkeit, suchterzeugende chemische Grundnahrungsmittel und eine falsch strukturierte Körperstatik immer noch nicht ausreichen, um das menschliche Bewusstsein pauschal zu unterdrücken, dann wäre eine aktive Einmischung seitens repressiver Regierungen, etwa eine direkte Beeinflussung des Gehirns mithilfe gezielter Frequenzen, genau das, was Dr. Frankenstein verordnen würde.

Frequenzkontrolle

Die Empfänglichkeit des menschlichen Gehirns für die Frequenzen des elektromagnetischen Spektrums wurde bereits eingehend beschrieben. Wie in Kapitel 5 erörtert, befindet sich im menschlichen Gehirn ein Neuronennetzwerk, das als aufsteigendes retikuläres Aktivierungssystem (ARAS) bezeichnet wird und für Konzentration und Aufmerksamkeit zuständig ist. Wir wissen, dass das menschliche Gehirn Frequenzen zwischen 0 und 20 Hertz registriert, was durch medizinische Untersuchungsmethoden wie das Elektroenzephalogramm (EEG) dokumentiert und verdeutlicht wurde.

Ich möchte nun dem Leser als Grundlage für die weiteren Erörterungen folgende Frage stellen: Was passiert im menschlichen Gehirn, und insbesondere im ARAS, wenn es äußeren Frequenzen ausgesetzt wird, die sich innerhalb des EEG-Spektrums befinden? Und: Lassen sich die äußeren Frequenzen möglicherweise so modulieren, dass sie Informationen transportieren, die dann vom Menschen auf biologischem Weg wieder demoduliert werden, so dass »unbewusste Gedanken« in das Bewusstsein eingepflanzt werden?

Etwas Ähnliches geschieht, wenn sich verfeindete Parteien im Krieg das elektromagnetische Spektrum zunutze machen. Sobald eine Kampftaktik mit Funk und Navigationsgeräten zu tun hat, ist sie oft von Natur aus subversiv. Zum Beispiel wird sich ein Pilot, der in einem Grenzgebiet patrouilliert, auf die Navigationsgeräte seines Flugzeugs verlassen, wenn er die genaue Position der verbündeten Funkfeuer im Grenzverlauf feststellen will. Der Feind will den Piloten vielleicht dazu verleiten, die Grenze zu überqueren, um einen Kampf zu provozieren, ohne die internationalen Regeln verletzen zu müssen, die einen unprovozierten Schusswechsel über die Grenze hinweg verbieten. Eine Methode hierzu ist das Aussenden einer irreführenden Frequenz, die von der feindlichen Seite der Grenze stammt, aber dem Piloten vorgaukelt, der Sender sei ein Verbündeter. Dies lässt sich erreichen mithilfe von *meaconing*, Aufschaltung, Störfrequenzen oder Interferenz.

Beim *meaconing* (das sich von *mean beacon* ableitet = destruktives Signalfeuer) wiegt man einen feindlichen Piloten, der auf seine Instrumente angewiesen ist, in Sicherheit, indem man ein irreführendes Signal auf derselben Frequenz aussendet, die der Feind benutzt. Die Frequenz dieses falschen Signals ist aber intensiver, so dass es die echten Signale, die vielleicht noch viele Kilometer weit entfernt sind, überlagert. Die sogenannte Aufschaltung ist eine subversive Frequenztaktik, mit deren Hilfe man falsche Informationen in das Netzwerk des Feindes einpflanzt. Störfrequenzen sind, wie der Name schon sagt, hochintensive Frequenzen, die im Kommunikationsnetzwerk des Feindes die

Frequenzen seiner Verbündeten überlagern. Am Schnellsten erreicht man das, indem man sich periodisch in heikle Kommunikationsknoten einschaltet und dadurch den Informationsfluss unterbricht – am Effektivsten während einer Kampfsituation.

Mit all diesen Methoden lässt sich die Funktion von Radio- und Navigationsinstrumenten sehr erfolgreich sabotieren. Was passiert aber, wenn man solche destruktiven elektromagnetischen Taktiken gegen das menschliche Gehirn einsetzt?

Ob Sie es glauben oder nicht: Die Regierung der Vereinigten Staaten benutzt solche Methoden und besitzt sogar ein Antennennetz, das ausschließlich dem Zweck dient, das menschliche Bewusstsein massiv zu beeinflussen.

HAARP

Die Regierung der Vereinigten Staaten finanziert ein fortdauerndes Projekt namens HAARP. Hinter dieser Abkürzung verbirgt sich das High Frequency Active Auroral Research Program, im deutschen Sprachraum als Hochfrequenz-Aurora-Forschungsprogramm bekannt. Angeblich dient HAARP dazu, die physischen und elektromagnetischen Eigenschaften der irdischen Ionosphäre genauer zu erforschen, denn diese können laut der offiziellen Webseite www.haarp.alaska.edu militärische und zivile Kommunikations- und Navigationssysteme beeinflussen. Diese Website wurde im Mai 2013 abgeschaltet, als auch HAARP angeblich eingestellt wurde, aber alles weist darauf hin, dass die Forschungen weitergehen.

HAARPs Operationsbasis ist ein erstklassiges Ionosphäre-Forschungszentrum in Gakona, Alaska. Geleitet wird HAARP vom Phillips Laboratory der amerikanischen U.S. Air Force, deren geophysikalisches Koordinationszentrum sich auf dem Luftwaffenstützpunkt Hanscom in Massachusetts befindet, sowie von zwei Marineorganisationen im Bundesstaat Columbia: dem Institut für Marineforschung (*Office of Naval Research* = ONR) und dem Marineforschungslabor (*Naval Research Laboratory* = NRL). Obwohl HAARP vom Verteidigungsministerium finanziert wird, haben sich auch zivile Forscher und die Forschungsabteilungen diverser Universitäten dieser Einrichtung bedient.

Der HAARP-Komplex besteht aus 180 Antennentürmen, die sich mitten in der Wildnis von Alaska über 23 Hektar erstrecken und ein Gitternetzwerk von 15 mal 12 Reihen bilden. Dieses speziell patentierte System sendet mit einer Frequenz von bis zu 3,6 Millionen Watt und kann Energie zu einem Strahl bündeln, der 72.000 Mal stärker ist als die Sendekapazität des größten kommerziellen Radiosenders der Vereinigten Staaten. Der Bau wurde zwar bereits 2002 vollendet, doch die Antennengruppe ist bei Bedarf weiter skalierbar, und die Dipolantennen können in verschiedensten Frequenzbereichen operieren [84]. Abbildung 14 zeigt den HAARP-Antennenwald aus der Vogelperspektive.

Faktisch wurde beim HAARP-Projekt eine Antennengruppe so konfiguriert, dass die ausgesandten Frequenzen stark genug sind, um die Nordlichter (Aurora Borealis) selbst in eine virtuelle Antenne zu verwandeln, die auf extrem niedrigen Frequenzen (*extreme low frequency* = ELF) sendet. Interessant ist in diesem Zusammenhang ein Artikel mit dem Titel »Effects of 6-10 Hz ELF on Brain Waves« (»Die Auswirkungen der niedrigen Frequenzbereiche von 6-10 Hertz auf die Gehirnwellen«) von David S. Walonick, in dem der Autor nachweist, dass sich eben diese Frequenzen beim Menschen auf zellulärer Ebene auswirken. Auch die Elektroenzephalogramme (EEGs) des menschlichen Gehirns bedienen sich des Frequenzbereichs von etwa 0 bis 20 Hertz. Folglich überlappen sich die von HAARP ausgesandten Frequenzen mit den biologischen Frequenzen des menschlichen Gehirns.

Stellen wir uns einmal die Frage: Was sollte eine Nation – oder eine Armee – mit einer solchen Frequenz anfangen wollen? Nun, man könnte HAARP als Waffe einsetzen. Man hätte genügend

Abb. 14: Der HAARP-Antennenwald

Energie und auch den richtigen Frequenzbereich, um feindliche Truppen, Städte oder gar ganze Kontinente ins Visier zu nehmen. Immerhin ist das Verteidigungsministerium der Vereinigten Staaten nicht nur der Grundstückseigner, sondern auch der Geldgeber des HAARP-Programms. Als Waffe könnte HAARP ein Menschengehirn buchstäblich kurzschließen, genau wie die Ultrahochfrequenzantennen, die heutzutage in jedes moderne Militärfahrzeug oder Flugzeug eingebaut werden. Im Prinzip sendet dieses System ein ELF-Signal in die reflektierende Ionosphäre, die das Signal zurück zur Erde schickt.

Was geschieht bei der aktiven Ionosphärenforschung? Ein von einem Transmittersystem erzeugtes Signal wird zur Antennengrup-

Abb. 15: Das Relief von Behistun

pe geleitet und einfach nach oben geschickt. In 100 bis 350 Metern Höhe – je nach der benutzten Frequenz – wird das Signal dann von einer direkt über dem Sender liegenden Schicht, die ein paar hundert Meter dick ist und einen Radius von weit unter 100 Kilometern hat, absorbiert. Die Intensität des Hochfrequenzsignals in der Ionosphäre beträgt unter drei Mikrowatt pro Quadratzentimeter, viele zehntausend Mal weniger als die natürliche elektromagnetische Strahlung der Sonne, wenn sie die Erde erreicht, und viele hundert Mal weniger als das Spektrum der normalen, zufälligen Intensitätsvariationen der von der Ionosphäre selbst erzeugten ultravioletten oder UV-Energie. Das klingt, als wäre es nicht viel, und doch lassen sich selbst diese geringen Auswirkungen mit den in HAARP installierten, sensiblen Empfängern wissenschaftlich beobachten. Die so gewonnenen Daten geben uns neue Informationen über die Plasmadynamik und die komplexen Interaktionsprozesse zwischen Sonne und Erde [84, 85].

Schon seit Oktober 1976 hat die ehemalige Sowjetunion ELF-Signale über Tesla-Transmitter ausgesandt. Die gesendeten

Frequenzen entsprechen exakt den Rhythmen von denjenigen Gehirnwellen, die beim Menschen erfahrungsgemäß Depressionen und Nervosität hervorrufen. Die von der amerikanischen Umweltbehörde EPA durchgeführte Analyse dieser aus Russland stammenden Signale ergab, dass sie beim Menschen psychologische, ja sogar psychoaktive Reaktionen hervorrufen. Außerdem hat man festgestellt, dass dieselben ELF-Signale sowohl von mit 60 Hertz operierenden Sendekabeln als auch von anderen, in Industrieländern häufig verwendeten Installationen weitergegeben werden. Der springende Punkt ist, dass Gehirnaktivität erwiesenermaßen das Ergebnis äußerer, elektromagnetischer Reize ist, die die Gehirnwellen häufig so verändern, dass sie sich an den ursprünglichen Sender der ELF-Signale angleichen. Die so erzeugte Reaktion verändert die Gehirnwellen, was wiederum chemische Auswirkungen hat, so dass sich schließlich Gedanken, Emotionen und die körperliche Befindlichkeit verändern. Mithilfe dieses Grundmechanismus kann man also direkt in das Gehirn eingreifen und auf dieser Ebene das Bewusstsein sowohl eines Individuum als auch einer ganzen Bevölkerung kontrollieren [85].

In diesem Kapitel wurden die verschiedensten Methoden vorgestellt, mit deren Hilfe Regierungen ihre Untertanen kontrollieren können. Sie reichen von chemischer Abhängigkeit über ökonomische Sklaverei und die Degeneration der statischen Grundstruktur des Menschen bis zum aktivem Eingreifen des Staates in die mentalen Funktionen der Staatsbürger – insbesondere durch die Einspeisung von Frequenzangleichungen, die darauf abzielen, das menschliche Bewusstsein schon auf der Gehirnwellenebene zu unterdrücken. Der allergrößte Teil der Menschheit hat keine Ahnung von den Ausmaßen der Bewusstseinskontrolle durch die Herrschenden, auf deren Banner in Großbuchstaben »Freiheit« steht – was buchstäblich reine Illusion ist.

9

Die geflügelte Scheibe – der Gott des Zarathustra

Im östlichen Teil des alten Persien lebte um 1000 v. Chr. ein Philosoph namens Zarathustra, auch Zoroaster genannt, der das Pantheon der antiken iranischen Götter vereinfachte, indem er es in zwei gegensätzliche Kräfte aufteilte: Ahura Mazda (»Erleuchtende Weisheit«) und Angra Mainyu (»Zerstörerischer Geist«). Diese standen miteinander im Konflikt.

Aus Zoroasters Grundkonzept entwickelte sich bis zum 6. vorchristlichen Jahrhundert eine Religion, die seinen Namen trug und viele spätere Religionen beeinflusste, darunter Judentum, Gnostizismus, Christentum und Islam: der Zoroastrismus.

Auf den Klippen von Behistun im heutigen Iran befinden sich uralte Inschriften (siehe Abbildung 15) sowie ein Bildnis der Gottheit Ahura Mazda, die auf ihrer geflügelten Scheibe über König Darius I. schwebt. Dasselbe Symbol der geflügelten Scheibe, die damals Enki zugeordnet war, findet sich auch in der alten persischen Hauptstadt Persepolis.

Historikern zufolge wurde das Relief von Darius dem Großen angebracht, und zwar irgendwann zwischen seiner Krönung im Sommer 552 v. Chr. und seinem Tod im Herbst 486 v. Chr. Die Inschrift beginnt mit einer kurzen Autobiografie des Darius, die auch seine Ahnen und seine Abstammung umfasst. Später folgt in Darius' Text eine recht lange Beschreibung der Ereignisse, die auf den Tod der Könige Cyrus dem Großen und Cambyses II.

folgten. Innerhalb eines Jahres (das im Dezember 521 v. Chr. endete) kämpfte Darius in neunzehn Schlachten und schlug im ganzen persischen Reich Rebellionen nieder. Detailliert beschreibt die Inschrift, dass die Aufstände, die nach dem Tod der Könige Cyrus dem Großen und seines Sohnes Cambyses II. in verschiedenen Städten im persischen Reich ausbrachen, von Usurpatoren und deren Mitverschwörern angezettelt worden waren, die alle die Königswürde für sich beanspruchten. Darius der Große erklärt sich in allen diesen Schlachten als Sieger, »dank der Gnade Ahura Mazdas«.

Laut den Glaubenssätzen der zoroastrischen Religion war Ahura Mazda der Weltschöpfer und der Gott des Lichts und der Weisheit, und sein Erzrivale, der Gott Angra Mainyu, war der Erschaffer aller Zerstörung. Es dürfte die Leser kaum überraschen zu erfahren, dass Ahura Mazda niemand anders war als Enki und dass dessen Halbbruder Enlil die Rolle des großen Zerstörers spielte, nämlich Angra Mainyus, des Vorgängers des christlichen Teufels. Falls dies zutrifft, war es der listige christliche Teufel, der sich selbst zum Gott erklärte, den wahren Schöpfer Ahura Mazda dämonisierte und, wie in der späteren kanonischen Bibel, als Satan oder als listige Schlange bezeichnet wurde.

Der Zoroastrismus in seinen verschiedenen Formen war für einen Großteil des iranischen Volkes Jahrhunderte lang die Staatsreligion. Erst als Alexander der Große in das achämenidische Reich einfiel, begann sie zu verblassen, verfiel allmählich und wurde ab dem 7. Jahrhundert durch den Islam und den Zerfall des Sassanidenreichs immer weiter an den Rand gedrängt. Ab diesem historisch bedeutsamen Zeitpunkt ersetzte der Allah des Islam den zoroastrischen Ahura Mazda, und der Islam wurde zur neuen Staatsreligion Persiens.

Da Anu das mesopotamische Gebiet Enlil überantwortet hatte, war es nur eine Frage der Zeit, bis Enlils Gefolgschaft die Anhänger seiner Nemesis Enki aus der Gegend vertrieben. Heute zeigt die Situation im Nahen Osten deutlich, dass Enlils

Gefolgschaft unter der Flagge des Halbmondes in Ländern wie dem Iran, der Türkei oder Syrien, um nur einige zu nennen, wieder zunimmt.

Babylon erlebte unter der chaldäischen Dynastie, die einen Großteil des Reiches von ihren nördlichen Verwandten übernahm, noch einmal eine kurze, späte Blütezeit. Doch Nabonid, der in Assyrien geborene letzte König Babylons, kümmerte sich wenig um Politik. Er widmete sich hauptsächlich der Anbetung des Mondgottes und überließ seinem Sohn Belsazar die täglichen Regierungsgeschäfte.

Könnte Allah, der Gott der Mondsichel, niemand anders sein als Enlils Sohn Nannar Sin, wie wir bereits im Vorwort postulierten? Da das mesopotamische Gebiet Enlil gehörte, wären seine Nachkommen, zu denen auch der Mondgott Nannar gehörte, dort willkommen gewesen. Dieser war 3760 v. Chr. ebenfalls ein Mitglied des Anunnaki-Rates und wird im Atrahasis als Anführer der afrikanischen Igigi-Minenarbeiter-Rebellion unter Enlils Vorherrschaft genannt.

Querverweise in historischen Texten implizieren, dass Nannar Sin eine große Anhängerschaft besaß, besonders in seinen Kultzentren zwischen dem Südirak und Syrien, der Türkei und dem Iran. Interessanterweise war die Kaaba, das quaderförmige Gebäude im Innenhof der Heiligen Moschee im saudiarabischen Mekka, einem der religiösen Zentren des Islam, ursprünglich dem Mondgott geweiht, der hier als Allah bezeichnet wurde.

Könnte Nannar Sin die Gottheit gewesen sein, der Mohammed in der Wildnis begegnete? Ist Nannar Sin der legendäre Allah? Erinnern wir uns an den Atrahasis-Bericht:

Atrahasis Tafel I [37, S. 10]

Dann ließ sich Alla vernehmen
und sprach zu den Göttern, seinen Brüdern:

»Kommt! Tragen wir Enlil,
den Ratgeber der Götter, den Krieger, aus seiner Wohnstatt.
Nun ruft den Schlachtenruf!«
Die Götter hörten seine Rede an,
entfachten ihre Werkzeuge,
legten ihren Spaten fürs Feuer beiseite,
ihre Lasten für den Feuergott,
und sie entflammten ...

Der Autor dieses Buches hält es nicht für Zufall, dass Alla(h) die Rebellion anführte und die Aufständischen direkt zum Haus seines Vaters Enlil führte. Beachten Sie, mit welch feuriger Rhetorik er die Menge der Igigi-Minenarbeiter anführt. Mich erinnert sein Verhalten an das der Anhänger des Dschihad im Nahen Osten, dessen geistliche Führer im Namen des Mondgottes Allah zu kriegerischen Handlungen aufrufen.

Die genealogischen Tafeln und die sumerischen Berichte weisen eindeutig darauf hin, dass Enlil einen Sohn namens Nannar Sin hatte und dass dieser im Anunnaki-Rat saß. Nannar, auch Sin genannt, war der Mondgott, der Sohn von Enlil und Ninlil, und der Vater von Uru (Sonnengott) und Inanna.

Das Ziel dieses Buch besteht nicht darin, bündig zu beweisen, dass dieser Alla, der im Atrahasis vorkommt, mit jenem Allah identisch ist, der heute im Islam angebetet wird – auch wenn dieses Thema bestimmt ein hervorragendes Forschungsprojekt für jemanden wäre, der die Wahrheit herausfinden möchte. Und wie würde man die Ergebnisse einer solchen Untersuchung wohl heute aufnehmen? Das Wissen, dass Enlil der Gott Abrahams, Isaaks und Jakobs war, dass er an den frühen mesopotamischen Sklaven einen Völkermord beging und die Große Flut befürwortete, die alles Leben auslöschen sollte, hat jedenfalls *meine* Wahrnehmung der vielen mit »Gott« bezeichneten Wesen verändert. Und ich hoffe, die Enthüllung der Tatsache, dass Allah ein antiker Astronaut vom Planeten Nibiru und der Sohn des Enlil (alias Zeus, Jupiter, Jehova, El Schaddaj und so weiter) war, wird auch den Völkern, die der Religion des Halbmondes anhängen, zu denken geben.

Die unaufhaltsamen Nachkommen Enlils überfielen und eroberten Enkis Kolonien, zum Beispiel Atlantis und Mesopotamien. Als abgelegene Insel bot Atlantis Enlils Seepiraten, deren Hauptstützpunkt Kreta war, ein willkommenes Ziel. Man beachte, dass die Piraten von Kreta den herumziehenden Marodeuren ähnelten, die Enlil in Ägypten unterhielt und deren Darstellung im biblischen Buch Exodus viel zu wünschen übrig lässt. Vergessen wir nicht, dass Enlils Operationsbasis die Levante war, die Länder am östlichen Mittelmeer, und dass Enkis ägyptische Domäne an das nordafrikanische Nildelta grenzte.

Enki gründet Atlantis

Apropos Atlantis – diese legendäre, untergegangene Stadt knüpft eine Verbindung zwischen Sumer und Griechenland. In Platons *Timaios*, einem in Dialogform verfassten Spätwerk des griechischen Philosophen, der im vierten vorchristlichen Jahrhundert wirkte, besitzen wir schriftliche Aufzeichnungen über Atlantis. Im Laufe eines Dialogs zwischen Kritias und Sokrates kommt eine seltsame Erzählung ins Spiel, die angeblich auf Solon, »den Weisesten der sieben Weisen« zurückgeht. Sie galt als wahr, auch wenn dieser große Athener bereits halb vergessen war. Kritias sucht sich aus Solons Forschungen die monumentalste Geschichte heraus und behauptet voller Dankbarkeit, dass Solon, wenn er diese Geschichte zu Ende geschrieben hätte, so berühmt geworden wäre wie Homer [114, S. 26].

Kritias fährt fort, indem er Sokrates mitteilt, dass im Nildelta, wo sich der Fluss kurz vor seiner Mündung teilt, ein Gebiet namens Sais liege und dass die Hauptstadt dieser Region ebenfalls Sais heiße und dies die Geburtsstadt von König Amasis sei. Ihre Einwohner beteten eine Göttin namens Neith (griechisch Athena) an, bei der es sich um ihre Stadtgründerin handelt habe. Somit gab es zwischen den Ägyptern und den Griechen eine verwandtschaftliche Beziehung (siehe die Göttertabelle 9).

Solon suchte die ägyptischen Priester auf, um herauszufinden, was sie über die griechische Frühgeschichte wissen. Er gab zu, dass »weder er noch irgendein anderer Grieche etwas Bedeutsames über die Vergangenheit wussten«. Der Grund dafür, dass die griechische Frühgeschichte verloren ging, waren die vielen Katastrophen, die aus verschiedenen Gründen über die Menschen hereingebrochen waren. Der ägyptische Priester aus Sais kritisiert das kurze Gedächtnis der Griechen und weist Solon zurecht:

Kritias von Platon [114, S. 26]

»Was eure Genealogien angeht, die du, Solon, uns zitiert hast: Sie sind nicht besser als Kindermärchen, denn erstens erinnert ihr euch nur an eine einzige Flut, obwohl es vier große und viele kleinere gab. Zweitens wisst ihr nicht, dass in diesem eurem Land eine der edelsten Rassen lebte, die jemals existiert hat, und dass euer Land und dein Volk lediglich deren Überreste sind.

[Lücke]

Einst gab es eine Zeit, Solon, vor der großen Flut, als die Stadt Athen die siegreichste im Krieg war und die beispielhaftesten Gesetze besaß, und es heißt, die Athener hätten die edelsten Taten vollbracht und die gerechteste Verfassung besessen, die in der Geschichte der Erde je erwähnt wurde.«

Platon hatte die Schriften des Sokrates geerbt, darunter auch seine unvollendeten Notizen über die Geschichte Griechenlands. Solon wollte die Erzählung zu einem Gedicht machen, in dem er auch die Bedeutung der historischen griechischen Namen, die er von den ägyptischen Priestern erfahren hatte, erklärt hätte, um die edle Abstammung seines Volkes detailliert zu dokumentieren. Platon nimmt diese lange Erzählung auf, die mit der Hypothese beginnt, die Götter hätten die ganze Erde untereinander aufgeteilt und in der Folge Tempel errichtet, in denen sie residierten und von ihren genetisch minderwertigen Untertanen Opfer empfingen. Poseidon, der Meeresgott, erhielt als seine Domäne die Insel Atlantis.

Laut der Erzählung zeugte Enki-Poseidon mit einer sterblichen Frau Kinder, die dann die Insel bevölkerten. In der Geschichte ist von einem primitiven Mann namens Euenor die Rede, der in den umliegenden Bergen lebte. Seine Tochter Cleito fiel Enki, dem Furchtbarkeitsgott, besonders ins Auge. Poseidon verliebte sich in sie, schlief mit ihr und brach anschließend die Erde auf, um den Hügel, auf dem sie lebte, von der Außenwelt abzuschirmen. Er erschuf eine neue Landschaft: alternierende Ringe aus Wasser und Land, die ineinander liegen.

Enki zeugte fünf Brüderpaare, zog sie auf und teilte die Insel Atlantis in zehn Gebiete auf. Dem Erstgeborenen des ältesten Zwillingspaares gab er die Heimstatt seiner Mutter samt den umgebenden Landstrichen. Dies war das größte und beste Gebiet der ganzen Insel, und Enki machte seinen ältesten Sohn zum König über alle seine Brüder. Seine anderen Söhne machte er zu Fürsten und setzte sie als Herrscher über viele Menschen und große Gebiete ein. Den Ältesten, den er zum König gemacht hatte, nannte er Atlas, und dies wurde der Name sowohl der ganzen Insel als auch des umgebenden Ozeans [114, S. 39].

In seinen Schriften beschreibt Platon Atlantis in allen Einzelheiten und berichtet auch von Solons historischem Exkurs, in dessen Verlauf dieser entdeckte, auf welche edle Vergangenheit die Griechen zurückschauen konnten. Solon löste also die Rätsel der griechischen Frühgeschichte, und Platons Texte erhielten sie für den Rest der Welt. Seit vielen Jahrhunderten und bis heute ist diese Erzählung die Grundlage für die Suche nach Atlantis. Laut Platons Schriften lag die Inselhauptstadt von Atlantis am Rand des inzwischen versunkenen Atlasgebirges in Nordafrika.

Ohne die Hilfe einer Landkarte aus der Bronzezeit, auf der die Hafenstädte der ganzen Welt eingezeichnet sind, könnten wir heute Darwins Behauptung, der Meeresspiegel hätte sich zwischen ca. 2000 v. Chr. und heute kaum verändert, nichts entgegensetzen. Aber inzwischen hat man vom Golf von Khambhat, einer Bucht des Arabischen Meers an der Küste Indiens, bis zur Insel Bimini und von Cornwall bis Nan Madol an unzähligen Küsten hunderte von versunkenen, uralten Bauwerken gefunden, was die Darwinsche Behauptung eindeutig widerlegt. Die meisten dieser versunkenen Ruinen befinden sich am Mittelmeer und an den Ostküsten des Atlantik – genau da, wo man sie aufgrund von Solons Aufzeichnungen vermuten würde, denn in diesen Gebieten segelte einst König Atlas über die Wogen und baute überall Hafenanlagen, die seit dem Ende der letzten Eiszeit unter dem Meeresspiegel liegen.[5]

Kritias von Platon [114, S. 32]

»Viele Generationen lang, so lange die göttliche Natur noch in ihnen erhalten blieb, gehorchten sie den göttlichen Gesetzen und liebten die Götter, mit denen sie verwandt waren, denn sie besaßen reine und in jeder Hinsicht große Seelen, und sie begegneten sowohl den verschiedenen Veränderungen des Lebens als auch einander mit Weisheit. Sie hassten alle Dinge, die nicht tugendhaft waren, klammerten sich nicht an

5 Näheres hierzu schildert sehr anschaulich Frank Joseph in seinem mittlerweile maßgeblichen Buch *Der Untergang von Atlantis*, erschienen im Amra Verlag. Den hohen Stellenwert, den er damit in der Atlantisforschung einnimmt, dokumentiert er durch sein Standardwerk *Lemurien* auch in Bezug auf die vorsintflutliche erste Zivilisation unserer Welt. – *Der Verlag*

ihre augenblicklichen Lebenssituationen und erachteten den Besitz von Gold und anderen materiellen Dingen lediglich als Bürde. Sie ließen sich durch Reichtum weder zur Abhängigkeit vom Luxus verführen noch zur Aufgabe ihrer Selbstkontrolle, sondern blieben nüchtern und erkannten klar, dass alle diese Güter sich allein durch treue Freundschaften vermehrten und dass sie ihren Segen verloren, wenn sie durch übertriebene Gier erworben wurden oder wenn man sie allzu sehr wertschätzte, und dass dadurch die Freundschaften zerstört würden und man alles verlieren würde.«

Von Eridu nach Persien, Atlantis, Ägypten und Griechenland sind wir nun den Spuren einiger komplexer Zivilisationen gefolgt, die von Enki gegründet wurden. Als Nächstes wollen wir untersuchen, was uns die Anunnaki bezüglich des Himmels lehrten.

10

Himmelszeit und Tierkreiszeichenherrscher

Das Leben in der Großstadt ist der Astronomie als Hobby nicht gerade zuträglich. Über Städten in Küstennähe ist der Himmel wegen der Luftfeuchtigkeit mit einer Dunstschicht verhangen. Diese Schicht, und dazu die künstliche Beleuchtung der Landschaft, die zahlreichen Sicherheitslampen und die vielen anderen vom Menschen verursachten Lichtquellen verhindern den Blick auf die Sterne in der Nacht sehr gründlich. Aber wenn man die Stadt verlässt und an einem wolkenlosen Abend mit geringem Mondlicht landeinwärts in unbesiedelte Gebiete fährt, am besten höher gelegen und mit niedriger Luftfeuchtigkeit, dann trifft man dort die Sternengucker.

Stellen Sie sich ein Leben vor, in dem man drei bis vier Stunden am Tag damit verbringt, die nötigen Mittel zur Lebenserhaltung zu sichern, und anschließend die Natur genießt, ohne von irgendeinem Arbeitgeber acht Stunden am Tag geknechtet zu werden. So hat Urg der Höhlenmensch gelebt. Doch genug von meinem virtuellen Urlaub. Den Sternenguckern der Vergangenheit ist es gelungen – allein oder mit außerirdischer Hilfe –, Sternenkarten anzufertigen und die Sterne in zwölf rätselhafte, aber profunde Symbole zu gruppieren, die heute noch von den Astrologen verwendet werden. Außerdem haben sie bautechnisch ausgefeilte Tempel aus megalithischen Steinblöcken errichtet. Diese Tempelstätten waren so ausgerichtet, dass die gleitende Veränderung der Himmelswinkel, bedingt durch die leicht elliptische Rotationsachse der Erde, sichtbar und verfolgbar wurde.

Stellen wir uns unseren hypothetischen, intelligenten, wenn auch sozial unbeholfenen Höhlenmenschen Urg vor, der gerade beschließt, einen Stein an der Stelle zu markieren, auf die jeden Tag beim ersten Tageslicht ein Schatten fällt. Weil er ein engagierter Beobachter ist, setzt er diese Markierungen auf dem Stein mindestens einen kompletten Solarzyklus (365 Tage) lang fort. Nun hätte unser Urg Daten, aus denen hervorgeht, dass der Zyklus sich an einem bestimmten Tag zu wiederholen beginnt. Vielleicht hätte er sogar die Geistesschärfe, einen ungewöhnlichen Tag – etwa den längsten oder kürzesten Tag – zum Ausgangspunkt seiner Analyse zu wählen. Das würde bedeuten, dass Urg auch die Länge der Tage hätte im Auge behalten müssen, um feststellen zu können, welcher Tag der längste oder kürzeste war. Auf alle Fälle – und wir nehmen hier vieles an – könnte er gemerkt haben, dass die Markierung des Schattenrandes, die er jetzt auf dem Stein vornimmt, nicht mit der desselben Tages vor einem Jahr übereinstimmt. Allerdings müsste Urg hierzu das nötige Wissen besitzen, um einen Kreis in eine bestimmte Anzahl gleichmäßiger Abschnitte aufteilen zu können. Es ist nur schwer vorstellbar, dass Urg ganz allein die Konzepte eines Kreises, der Rotation der Erde auf einer leicht schiefen Achse sowie der Präzession relativ zur Ekliptik herausgefunden hätte. Nicht nur das, sondern er müsste alle diese Konzepte auch noch einsetzen, um Langzeitkalenderereignisse vorhersehen zu können. Heute wissen wir: Die segmentierte Maßeinheit von 360 Grad erlaubt es, die Umlaufbahn der Erde um die Sonne mittels einer mathematischen Formel darzustellen. Diese Formel erlaubt die Anwendung der Konstante p, um Volumen, Umfang und Fläche eines Kreises auszurechnen.

Könnte der Sternengucker Urg intelligent genug gewesen sein, um einen spezifischen Tag zum Vergleich der sich wiederholenden Zyklen auszuwählen? Hätte er 360 Grad als Standardmessung verwendet, dann hätte er festgestellt, dass die Differenz zwischen der ersten Markierung auf dem Stein und der desselben Tages nach der Vollendung eines kompletten Zyklus, nämlich 364,24 Tage – auf 365 aufgerundet – genau 1/72 (ein Zweiundsiebzigstel) des Umlaufs beträgt. Urg müsste dann extrapolieren, dass es 72 volle Zyklen dauert, um die Markierung auf dem Stein um einen Grad zu verschieben – gesetzt den Fall, dass er durch Glück den Kreis in Einteilungen von 360 Grad gegliedert hätte. Damit die Schattenmarkierung auf dem Stein einen ganzen Kreis umrundet und exakt die gleiche Position wie die ursprüngliche Markierung einnimmt, muss eine Zeitspanne von 72 mal 360 Grad oder 25.920 Jahren vergehen. Man braucht viele Muscheln oder Kieselsteine, um ein »Großes Jahr«, wie dieser Zeitraum genannt wird, darzustellen [20].

Diese Wissensstufe wäre nötig, um die wissenschaftliche Basis der Umlaufbahn der Erde um die Sonne zu verstehen. Warum sollte jemand so viel Zeit damit verbringen, die Bewegungen der Sonne am Horizont zu beobachten? Es müsste schon ein echter Nerd wie Urg sein – oder, was wahrscheinlicher ist, ein Tempelpriester. Dieser beobachtet den Himmel, um den Augenblick der angekündigten Veränderung festzustellen und dem nächsten Tierkreiszeichenherrscher davon zu berichten, damit er sich auf den Herrschaftswechsel vorbereiten kann. (Nebenbei bemerkt: Während ich heute, am 29. Juli 2013 an diesem Buch arbeite, bildet sich gerade die Große Sextilkonstellation, die den Davidstern am Himmel erscheinen lässt, zum dreizehnten Mal seit 1990. Diese Konstellation ist ein bedeutendes Kriegszeichen, und auf YouTube wird es sicher eine Menge Beiträge über dieses Ereignis geben, das erst in mehr als hundert Jahren zum nächsten Mal stattfinden wird. Ist es ein Zufall, dass Israel gerade an diesem Tag Damaskus erneut bombardierte, während die Welt mit angehaltenem Atem auf eine Antwort wartet? Die Situation in Syrien verspricht ein Krieg biblischen Ausmaßes zu werden, insbesondere, falls Damaskus zu einem

Trümmerhaufen wird, was in Jesaja 17:1 als Zeichen der Endzeit prophezeit wurde.)

Die Bauern haben schon immer den längsten Tag des Jahres als Markierungspunkt ihres Anbauzyklus genutzt, der ihnen je nach geografischer Lage den frühesten Zeitpunkt der Aussaat verriet, ohne dass sie bei der Ernte mit großen Frostschäden rechnen mussten. Die Frühjahrs-Tagundnachtgleiche wurde in der antiken Welt überall gefeiert. Dieses Ereignis wurde sogar in der Tempelarchitektur berücksichtigt, denn alle diese Stätten entstanden entlang einer Achse, die genau auf den Punkt am Horizont zulief, an dem die Sonne an diesem Tag aufgeht. Am Ende dieses Korridors lag ein Markerstein, den die Strahlen der aufgehenden Sonne dann, und nur dann, berührten. Um die erforderlichen Messungen korrekt vorzunehmen, musste der Architekt die Erdrotation berücksichtigen, die der Richtung der Umlaufbahn entgegenläuft.

Die Sonnenstrahlen würden sich also genau so über die Markierungen auf dem Markerstein bewegen wie bei dem ersten Markerstein unseres Urg. Eine ausgeklügelte Methode hierfür wäre es, einen Kreis von 360 Grad, der die Umlaufbahn repräsentiert, mit einem Satz von Einteilungen zu versehen, die man visuell am Nachthimmel nachvollziehen kann. Hierzu sind die zwölf Häuser des Tierkreises, die die Anunnaki den Sumerern beigebracht hatten, äußerst nützlich. Die Sterne wurden relativ zum Horizont in drei Gruppierungen eingeteilt: die südliche Hemisphäre, die nördliche Hemisphäre und die Mittelzone am irdischen Äquator. Interessanterweise wurden die drei Gruppierungen Enki, Enlil und Anu zugeordnet.

An diesem Punkt unseres Szenarios erscheint es unwahrscheinlich, dass Urg einfach den Nachthimmel betrachten und allein dadurch die Häuser des Tierkreises, die wir heute noch verwenden, zusammenstellen konnte. Die Anunnaki teilten den Sumerern aber nicht nur dieses Wissen mit, sondern verknüpften ihre eigenen Namen mit den Planeten, wie Tabelle 6 zeigt.

Anunnaki	Planetarische Zuordnung	Symbol
Anu	Uranus	♅
Enlil	Jupiter	♃
Enki	Neptun	♆
Ningischzida	Merkur	☿
Inanna	Venus	♀
Iskur-Adad	Mars	♂

Tab. 6: Die planetarische Zugehörigkeit der Anunnaki

Wir leben in interessanten Zeiten, was die Astronomie angeht. Pluto wurde kürzlich vom planetarischen Status zurückgestuft, und 2011 hat man dem Tierkreis offiziell das 13. Zeichen Ophiuchus hinzugefügt, den »Schlangenträger«. Laut Robert Brit, dem Leiter der Wissenschaftsjournalisten bei www.space.com, beschlossen die Astronomen am 24. August 2006 nach jahrelanger Debatte, Pluto aus der planetarischen Kategorie zu streichen und stattdessen als Zwergplaneten einzustufen. Geschah das etwa, um den Mayaprophezeiungen die Spitze zu nehmen? Der Grund dafür ist unklar.

Das verborgene Zeichen Ophiuchus wurde zwischen Schütze und Skorpion eingeordnet. Die Mayalegenden sagten voraus, dass der Zeitpunkt, an dem die Sonne im Zeichen des Ophiuchus aufginge, zeitlich mit der Passage des Sonnensystems durch das galaktische Zentrum übereinstimmen würde [66, 67].

Spätestens in den 1930er Jahren akzeptierten die Astronomen, dass das Zentrum der Galaxis in der Konstellation Schütze liegt. Frühe Nachforschungen über die Quelle von atmosphärischen Störungen bei transatlantischen Telefonaten führten zur Entdeckung einer Frequenz von 20,5 MHz, die von der Konstellation Schütze ausgeht, damals bereits von den Wissenschaftlern als galaktisches Zentrum anerkannt. 1971 legten Martin Rees und

Donald Lynden-Bell die Theorie eines Schwarzen Loches im Zentrum unserer Galaxis vor. Sie glaubten, dass ein Schwarzes Loch die gewaltige Menge Energie, die aus dem galaktischen Zentrum kommt, möglicherweise erklären könnte [109].

Nur drei Jahre später entdeckten Bruce Balick und Robert Brown eine entsprechend kompakte Quelle in der inneren Parallaxensekunde des galaktischen Kerns [109]. Eine Parallaxensekunde, auch Parsec genannt, ist eine Längenmaßeinheit, die etwa 3,26 Lichtjahren entspricht – das sind 30,86 Billionen Kilometer. Die beiden Wissenschaftler stellten fest, dass die Quelle dieses Energiestroms, nämlich der Stern Sagittarius A, mit dem dynamischen Zentrum der Galaxis übereinstimmte. Damit hatten die Wissenschaftler die ersten Hinweise auf ein massives Schwarzes Loch im Herzen unserer Galaxis entdeckt. Die Entfernung von unserer Sonne bis zum galaktischen Zentrum beträgt zwischen 25.000 und 28.000 Lichtjahre. Aufgrund des interstellaren Staubs kann man das galaktische Zentrum nicht innerhalb der sichtbaren Ultraviolett- oder Röntgenwellenlängen erforschen. Die aktuellen wissenschaftlichen Daten wurden mithilfe von Wellenlängen im Gamma-, Infrarot-, Submillimeterradio- und *harten* Röntgenbereich extrapoliert.

Die Milchstraße durchläuft etwa 30 Konstellationen. Ihr Band teilt den Nachthimmel in zwei etwa gleich große Hemisphären. Die galaktische Ebene ist relativ zur Erdumlaufbahn um ungefähr 60 Grad geneigt. Warum sollte uns das galaktische Zentrum überhaupt kümmern? Die Antwort ist ganz einfach: Beim Studium der Sonnensystemphysik hat die moderne Wissenschaft festgestellt, dass die radioaktive Strahlung innerhalb des galaktischen Zentrums viel höher ist als außerhalb dieser Ebene. Es wäre also von Vorteil, dem Zentrum der Galaxis nicht zu nahe zu kommen, es ist mit schädlicher Radioaktivität überflutet. Sonnensysteme, die sich nahe dem Zentrum befinden, sind erhöhten Konzentrationen von Gamma-, Röntgen- und kosmischen Strahlen ausgesetzt, und das würde jegliches

Leben, das sich vielleicht auf einem der Planeten zu entwickeln versuchte, auslöschen.

Radioaktive Strahlung wird in Mikrosievert (µSv) gemessen. Die durchschnittliche Strahlung, die uns im Laufe eines Tages trifft, liegt etwa bei 10 µSv. Ein Besuch beim Zahnarzt, der eine Röntgenaufnahme macht, bestrahlt einen mit 100 µSv, zehn Mal mehr als die normale Tagesdosis. In den Vereinigten Staaten beträgt die für Menschen maximal zulässige Dosis laut dem Arbeitsschutzgesetz 50.000 µSv. Ernsthafte radioaktive Verseuchung entsteht bei 2 Millionen µSv, und 6 bis 8 Millionen µSv sind tödlich. Die galaktische kosmische Strahlung oder GCR (*Galactic Cosmic Radiation*) der Milchstraße liegt zwischen einigen Zehnteln und gleich mehreren 10 GeV – ja, Giga-Elektronvolt. Dies übersteigt die tödliche Dosis für Menschen um ein Vielfaches.

Ein Artikel im Internet [118], den der Astronom Paul Kunkle für den Nachrichtensender NBC schrieb, erklärt, dass das Tierkreiszeichen, unter dem man geboren wurde, heute aufgrund der innerhalb der letzten 3.000 Jahre veränderten Ausrichtung der Erde ein anderes ist, als es das vor langer Zeit gewesen wäre. Außerdem sollte das 13. Zeichen Ophiuchus, angesiedelt zwischen Skorpion und Schütze, berücksichtigt werden.

»Dies ist kein Ereignis, das heute plötzlich auftritt, sondern es geschieht seit tausenden von Jahren«, erklärt Kunkle. »Aufgrund der Veränderungen der Neigungswinkel befinden sich die Erde und die Sonne relativ zueinander in völlig anderen Positionen als vor 3.000 Jahren.«

Die Konstellation Ophiuchus befindet sich nahe dem Himmelsäquator und wird normalerweise als ein Mann, der mit einer Schlange ringt, dargestellt. Ophiuchus bedeutet »Schlangenträger« auf Griechisch. Eine der verschiedenen Figuren in der griechischen Mythologie, für die Ophiuchus steht, ist Äskulap der Heiler. Die Schlange wird oft mit Ärzten assoziiert, was auf den Stab des Thoth zurückgeht, also wird Ophiuchus mit heilenden Symbolen in Zusammenhang gebracht. Die Römer verbanden

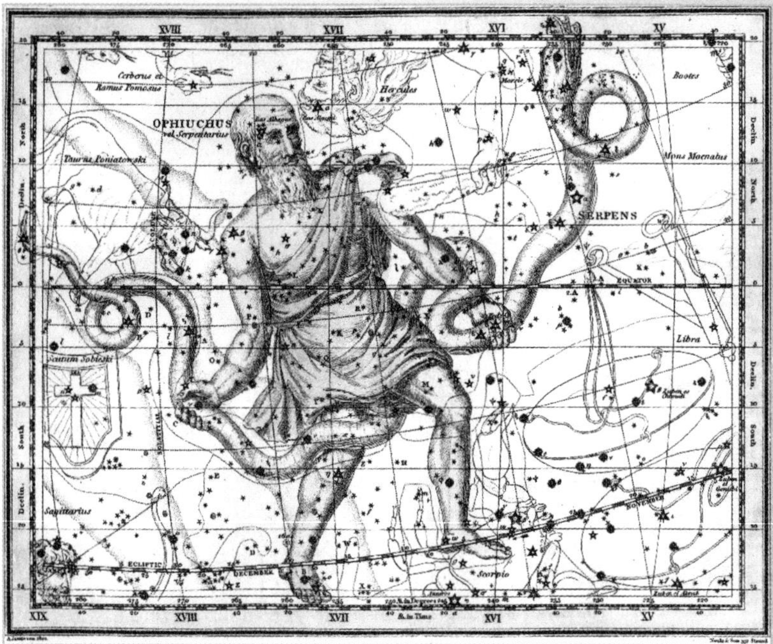

Abb. 16: Das verlorene Tierkreiszeichen Ophiuchus

die Konstellation ebenfalls mit Äskulap, der das Geheimnis der Unsterblichkeit erfuhr, als er eine Schlange beobachtete, die eine andere Schlange mit heilenden Kräutern behandelte. Daraufhin tötete Zeus den Äskulap mit einem Blitz, denn er wollte nicht, dass dieser unsterblich würde. Doch dann ehrte er die guten Taten Äskulaps, indem er ihm einen Platz am Himmel zuwies. Das klingt wie etwas, das Enlil tun würde.

Diese Geschichte hört sich genauso an wie die Erzählungen über den Gott des Zorns und der Rache, der in Mesopotamien wütete und das menschliche Bewusstseins unterdrückte, wie im Atrahasis erzählt wird.

Das Zeichen des Ophiuchus oder Schlangenträgers findet man auch in den siderischen Sternbildern der Hindu-Astrologen. Die astrologischen Kalenderdaten dieses Tierkreiszeichens beruhen auf einem beweglichen Zodiak, der sich inzwischen fast ein ganzes Zeichen von dem fixierten Zodiak mit seinen zwölf Zeichen, den wir heute noch benutzen, wegbewegt hat. Aus diesem Grund sollten heutige Astrologen die unten gezeigten Kalenderdaten benutzen, die das Zeichen des Schlangenträgers mit einschließen und die gegenwärtige Ausrichtung der Sonne, der Erde und der Sterne berücksichtigen.

Zeichen	Datum
Steinbock	20.01. – 16.02.
Wassermann	16.02. – 11.03.
Fische	11.03. – 18.04.
Widder	18.04. – 13.05.
Stier	13.05. – 21.06.
Zwillinge	21.06. – 20.07.
Krebs	20.07. – 10.08.
Löwe	10.08. – 16.09.
Jungfrau	16.09. – 30.10.
Waage	30.10. – 23.11.
Skorpion	23.11. – 29.11.
Schlangenträger	29.11. – 17.12.
Schütze	17.12. – 20.01.

Tab. 7: Berichtigter Tierkreis mit dreizehn Zeichen

Jedem Tierkreiszeichen ist ein Ausschnitt des Kreises von 360 Grad zugeteilt, und davon existieren verschiedene Modelle. Manche Modelle teilen die zwölf Zeichen in jeweils 30 Grad pro Zeichen ein. Andere weisen jedem Zeichen unterschiedlich große

Ausschnitte zu, je nach der jeweiligen Transitzeit des Zeichens. Nach dieser Methode haben nicht alle Tierkreiszeichen die gleiche Dauer [45]. Die Anunnaki verließen sich bei der Himmelsbeobachtung auf die akkuraten Zeitmessungen der Priester und der Tempelkalender, um das Fortschreiten der jeweiligen Tierkreiszeichen zu verfolgen. Tempel, die nach den Tagundnachtgleichen oder Sonnenwendpunkten am östlichen Horizont ausgerichtet waren, hatten oft speziell eingeteilte Beobachtungsbereiche – entweder mit 30 Grad pro Zeichen oder mit unterschiedlich großen Segmenten, beruhend auf den spezifischen Transitzeiten jedes Zeichens. Tempel, die die Azimutwinkel eines bestimmten astrologischen Hauses überschritten, wurden manchmal entlang einer neuen Achse neu orientiert. Solche teuren Versehen führten zu eher runden Entwürfen, wie zum Beispiel in Stonehenge. Diese Architektur war besser dazu geeignet, die Bewegungen der Azimutwinkel zu verfolgen.

Archäoastronomie ist eine neue Wissenschaft, die die jeweilige Bauausrichtung als Hinweis darauf berücksichtigt, in welchem astrologischen Haus die Sonne während einer bestimmten Zeitspanne aufging. Mit dieser Methode können Archäologen das Alter von Steinbauten, die sich nicht durch Radiokarbondatierung ermitteln lassen, bestimmen [115]. Leser, die dies mithilfe von Software selbst versuchen möchten, finden in Wikipedia einen guten Artikel zu diesem Thema.

Die Frage der Herrschaft war ganz wesentlich bei der Übertragung des Königtums von Nibiru auf die Erde. Die sumerische Königsliste gibt uns einen detaillierten, wenn auch etwas unglaubhaften Bericht, der mehr als 400.000 Jahre zurückreicht. Da die Anunnaki-Namen mit den in unserem Sonnensystem bekannten Planeten verbunden waren, stellt es keine große Überraschung dar, dass die jeweilige Übertragung der Herrschaft zu Spannungen führte. Ob man sich dabei einfach nach dem Wechsel des astrologischen Hauses richtete, oder ob auch noch andere Kriterien berücksichtigt wurden – jedenfalls steigerte die Gier nach Macht und hoher Stellung die Spannung im Anunnaki-Rat der Zwölf zu einer schwerterklirrenden Intensität. *Denken Sie nur an unseren gegenwärtigen Wechsel vom Zeitalter der Fische ins Zeitalter des Wassermanns!!!*

In seinem Buch *Die Kriege der Menschen und Götter* beschreibt Zecharia Sitchin ein Szenario, in dem Marduk 24 Jahre zu früh die Macht ergreift. Die Fähigkeit, das astrologische Haus, in dem die Sonne jeweils aufgeht, präzise auszurechnen, war für die Machthaber von entscheidender Bedeutung. Eigennamen mit den Planeten zu assoziieren war der ultimative Schachzug auf dem Spielbrett der Machtergreifung. Die folgende Tabelle zeigt die Planeten, ihre jeweilige Entfernung von der Sonne und die Dauer ihrer Umlaufzeit in Tagen. Die Information über Nibiru ist (noch) nicht erhältlich, obwohl die Umlaufzeit für diesen Planeten mit 3.600 Erdjahre festgestellt wurde; siehe Tabelle 8.

Planet	Entfernung von der Sonne (Millionen km)	Planetenmasse (x 10^22kg)	Umlaufbahn (Tage)
Merkur	58	33.00	88.0
Venus	108	487.00	224,7
Erde	150	598.00	365.2
Mars	228	64,20	687.0
Jupiter	778	190.000	4.332
Saturn	1.429	56.900	10760
Uranus	2871	8.690	30.700
Neptun	4.504	10.280	60.200
Pluto	5.913	1,49	90.600
Nibiru	5.913 + ??	???	1.314.720

Tab. 8: Tabelle der planetarischen Umlaufbahnen

Mehrere Autoren haben auf die Anwendung des Goldenen Schnitts in diversen Tempeln auf der ganzen Welt hingewiesen. Erinnern wir uns, dass die Bruchzahl 1,618 als Zahl des göttlichen Schöpfungsverhältnisses oder Φ (Phi) gilt. Sie stammt aus der Fibonacci-Folge, die das irdische Verhältnismuster zeigt und auch am Himmel zu erkennen ist:

$$1, 1, 2, 3, 5, 8, 13, 21, 34, 55 \ldots n = (n\text{-}1 + n\text{-}2)$$

Das Verhältnis Φ entsteht durch das Dividieren einer Zahl in der Folge durch ihren n-1 Vorgänger. Wenn man diese Berechnung oft genug wiederholt, wird relativ schnell offensichtlich, dass das Verhältnis sich immer mehr der Zahl 1,618 annähert:

$$\begin{aligned} 1/1 &= 1 \\ 2/1 &= 2 \\ 3/2 &= 1{,}50 \\ 5/3 &= 1{,}66 \\ 8/5 &= 1{,}60 \\ 13/8 &= 1{,}625 \\ 21/13 &= 1{,}615 \\ 34/21 &= 1{,}619 \\ 55/34 &= 1{,}618 \end{aligned}$$

Wie Sie sehen, läuft die Folge letztlich auf 1,618 hinaus. Sie oszilliert um Φ wie eine gedämpfte Sinuskurve, bevor sie endgültig in das angenommene Entwurfsverhältnis des Schöpfers einmündet. Interessanterweise besteht das gleiche Verhältnis zwischen der Venus und der Erde. Dividiert man die Sonnenumlaufzeit der Ede durch die der Venus, erhält man das gleiche Verhältnis Φ. Wie oben, so auch unten – es scheint tatsächlich so zu sein. Ist dieses Verhältnis zwischen der Erde und der Venus, das sich so in einer Vielzahl terrestrischer Pflanzen und Tiere einschließlich dem Menschen wiederfindet, ein vom Schöpfer des Sonnensystems absichtlich hinterlassenes Artefakt? Wenn nicht gar vom Schöpfer des gesamten Universums, den die Anunnaki erwähnten?

Thoth ist, wie wir wissen, niemand anderer als Ningischzida, der Sohn des Enki. Er schrieb die Smaragdtafeln, auf denen er beschreibt, wie er die Pyramide von Gise baute. Auf der ersten Tafel erzählt er:

Smaragdtafeln, Einführung [76]

Als Thoth, der Atlantide und Meister, das Volk von Khem (Ägypten) zu einer großen Zivilisation erhoben hatte und als die Zeit seines Aufbruchs kam, errichtete er die Große Pyramide über dem Eingang zu den Großen Hallen von Amenti. Er deponierte seine Aufzeichnungen in der Pyramide und wählte Wächter aus den Höchsten seines Volkes aus, um über seine Geheimnisse zu wachen.

In späteren Zeiten wurden die Nachkommen dieser Wächter zu den Tempelpriestern, und von ihnen wurde Thoth im Zeitalter der Dunkelheit, das nach seinem Aufbruch kam, zum Gott der Weisheit und zum Bewahrer erhoben. In der Legende wurden die Hallen von Amenti zur Unterwelt, den Hallen der Götter, wohin die Seele nach dem Tode ging, um gerichtet zu werden.

Modernen Forschungen nach wurden die Pyramiden von Gise im Zeitalter des Löwen erbaut, das von 10500 v. Chr. bis 8000 v. Chr. dauerte. Deshalb hat die Sphinx den Körper eines Löwen (Tierkreiszeichen Löwe) und das Gesicht ihres Erbauers Thoth, wie es in den Smaragdtafeln steht. Sitchins Aufzeichnungen enthalten die gleichen Informationen, die Thoth als Erbauer »eines Gebäudes, das wie ein Berg ist« bestätigt. Der Weltenbummler und Autor David Hatcher Childress veranstaltet regelmäßig Reisen nach Ägypten auf die Ebene von Gise und ebenso nach Südamerika zu einem ehemaligen Anunnaki-Minenkomplex. Näheres finden Sie auf www.davidhatcherchildress.com.

Ich muss hier allerdings kurz vom Thema abschweifen, um eine technische Erklärung einzufügen: Von 1982 bis 1989 diente ich als Chief Warrant Officer (Feldwebelleutnant) und Kampfhubschrauberpilot in der U.S. Army. In der Militärflugschule von Fort Rucker in Alabama wurde das Konzept der gyroskopischen Präzession gelehrt, die das Flugprinzip eines Drehflügelflugzeugs erklärt. Der Erhaltungssatz für den Drehimpuls besagt, dass ein Auslöseimpuls auf einen rotierenden Körper die zugeführte Kraft um 90 Grad in Drehrichtung verschiebt. Es ist interessant zu beobachten, dass die Taumelscheibe des Hubschraubers sich nach rechts neigt, entgegen der Drehrichtung des Rotors und gegen den Uhrzeigersinn, während der Steuerknüppel nach vorn gerichtet ist. Aufgrund dieses Phänomens fliegt der Hubschrauber geradeaus.

Stellen wir uns nun vor, wie sich die Erde dreht – genau wie ein Gyroskop aus einem beliebigen Spielzeugladen. Würde man den oberen Teil des Spielzeugs in zwei gleiche Hälften eines Kreises teilen und die eine schwarz und die andere rot färben, dann könnte man etwas Erstaunliches feststellen. Während die obere Hälfte in aufrechter Position rotiert, sehen die zwei Kreishälften aus, als seien sie bewegungslos, und man würde den schwarzen und den roten Halbkreis deutlich erkennen.

Jetzt wollen wir an dem Gyroskop wackeln, indem wir es leicht mit dem Finger antippen. Wenn Sie die farbigen Kreise von oben betrachten, wird es den Anschein haben, als drehten sich diese entgegen der Rotationsrichtung. Durch das Wackeln verrutscht die Vertikalachse. Das geschieht, weil der Reibungskoeffizient am oberen Teil des Gyroskops größer wird und auf die horizontale Stützoberfläche einwirkt. Während sich die Drehung des Gyroskops verlangsamt, wird das Wackeln ausgeprägter, denn der Drehimpuls nimmt ab.

Bei sich verändernden Umdrehungsgeschwindigkeiten wird das Spielzeug irgendwann hüpfen – und zwar entsprechend der

Stelle, an der der Finger zuerst das Gyroskop berührte. Das so herbeigeführte Wackeln könnte man sich als analoges Ereignis zu einer Begebenheit vorstellen, die auch der Erde widerfuhr, denn ihre Rotationsachse befindet sich relativ zur Sonnenekliptik in einem Winkel von 23,5 Grad. Wäre es möglich, dass die Quelle des »Wackelns« beziehungsweise des Axialschlags der Erde auf ein Ereignis hinweist, das mit dem Großen Jahr verknüpft ist? Falls das stimmt, müsste man daraus folgern, dass irgendeine Kraft, die auf die Erde einwirkte, so stark war, dass die Neigung des Planeten vom erwarteten Sonnenebenenwinkel abwich. Die Ursache für den Neigungswinkel der Erde, und vielleicht auch für ihren Axialschlag, könnte demnach ein Objekt im Weltraum gewesen sein – ein Komet, Asteroid, Planet oder Meteor. Außerdem wäre zu überlegen, ob die Kräfte im galaktischen Zentrum zum Teil für die zyklischen geologischen Störungen der Erde verantwortlich sein könnten, wie es die Maya nahelegten.

Unser Sonnensystem hat relativ zur Ebene des galaktischen Zentrums einen Neigungswinkel von 60 Grad. Würde unser gesamtes Sonnensystem das galaktische Zentrum der Milchstraße im Sternbild Ophiuchus passieren, was es den Maya zufolge auch tut, dann wäre es ungefähr alle 13.000 Jahre dem hochradioaktiven galaktischen Zentrum und einem intensiven Schwerkraftfeld ausgesetzt.

Lassen Sie einmal den Reifen eines Fahrrads kreiseln und achten Sie auf die Kräfte des Drehimpulses, wenn Sie die Achsenorientierung verändern. Wie beim Gyroskop werden diese Kräfte danach streben, Veränderungen auf der Rotationsebene entgegenzuwirken. Drehen Sie nun das kreiselnde Rad in einem 60-Grad-Winkel relativ zur Zimmerdecke, die für das Kraftfeld des galaktischen Zentrums steht. Die Schwerkraft innerhalb der Ebene ist wesentlich höher als außerhalb, was auch auf den Aufnahmen des Hubble-Teleskops, die eine rotierende, flache Geometrie zeigen, deutlich erkennbar ist. Was geschieht aber, wenn der rotierende Fahrradreifen die Zimmerdecke in einem 60-Grad-

Winkel berührt? Durch die bereits erörterte Kreiselbewegung des Gyroskops ergibt sich folgendes Szenario: Die Impulskraft der Zimmerdecke repräsentiert das Neigungsfeld des massiven Schwarzen Lochs und dessen Schwerkraftfluss. Dieses Feld wirkt der Drehrichtung im 90-Grad-Winkel entgegen, wodurch das Rad (die Erde) die Tendenz hätte, zu beschleunigen und sich um die eigene Achse zu drehen. Dies erklärt vielleicht die von Einstein 1953 unterstützte Theorie der jähen Erdkrustenverschiebung, die Charles Hapgood in einem Buch beschrieb.

Einstein erläuterte Hapgoods Theorie und erklärte, dass in der Polargegend eine kontinuierliche Eisablagerung stattfindet und dass das Eis nicht symmetrisch um den Pol verteilt ist. Die Erdrotation wirkt auf diese asymmetrisch verteilten Massen ein und erzeugt eine Zentrifugalbeschleunigung, die auf die starre Erdkruste übertragen wird. Die sich ständig steigernde Beschleunigung wird ab einem bestimmten Punkt bewirken, dass sich die Erdkruste selbst über den Rest des Erdkörpers bewegt ... [108]

Die Anunnaki vermittelten den Menschen wichtige Kenntnisse über die Himmelsmechanik. Planetarische Umlaufbahnen und die Interaktion der Himmelskörper untereinander bildeten die Basis des Enuma Elisch, ihrer Schöpfungserzählung. Henoch wurde von den Anunnaki emporgetragen, und sie lehrten ihn die genaue Funktionsweise des Kosmos [36]. Ihre fortgeschrittenen Kenntnisse über den beobachteten langen Axialschlag während der Erdbewegungen erlaubten es den Nibiru-Astronauten, das geniale System der astrologischen Häuser zu kreieren: einen Kreis, den sie in zwölf oder, wenn man das kürzlich hinzugefügte Zeichen Ophiuchus mitzählt, dreizehn Abschnitte einteilten. So schufen sie eine Methode, um die Amtsperioden und die Machtverteilung ihrer Elite festzusetzen.

Der Bau der Tempel richtete sich nach den Himmelsrichtungen aus, um die sich wiederholenden Zeitzyklen exakt bemessen zu können. Veränderten sich die astrologischen Zeitalter, bedeutete dies auch stets eine Neustrukturierung unter den Anunnaki-

Herrschern. Dazu musste man nur wissen, dass der Tierkreis alle 72 Jahre um ein Grad weiter glitt. Wenn jedes der ursprünglichen zwölf Häuser 30 Grad des Kreises einnahm, würde jedes Zeichen 72 Jahre x 30 beziehungsweise 2.160 Jahre lang herrschen. Es fanden also ungefähr alle 2.160 Jahre wesentliche Veränderungen in der Herrschaftsstruktur statt, was für die Menschen oft bedeutungsvolle Ereignisse und Kriege mit sich brachte [18].

11

Verfeindete Gruppen: Einst und heute

Aufgrund der Rivalitäten, die unter den Anunnaki-Göttern um die besetzten Länder entbrannten, besonders zwischen den Erzrivalen Enki und Enlil, setzte Anu einen Staatsbesuch fest, um den Konflikt beizulegen. Nach sumerischen Aufzeichnungen fand dieser im Jahr 3.600 v. Chr. statt, und zwar in der sumerischen Stadt Uruk, Gilgameschs Königssitz. Keilschriftberichte beschreiben diesen Staatsbesuch in allen Einzelheiten. Zu den praktischen Agenden der Reise gehörten die Separierung der Regionen, über die Anu laufend Berichte empfing, und die Aufteilung der Gebiete unter die Nachkommen.

Die vier Regionen, die in den Aufzeichnungen der Anunnaki genannt werden, waren die Sinai-Halbinsel, Mesopotamien, Ägypten und Südafrika sowie das Industal. Marduk blieb jedoch in seiner Stadt Babylon, dem Göttertor. Dies war eine eindeutige Verletzung der Abkommensbedingungen, denn Mesopotamien war Enlil unterstellt worden. Der Stein des Anstoßes für Marduk war anscheinend die Anordnung, dass Enkis Nachkommen in die afrikanischen Schutzgebiete umziehen sollten. Daraus ergaben sich Konflikte, die eskalierten und schließlich zu Kriegen führten. Überfälle im Territorium der brüderlichen Rivalen wurden im Atrahasisbericht, an den Sie sich sicher erinnern, von Noah als Beweggrund für seinen Abzug aus Schuruppak angegeben. Dort erwähnt er, dass er die Gunst Enlils nicht länger besaß und darum nach Afrika in Enkis Reich umziehen musste, um Konflikte zu vermeiden.

Marduk wird aktiv, um seinen Vater Enki zu rächen, und aufgrund der Zodiak-Zeitrechnung führt dies schließlich zum Krieg mit Ninurta. Was diesen Krieg auslöste, war die Widersprüchlichkeit des Sonnenkalenders gegenüber dem Sonne-Mond-Kalender, den Thoth am 11. August 3114 v. Chr. auf der Halbinsel Yucatán einführte. Dies ist nämlich das Anfangsdatum der langen Zeitrechnung der Maya. Thoth erschuf eine andere Zeitrechnung, in der er sowohl den Sonnen- als auch den Mondkalender verwendete. Das Ergebnis war ein exakterer Kalender, der die Verwirrung über die Daten der astrologischen Häuser vermied, und dies wiederum verhinderte Streitigkeiten zwischen den aktuellen und anstehenden Erben des von Nibiru etablierten Throns. Chichén Itzá, der Tempel des Mondes und der Sonne, ist ein Beispiel für die fortschrittlichen Zeitmessungsbauten auf der Halbinsel Yucatán, die Sitchin in seinem Buch *Versunkene Reiche* höchst eloquent beschreibt [19].

In der biblischen und liturgischen Glaubenslehre bezieht sich vieles auf das Abkommen, das Enlil mit Abram (dem er anschließend den Namen Abraham gab) schloss, um seinen Nachkommen das Land Israel zu geben. Rufen wir uns das 1. Buch Mose in Erinnerung:

Genesis 15:1-7 (Gottes Bund mit Abraham)

Nach diesen Ereignissen ging das Wort des Herrn in einer Vision an Abram: Fürchte dich nicht, Abram, ich bin dein Schild; dein Lohn wird sehr groß sein. Abram antwortete: Herr, mein Herr, was willst du mir schon geben? Ich gehe doch kinderlos dahin, und Erbe meines Hauses ist Eliëser aus Damaskus. Und Abram sagte: Du hast mir ja keine Nachkommen gegeben; also wird mich mein Haussklave beerben. Da erging das Wort des Herren an ihn: Nicht er wird dich beerben, sondern dein leiblicher Sohn wird dein Erbe sein. Er führte ihn hinaus und sprach: Sieh doch zum Himmel hinauf und zähl die Sterne, wenn du sie zählen kannst. Und er sprach zu ihm: So zahlreich werden deine Nachkommen sein. Abram glaubte dem Herrn, und der Herr rechnete es ihm als Gerechtigkeit an. Er sprach zu ihm: Ich bin der Herr, der dich aus Ur in Chaldäa herausgeführt hat, um dir dieses Land zu eigen zu geben.

Genesis 15:12-21 (Gottes Bund mit Abraham)

Bei Sonnenuntergang fiel auf Abram ein tiefer Schlaf; große, unheimliche Angst überfiel ihn. Gott sprach zu Abram: Du sollst wissen: Deine Nachkommen werden als Fremde in einem Land wohnen, das ihnen nicht gehört. Sie werden dort als Sklaven dienen, und man wird sie vierhundert Jahre lang hart behandeln. Aber auch über das Volk, dem sie als Sklaven dienen, werde ich Gericht halten, und nachher werden sie mit reicher Habe ausziehen. Du aber wirst in Frieden zu deinen Vätern heimgehen: In hohem Alter wirst du begraben werden. Erst die vierte Generation wird hierher zurückkehren: Denn noch hat die Schuld der Amoriter nicht ihr volles Maß erreicht.

Die Sonne war untergegangen und es war dunkel geworden. Auf einmal waren ein rauchender Ofen und eine lodernde Fackel da; sie fuhren zwischen jenen Fleischstücken hindurch. An diesem Tag schloss der Herr mit Abram folgenden Bund: Deinen Nachkommen gebe ich dieses Land vom Grenzbach Ägyptens bis zum großen Strom Euphrat, (das Land) der Keniter, der Kenasiter, der Kadomiter, der Hethiter, der Perisiter, der Rafäiter, der Amoriter, der Kanaaniter, der Girgaschiter, der Hiwiter und der Jebusiter.

Das Land, das Abraham bekommen sollte, war also bereits von mehreren unterschiedlichen Stämmen bevölkert, darunter die

Hethiter und die Kanaaniter. Das bedeutet, dass es einen kleinen Haken bei dieser Schenkung gab: Abraham und seinen Nachfahren wurde der Befehl erteilt, zu einer Völkermordmission in diese Region aufzubrechen und in allen dortigen Siedlungen sämtliche Bewohner zu ermorden, bis die ganze Gegend völlig menschenleer war. Wer um Himmels Willen würde sich auf ein solches Grundstücksgeschäft einlassen?

Enlil schloss also mit Abram ein Abkommen, sämtliche levantinische Völker in diesem Gebiet auszurotten - aber nicht er selber, sondern seine Nachkommen sollten die Drecksarbeit machen. Hier ging es schlichtweg um Genozid, und die Nachkommen Enkis waren die Opfer. In der kanonischen Bibel wird die Geschichte aus der Sicht Jakobs erzählt. Aber was hat es mit dem Standpunkt Ischmaels auf sich, den der Koran einnimmt? [115] Denn wenn Gott schon ein Kind geopfert werden soll - was an sich schon ein abscheulicher Akt ist -, warum dann nicht dasjenige, das nicht zum Erben vorgesehen war, nämlich Ischmael? Der Koran nennt als das Kind, das auf den Berg Moriah gebracht werden soll, ausdrücklich Ischmael und nicht Isaak, wie die Bibel erzählt.

Wie passt der Begriff »Gerechtigkeit«, der in Genesis 15:6 auf Abram angewendet wird, zu einem Gott, der ein solches Geschäft abschließt? Überdies erklärt er gleichzeitig, dass Abram das neue Land, von dem im Abkommen die Rede ist, niemals selbst betreten, sondern sich stattdessen zu seinen Vorfahren gesellen wird, wie in Vers 15 beschrieben: *Du aber wirst in Frieden zu deinen Vätern heimgehen.* Mit anderen Worten: Du selbst wirst von unserem Handel zwar nicht profitieren, aber deine Nachkommen werden dabei absahnen - wenn auch erst nach etlichen Kriegen, die dem Wunsch Enlils, alles Leben im levantinischen Gebiet auszulöschen, entstammten.

Dies ist nur eines von zahlreichen Beispielen für die Kriege zwischen den Brüdern und ihren Nachkommen. Die Menschen waren in den Territoriumsstreitigkeiten, die in dem Gebiet ständig aufflackerten, lediglich Schachfiguren. Die Kämpfe beschränkten sich keineswegs nur auf direkte Konflikte zwischen Enki und Enlil, sondern betrafen auch ihre Abkömmlinge. Enki und Marduk, beziehungsweise die ägyptischen Götter Ptah und Ra, griffen aktiv in die genetischen Kriege gegen Enlils Nachkommen ein.

Enki produzierte seine vielen Nachkommen gezielt in strategisch wichtigen Momenten der Menschheitsgeschichte. Im Paradiesmythos *Enki und Ninharsag* findet ein »ehelicher Besuch« statt, mit dem expliziten Ziel, einen legitimen Erben zu zeugen. Ninharsag war schließlich Enkis Halbschwester. In der Geschichte diskutieren die beiden ihre Bestrebungen, denjenigen Abschnitt der Sinai-Halbinsel, auf dem der aus Sippar dorthin verlegte Weltraumhafen lag (die Pyramide, die die Ägypter für Navigations- und andere Zwecke benutzten), zu kontrollieren. Enki zeugte mehrere Kinder, aber Ninharsag gebar ein Mädchen, das von vornherein als Herrscher ausschied. Enki versuchte es weiter und zeugte schließlich acht Kinder – sechs weibliche und zwei männliche. Jedem Abkömmling wurde eine strategische, politische Rolle zugeteilt, um – teils subtil, teils weniger subtil – Enlils Autorität zu untergraben. Wer die Raumfahrteinrichtungen beherrschte, kontrollierte auch die Raumfahrzeuge und die Kommunikationsanlage. Schließlich waren sie die einzige Verbindung zwischen den Anunnaki und ihrem Heimatplaneten, über die lebensnotwendige Ressourcen ausgetauscht wurden.

Erinnern wir uns an die ägyptische Geschichte von Isis, Osiris und Horus. Seth verließ Oberägypten (den Süden) und ging in das begehrte Unterägypten (den Norden), das Horus unterstand. Seth eliminierte Horus durch einen üblen Trick mit einem Sarg. Es schien, als sei er ungestraft mit diesem Mord davongekommen – bis Ninharsag (Isis) den toten Gott aus seinem eigenen Phallus genetisch wiederherstellte. (Sperma oder DNS?) Seths scheinbar gelungener Schlag ging nach hinten los, als sich Horus 363 v. Chr. an Seth rächte und einen Krieg begann, den man später als ersten Pyramidenkrieg bezeichnete. Laut Sitchin war dies der erste Krieg, in dem die Götter Menschen als entbehrliche Schachfiguren benutzten [18, S. 155].

Horus rekrutierte andere Götter aus Afrika, um Seths Überfällen zu begegnen. Mithilfe der von Thoth angefertigten geflügelten Scheibe reiste Horus nordwärts, zur Ebene von Gise. Laut der Aufzeichnungen fand nahe einer Seenkette, die die Sinai-Halbinsel und Ägypten voneinander trennte, ein wichtiger Kampf statt. Es gab ein großes Gemetzel und die Streitkräfte Seths erlitten schwere Verluste. Der Krieg verschärfte sich immer mehr, bis Seth und Horus schließlich persönlich gegeneinander antraten. Sie benutzten diverse Tunnel als Schutz und Versteck und fochten Luftkämpfe über der Sinai-Halbinsel aus. Horus triumphierte und der Rat der Anunnaki erkannte seinen Sieg an, indem er ihm die Herrschaft über Ägypten verlieh. Laut Sitchin wurde Seth aus dem Gebiet verbannt und lebte danach angeblich auf einer ostasiatischen Insel im Exil.

Die Konflikte zwischen den »Enlilitern« und den »Enkitern« dauerten jedoch an. Dabei ging es hauptsächlich um die Kontrolle des Raumfahrtzentrums in Gise, des Raumflughafens in Sinai und der Weltraummissionstation in Jerusalem.

Enlil ersetzte Enki in Mesopotamien und erhielt den Titel des obersten Kommandanten, zu dem Anu ihn 3760 v. Chr. während seines väterlichen Vermittlungsbesuches ernannt hatte. Damit wurden die Juden, die Nachkommen Jakobs, aufgrund ihrer geografischen Position zu den Wächtern des »Portals« ernannt, das unterhalb des Tempelberges in Jerusalem gebaut worden war. Dieses Portal war ausschließlich für den Gebrauch hochrangiger Anunnaki VIPs wie Anu bestimmt, die von Nibiru aus die Erde besuchten. Darin bestand der nach der Sintflut geschlossene Bund zwischen Himmel und Erde. Anu besuchte die Erde mithilfe dieses Portals, und diverse Missionen nach Nibiru wurden von der Weltraummissionstation in Jerusalem gestartet [53].

Laut Koran wurde Mohammed von Mekka nach Jerusalem versetzt und stieg von dort in den Himmel auf [115]. Nach der bescheidenen Meinung des Autors ist das Portal auf dem Berg Moriah – ähnlich dem, das in Uruk entdeckt wurde – der eigentliche Grund für die Weltbesessenheit mit Jerusalem. Das verlorene Buch Henoch berichtet, dass die Wächter am Ende der Tage bestraft werden sollen [36, S. 122]. Diese Gefangenen, die bis dahin im »Todestrakt« sitzen, würden sich sicherlich einen Ausweg wünschen, wenn es denn einen gäbe. Der einzige Weg, um von dem Planeten zu fliehen, wäre entweder mithilfe eines Raumschiffs (Schem genannt) oder durch das für VIPs reservierte Portal. Da man den verurteilten Rebellen höchstwahrscheinlich den Zugang zu jedem Flugkörper, der ihnen zur Flucht verhelfen könnte, verwehren würde, war das Portal vermutlich die einzige noch auf Erden vorhandene Weltraumanlage der Anunnaki, die Himmel und Erde miteinander verband. Insofern wäre es äußerst wichtig, den Zugang zu diesem Portal, falls es noch funktionsfähig ist, zu schützen. Dies beweisen die Machenschaften und Allianzen zwischen den Vereinigten Staaten und Israel gegenüber denjenigen, die sie als ihre Feinde betrachten.

Welche Einflüsse bewegen die Staatschefs solch mächtiger Nationen? Wenn wir die Symbole betrachten, die diese modernen Äquivalente der Könige für ihre Königreiche wählen, dann gibt uns eins dieser Symbole den stärksten Impuls, seinem uralten Ursprung nachzugehen: *das Allsehende Auge und die Pyramide ohne Spitze.* Jeder kennt dieses Symbol als Designelement der weltweiten Standardwährung, nämlich des US-Dollars. Könnte es sein, dass die Macht hinter Geheimgesellschaften wie den Freimaurern oder deren Unterwanderern, den Illuminaten – wie Lawrence Gardner in seinem wichtigen Buch *Das Geheimnis der Gralskönige* dokumentierte –, damit ihre Absicht erklärte, eine *Novus Ordo Seclorum*, eine Neue Weltordnung, zu schaffen? Die erste Phrase dieses Mottos, *Annuit Coeptis,* ebenfalls aus dem Lateinischen, ist weniger bekannt. Laut Wikipedia ist diese Phrase aus dem lateinischen *annuo* (= zustimmen, in der dritten Person Perfekt *annuit*) und *Coeptum* (Unternehmung) zusammengesetzt. Die allgemein akzeptierte Übersetzung lautet daher: »Er stimmte den Unternehmungen zu.« Es gibt Hinweise darauf, dass »Er«, der der Neuen Weltordnung zustimmt, Gott ist – obwohl die Münzanstalt der USA eine direkte Bezeichnung für »Gott« auf der Rückseite des Dollars ausgeklammert hat. Siehe Abbildung 17 unten.

Abb. 17: Die Währung der weltweiten Supermacht

Abb. 18: Das Allsehende Auge des Großen Tempels

Im Beschluss von 1782, durch den das Siegel amtlich wurde, wird das Bild wie folgt beschrieben: »*Eine unvollendete Pyramide. Auf dem Scheitelpunkt ein Auge in einem Dreieck, umgeben von einem Glorienschein, angemessen.*« Die Pyramide wird üblicherweise mit dreizehn Ebenen dargestellt, die die 13 ursprünglichen amerikanischen Bundesstaaten symbolisieren. Der Beschluss bestimmte, dass die römischen Ziffern MDCCLXXVI (1776, das Gründungsjahr der Nation) in die Basis eingearbeitet werden sollten. Dort, wo die Spitze der Pyramide wäre, befindet sich das Auge der Vorsehung.

Das Auge der Vorsehung (oder das Allsehende Auge Gottes) wird symbolisch von einem Glorienschein oder von Lichtstrahlen umgeben und ist in ein Dreieck eingefasst. Es wird manchmal auch als Auge Gottes, das über die Menschheit wacht, gedeutet. Das Bild eines Allsehenden Auges lässt sich bis in die ägyptische Mythologie zurückverfolgen – als Auge des Horus – und ist heute mit den Freimaurern verknüpft, wie die Architektur des »Großen Tempels« in Washington D.C. beweist, des Tempels des Schottischen Ritus' für den 33. Grad, den Initiationsritus für den Souveränen General-Großinspekteur.

Man beachte das Dreieck mit den aus der Mitte austretenden Lichtstrahlen. Als ich 2009 Washington D.C. besuchte, um in der Nationalbibliothek der Vereinigten Staaten für dieses Buch zu recherchieren, wurde eine Privatbesichtung des dortigen Tempels des Schottischen Ritus für mich organisiert. Bei dieser Besichtigung wurden meine Hypothesen über die Sumerer, deren Recherchen ich bis dahin als Hobby betrieben hatte, für mich zu einem ernsthaften und großen Thema. Schlagartig wurde mir nämlich bewusst, dass die Freimaurer bei der Gründung von Washington D.C. eine Schlüsselrolle gespielt hatten und dass hier, im neuen Atlantis, ihre Pläne für die *Novus Ordo Seclorum* auf der Währung der Nation verewigt wurden, damit kein Zweifel an der Identität der verborgenen, aber allmächtigen Architekten und Vertreter der Neuen Weltordnung besteht [65].

Henoch beschreibt seine Reise nach Nibiru, aber es ist unklar, wo genau er die Reise antrat. In den Ritualen der Freimaurer ist Henoch eine zentrale Figur. Er lebte 365 Jahre (symbolisch für die Tage eines Jahres?), und dann »war er nicht mehr da«, weil er »zu Gott ging«.

Genesis 5:21-24 (Einheitsübersetzung)

Henoch war fünfundsechzig Jahre alt, da zeugte er Methuschelach. Nach der Geburt Methuschelachs ging Henoch seinen Weg mit Gott noch dreihundert Jahre lang und zeugte Söhne und Töchter. Die gesamte Lebenszeit Henochs betrug dreihundertfünfundsechzig Jahre. Henoch war seinen Weg mit Gott gegangen, dann war er nicht mehr da, denn Gott hatte ihn aufgenommen.

Das verlorene Buch Henoch erzählt, dass Henoch zwischen den höherrangigen Anunnaki-Ratsmitgliedern und Azazael, dem Igigi-Kommandanten, der die 200 Rebellen dazu anstiftete, sich menschliche Frauen zu nehmen, eine Vermittlerrolle spielte. Das im Buch Henoch erwähnte Ende der Tage impliziert, dass die Igigi, die das galaktische Gesetz gebrochen hatten, wussten, dass es vor der Strafe, zu der sie verurteilt worden waren, kein Entrinnen gab. In der *Endzeit* würden sie ein Portal suchen, wie es einst in Uruk eines gab und wahrscheinlich heute noch unterhalb des Tempelbergs in Jerusalem existiert, um vom Planeten Erde zu entkommen und ins Exil zu fliehen.

Wenn der Tag des Jüngsten Gerichts näherrückt, werden diese verurteilten außerirdischen Astronauten, die ihre genetische Saat rebellisch unter den Menschheit ausgesät haben, alles versuchen, um sich Zugang zum Portal in Jerusalem zu verschaffen. In ihren Bemühungen, ihrer Strafe zu entkommen, werden sie Menschen als entbehrliches Kanonenfutter einsetzen.

Bedenkt man die Umstände und die Blutfehde, waren es höchstwahrscheinlich Enlil und sein Sohn Ninurta, die den Turm von Babylon zerstörten. Der Turm war zweifellos eine Abschussbasis für Raumschiffe, und seine Zerstörung diente dazu, Marduk, den Hauptgott Babylons und Sohn Enkis, dazu zu zwingen, den Raumflughafen im Sinai zu benutzen. Das Sinai-Gebiet lag in Ninharsags Domäne, obwohl Enlil damit verfuhr, als sei es sein eigen. Darum beschloss Enlil, Marduks offenen Coupversuch zu vereiteln. Er wusste, dass Marduk die Autorität und Macht der Enliliter an sich gerissen hätte, wenn er selbst eine Raumfahrteinrichtung besessen und dadurch nach Belieben zwischen Himmel und Erde hätte kommen und gehen können, ohne von Enlil kontrolliert zu werden.

Marduk wurde von seinem Vater Enki »der des reinen Hügels« genannt. Er selbst fügte »Marduk der Rächer« hinzu, was vermuten lässt, dass er im Zusammenhang mit den nicht anerkannten Geburtsrechten für seinen Vater Rache üben wollte. Diese Probleme hatten offensichtlich schon auf dem Heimatplaneten Nibiru begonnen [18]. Dieses epische, erbrechtliche Missverständnis zwischen den Halbbrüdern spielte sich über lange Zeiträume hinweg ab, denn obwohl die Anunnaki-Götter nicht unsterblich waren, besaßen sie die Fähigkeit, die Zeit zu kontrollieren, und lebten unglaublich lange.

In den Vereinigten Staaten kennt jedes Kind die Geschichte einer langen und blutigen Familienfehde zwischen den Hatfields und den McCoys. Diese Fehde dauerte von 1861 bis 1893 und forderte in beiden Familien viele Tote. Wenn wir nun zu dieser Fehde hunderte – wenn nicht gar Millionen – Jahre evolutionärer und technischer Fortschritte hinzufügen, bis hin zu Atomwaffen und genetischer Manipulation, dann erhalten wir ein deutlicheres Bild der historischen Zusammenhänge. Dieses »schlechte Benehmen« der Außerirdischen sollte uns Menschen bekannt vorkommen, denn schließlich tragen wir alle ihr genetisches »Muttermal«, und offensichtlich auch ihre kriegerischen

Neigungen in uns, was ein Blick auf den Zustand der heutigen Welt bestätigt. Die Nationen befinden sich im Kriegschaos, und der Durchschnittsmensch fragt sich, ob wir in der *Endzeit* leben. Israel ist von feindlichen Bedrohungen umgeben, und apokalyptische Feldzüge schreiten fort.

Marduk, der die Stadt Babylon zu seinem Tempelhauptquartier erkoren hatte, lebte in einem Gebiet, das offiziell ursprünglich seinem Vater unterstanden hatte, inzwischen aber Enlil übertragen worden war. Als Kommandeur konzentrierte dieser seine Interessen auf Ur, Sippar, Nippur und die umliegenden Gebiete. Marduk wollte die Herrschaft über den Raumhafen in Sippar an sich reißen und zog schließlich wegen dieses taktisch wichtigen Ortes gegen die Enliliter in den Krieg. In dessen Verlauf beschaffte sich Ninurta schließlich eine verbotene Atomwaffe, die in einer Höhle versteckt gewesen war, und setzte sie ein, um den Raumhafen zu vernichten, als er ihn nicht länger gegen Marduks Angriffe verteidigen konnte.

Interessanterweise war Abraham, was die meisten nicht wissen, ein gewiefter General unter Enlils Oberbefehl. Man sandte ihn nach Ägypten, wahrscheinlich, um Enkis Truppen, die im Nildelta gelandet waren, auszuspionieren. Enki und seine Nachkommen zeichneten für den Bau der großen Pyramiden verantwortlich, die als Navigationshilfe, zur Energieerzeugung und zur Kommunikation benutzt wurden. Außerdem trat Abraham bei Haran gegen Marduks Streitkräfte an – in der Nähe jener Stadt, die nach Abrams Bruder genannt worden war, der ebenfalls aus der sumerischen Ur stammte.

Im abschließenden Kapitel werden sich Zeus und Apoll, das Vater-Sohn-Duo, als die großen Zerstörer durchsetzen. Wen werden sie diesmal als Kanonenfutter benutzen? Wir erleben momentan den Wechsel der astrologischen Zeitalter zum Wassermann und dürfen nicht vergessen, dass Enki/Poseidon der Herr des Wassers ist: Der Titel, den ihm sein Vater Anu verliehen hatte, lautete »Herr der Gewässer«. Der steigende Tidenhub, der Atlantis während des letzten Erdzeitalterwechsels überflutete, wird nun vielleicht bald wieder sinken. Laut einiger herausragender Forscher ist als Hauptquartier der Neuen Weltordnung (NWO) das neue Atlantis vorgesehen [113].

12

Zeus, Apoll und das neue Atlantis

Bevor sie die Stadt Atlantis bauten, benutzten Enki und die anderen Mitglieder des Anunnaki-Rates, in dem über das Schicksal der Menschheit entschieden wurde, die Stadt Baalbek im Libanon als Raumflughafen. Dort ersuchte der berühmte König Gilgamesch auf seiner Suche nach Unsterblichkeit um eine Zusammenkunft mit den Göttern, und dort begegnete er dem Stier des Himmels, den er und Enkidu, die genetische Chimäre, gemeinsam töteten. Symbolisch gesehen ist dies der Ort, an dem der Anunnaki-Rat der Zwölf zum griechischen Pantheon wurde.

Aufgrund eines groß angelegten Atomangriffs auf die Sinai-Halbinsel um 1600 v. Chr. verließen die Anunnaki das sumerische Gebiet, um dem »bösen Wind«, wie der radioaktive Fallout in den Aufzeichnungen genannt wurde, zu entgehen. Der Anunnaki-Rat der Zwölf wurde in Baalbek effektiv zum griechischen Pantheon, denn von hier aus wandten sich die Ratsmitglieder westwärts zur griechischen Halbinsel, um besagtem Fallout von Ninurtas atomarem Angriff auf den Sinai-Weltraumhafen auszuweichen [18].

Wie in vorangegangenen Kapiteln bereits berichtet, gründete Poseidon die Inselnation Atlantis und zeugte dort Nachkommen, die schließlich in Griechenland landeten. Sowohl Poseidon als auch Zeus besaßen Tempel in Athen. Wie man weiß, wurde das griechische Pantheon als offizielle Staatsreligion des alten Rom anerkannt, bis Konstantin beschloss, die wachsende Zahl der Anhänger Jesu zu einer Art »heidnischem Konglomerat« zu vereinigen, indem er die Geburt Jesu mit der Feier der Saturnalien am 23. Dezember kombinierte – wodurch wir heute Weihnachten am 24. und 25. Dezember feiern.

Die Saturnalien waren ein uraltes römisches Fest zu Ehren des Gottes Saturn (sein griechisches Äquivalent ist Kronos), das ursprünglich am 17. Dezember des julianischen Kalenders gefeiert wurde. Später wurden die Festivitäten bis zum 23. Dezember ausgedehnt. Das Fest wurde mit einem Opfer im Saturntempel auf dem Forum Romanum und einem öffentlichen Festmahl begangen. Hinzu kamen der Austausch von Geschenken, ausgedehnte Privatfeiern und eine allgemeine Jahrmarktatmosphäre, die die gesellschaftlichen Normen Roms auf den Kopf stellten. Glücksspiele waren erlaubt, und die Herren bedienten ihre Sklaven bei Tisch. Die Außerirdischen hätten Las Vegas geliebt!

Nachdem uns nun klar geworden ist, dass die sumerischen Götter identisch mit jenen Göttern waren, die das mythologische griechische Pantheon bevölkerten, können wir Tabelle 9 erstellen. Diese Göttertabelle umfasst diverse Gottesnamen mehrerer Kulturen und zeigt, dass die Symbole und Attribute trotz der bewusster Namensänderungen zur Verschleierung der jeweiligen Identität dieselben blieben. Rob Solarian [38] hat mehrere Göttertabellen erstellt, die auch noch andere Kulturen umspannen. Man beachte, dass es manchmal ziemlich schwierig ist, die Namen exakt zu identifizieren, weil der Brauch, Identitäten hinter diversen Decknamen zu verbergen, so weit verbreitet war.

Obwohl Tabelle 9 noch nicht komplett ist, hilft sie bereits bei der Einordnung einiger sumerischer Götternamen in die ägyptische, römische und griechische Mythologie. Schließlich spielen diese Mythologien für die Ursprünge der westlichen Zivilisation eine wichtige Rolle, was sogar in amerikanischen Schulen gelehrt wird. Diese zwischenkulturelle Verknüpfung etabliert die Anunnaki als die wahren Mächte hinter dem Aufstieg der großen Weltzivilisationen wie Mesopotamien, Ägypten und Griechenland,

Rang	Nibiru	Sumer	Ägypten	Griechenland	Rom
60	Anu	Anschar	Geb	Kronos	Saturn
55	Antu	Nintu	Nut	Rhea	Ops
50	Enlil	Jahwe	Jehova	Zeus	Jupiter
45	Ninlil	Nammu	Ma'at	Maia	Majesta
40	Enki	Ea/Adonai	Ptah	Poseidon	Neptun
35	Ninki	Damkina			
30	Nannar	Alla, Sin			Mond
25	Ningal				
20	Utu	Schamasch			Sonne
15	Inanna	Ischtar	Hathor	Aphrodite	Venus
10	Iskur	Adad			
05	Ninharsag	Ninmah	Isis	Hera	Juno
	Ningischzida	Ningischzida	Thoth-Jesus	Hermes	Merkur
	Ninurta	Ningirsu	Abaddon	Apollyon	Apollo

Tab. 9: Die Göttertabelle

um nur einige zu erwähnen. Sie waren auch die Macht hinter den Thronen, die den Herrschern die Autorität über das jeweilige Königreich oder Imperium verlieh.

Der Evangelist Johannes bezeichnet in seinem Brief an die Kirche in Pergamon diese Stadt als Sitz des biblischen Satans.

Offenbarung 2:12-13 (Einheitsübersetzung)

An den Engel der Gemeinde in Pergamon schreibe: So spricht Er, der das scharfe, zweischneidige Schwert trägt:

Ich weiß, wo du wohnst; es ist dort, wo der Thron des Satans steht. Und doch hältst du an meinem Namen fest und hast den Glauben an mich nicht verleugnet, auch nicht in den Tagen, als Antipas, mein treuer Zeuge, bei euch getötet wurde, dort, wo der Satan wohnt.

Somit scheint es, dass wir auch Angra Mainyu in seiner Rolle als Feind Ahura Mazdas von Persien bis nach Griechenland verfolgen können, wo er laut der biblischen Autoren in Pergamon als Satan auf dem Thron saß. Der Altar in Pergamon befand sich in einem massiven Tempel, der ursprünglich im zweiten Jahrhundert vor Christus gebaut wurde, als die Stadt Pergamon noch zum antiken griechischen Reich gehörte. Dieser Tempel war dem griechischen Gott Zeus gewidmet.

Im 19. Jahrhundert wurde der Pergamonaltar von einem deutschen Archäologenteam unter der Leitung des Ingenieurs Carl Humann zerlegt, von seiner ursprünglichen archäologischen Ausgrabungsstätte im damaligen Ottomanenreich entfernt und nach Deutschland transportiert, wo er im Pergamonmuseum in Berlin wieder aufgebaut wurde. Der Altar kann dort neben anderen monumentalen Bauten, wie dem Ischtar-Tor aus Babylon, besichtigt werden.

Ein Modell dieses Altars wurde 2008 für den Parteitag der amerikanischen Demokraten unter Barack Obama für die Bühne des Mile High Stadium in Denver, Colorado, entworfen. Wollte Obama durch die Wahl dieses Rahmens seine Verbindung mit Zeus andeuten? Wollte er damit demonstrieren, dass er zum Präsidenten der Vereinigten Staaten und somit zum Verwalter von Informationen der höchsten Geheimhaltungsstufe wurde, um

Abb. 19: Thron Satans, Altar des Zeus

sich der Realität der Anunnaki-Präsenz auf der Erde und den sich daraus ergebenden politischen Konsequenzen zu stellen? Würde Obama, als Präsident der mächtigsten Nation auf dem Planeten, als Marionette des Enlil dienen?

Offenbarung 9:11 (Einheitsübersetzung)

Sie haben als König über sich den Engel des Abgrunds; er heißt auf Hebräisch Abaddon, auf Griechisch Apollyon (Zerstörer).

Tom Horn, der Autor des Buches *Apollyon Rising 2012* [113], schreibt, dass das Vater-Sohn-Duo Zeus und Apoll sich zum Herrscher der Neuen Weltordnung aufschwingen und dies erreichen will, indem der eine die Rolle des Papstes der römisch-katholischen Kirche und der andere die des US-Präsidenten spielt. Außerdem könnte Apoll laut Offenbarung 9:11 am bevorstehenden Tag des Jüngsten Gerichts, von dem im verlorenen Buch Henoch die Rede ist, vielleicht als Anführer der Igigi in den Abgrund geworfen werden.

Die obige Prophezeiung aus der Offenbarung bildete die Grundlage für die Behauptung, dass Apoll sich in der Zeit, in der die Neue Weltordnung etabliert würde, im Aufstieg befände. Wie Tom Horn schrieb, würde er zusammen mit seinem Vater Zeus (Satan) in einem Christus völlig entgegengesetzten Geist Chaos und Zerstörung verbreiten. Zeus würde dabei die christlich-apokalyptische Rolle des falschen Propheten spielen. Tom schreibt, dass Zeus durch die katholische Kirche zum Papst ernannt werden und Apoll die Zügel der stärksten Armee der Erde, nämlich die der Vereinigten Staaten, ergreifen würde.

Es bleibt abzuwarten, ob Tom Horn Recht damit hatte, die Anunnaki-Elite mit denjenigen zu identifizieren, die die Neue Weltordnung einleiten. Die mit den einflussreichsten globalen Strippenziehern assoziierten Symbole, zeitgleich mit der heute fast wörtlich stattfindenden Erfüllung der Prophezeiung über Israel, erwecken den Anschein, dass die Anunnaki heute wirklich wie versprochen zurückkehren.

Dies wird ungeahnte Konsequenzen für die Menschheit nach sich ziehen. Wenn Zeus seinen Willen durchsetzt, können wir eine massive Reduktion der Weltbevölkerung erwarten. Denken Sie nur an die schöpferischen und zerstörerischen Kräfte Enkis und Enlils. Aus Anus Blickwinkel sind beide vonnöten. Das ist schwierig zu begreifen, aber Schöpfung und Zerstörung müssen im Gleichgewicht bleiben, um Stabilität zu gewährleisten. Dies als tatsächliche Kooperation zwischen den beiden Halbbrüdern zu sehen, ist also vergleichbar mit einem von Gott und dem Teufel gespielten Brettspiel, bei dem es um die Kontrolle der Menschheit geht. Die epische Schlacht zwischen Dunkel und Licht, Gut und Böse.

Könnte Apoll jener *Engel im Wirbelsturm* sein, auf den sich der ehemalige US-Präsident George W. Bush in seiner Antrittsrede bezog, die er als Auftakt zur Entfesselung der destruktiven Kräfte im Golfkrieg hielt? Diese Kräfte bewirkten auch die Krise in Nahost, die Aufstände und die Umstürze, die man im *Arabischen Frühling* gesehen hat.

Nun, in der Wartezeit zwischen dem Tag, an dem die Regierungen der Welt endlich die Anwesenheit der außerirdischen Anunnaki auf Erden zugeben, und der Eskalation zum Dritten Weltkrieg, steckt die Menschheit zwischen ihrem von den nibiruanischen Göttern erklärten Schicksal und der illusorischen Erlaubnis, nach Leben, Freiheit und Glück zu streben, fest – eine Erlaubnis, die in der amerikanischen Verfassung jedem Individuum gewährt wird. Und dabei entsteht vor unseren Augen das neue Atlantis.

Paul Hellyer, der ehemalige Verteidigungsminister von Kanada, sprach im Mai 2013 vor dem amerikanischen Kongress über die außerirdischen Astronauten, von denen er während seiner Amtszeit konkret Kenntnis erhielt. Diese Rede ist auf YouTube öffentlich gemacht worden: www.youtube.com/watch?v=Lu5V8gqFQ1c. Eine Fassung mit deutscher Übersetzung findet sich unter www.youtube.com/watch?v=SVtk1f935t0.

Hellyer liest in der Rede auch aus seinem Buch *Light at the End of the Tunnel: A Survival Plan for the Human Species* (Licht am Ende des Tunnels: ein Überlebensplan für die menschliche Spezies). Darin benennt er an die zwanzig verschiedene Spezies von Außerirdischen, die teilweise seit Jahrtausenden hier sind und unter anderem von Zeta Reticuli, den Plejaden, Orion, der Andromedagalaxis und dem Altair-Sternsystem stammen. So weit ich weiß, erwähnt er allerdings weder Nibiru noch die Anunnaki.

Insbesondere spricht Hellyer von Außerirdischen auf einem bewachten Stützpunkt der US-Luftwaffe in der Nähe von Indian Springs, Nevada. Er erwähnt zwei »Tall Whites« (hochgewachsene Weiße), die mit der US-Regierung zusammenarbeiten. Diese beiden Wesen sind höchstwahrscheinlich Zeus und Apoll, wie sowohl Tom Horn als auch die biblische Offenbarung mit der Aussage, Apollyon sei der Dämonführer, prophezeiten.

Paul Hellyer verbrachte 23 Jahre seines Lebens als Mitglied der kanadischen Regierung und beendete seine politische Laufbahn als Verteidigungsminister. Er behauptet in seinem Buch, dass es im Universum vor intelligenten Lebensformen wimmelt, von denen manche viel weiter fortgeschritten sind als wir, dass sie seit den Anfängen der schriftlich erfassten Zeit mit uns interagiert haben und dass sie immer noch das Weltgeschehen beeinflussen.

In der christlichen Tradition halten die Gläubigen an der Hoffnung fest, dass Jesus der Messias wiederkehren und das himmlische (nibiruanische) Königreich auf die Erde bringen wird (wie in Eridu?). Die Tatsache, dass drei Weise aus dem Orient – Astrologen aus Persien unter der Regentschaft des Ahura Mazda – mit königlichen Geschenken zur Geburt des Jesus-Ningischzida ausgesandt wurden, sollte uns zu folgender Frage anregen: Warum reisten Weise aus dem Iran, dem Reich Enkis, in ein Gebiet, das von den römischen Gouverneuren Enlils und den Priestern des Gottes des Zorns und der Rache, Jehova persönlich, beherrscht wurde? *Es sollte dem Leser ofensichtlich sein, dass Enki dahintersteckte, der damit zu Gunsten der Menschheit vermittelte, genau wie er dies laut dem Atrahasis-Bericht im Fall von Mesopotamien und Afrika getan hatte, um die Unterdrückung der Menschheit durch seinen Bruder zu mildern.*

Die Unterdrückung des menschlichen Bewusstseins, ein Konzept, das Enlil im Zusammenhang mit den von Enki und seiner Halbschwester Ninharsag erschaffenen primitiven Arbeitern in Afrika vehement verfolgte, war eng mit der Sklaverei verbunden, die auf Nibiru vermutlich gesetzlich verboten war. Wie wir uns erinnern, hat Bewusstsein unangenehme Nebenwirkungen, die Sklaven dazu befähigen, sich gegen ihre Unterdrücker zu stellen. Dieses Verhalten war unter Enlils Oberbefehl nicht erwünscht.

Enki besaß weitaus mehr Sympathie für die Menschheit – schließlich war er ja ihr genetischer Schöpfer. Es sollte den Leser also nicht überraschen, dass der Stammbaum Jesu mit Enki verknüpft war und nicht mit Enlil. In den sumerischen Aufzeichnungen werden viele Situationen zitiert, in denen Enki die Autorität Enlils untergräbt, sehr zu dessen Ärger und Verdruss. Und darum lehnen die Juden Jesus auch als Messias ab: Ihr Gott Enlil könnte niemals einen genetischen Vertreter Enkis als Vermittler der menschlichen Bewusstseinsbefreiung akzeptieren. Jesus warf den Menschen sozusagen im Namen der Enkiter einen Rettungsring zu, denn er sorgte für ihre spirituelle Weiterentwicklung, und zwar, wie Enki glaubte, im vom Schöpfer des Alls gewollten Sinn.

Werfen wir einen Blick auf die Riten der sterbenden und wiederauferstehenden Götter, die in Enkis Domäne Ägypten häufig vollzogen wurden. Aus einer signifikanten Länder- und Götterliste geht hervor, dass solche Riten über weite Landstriche hinweg begangen wurden. Laut Wikipedia bestand der Zweck dieser Riten darin, eine Frequenz, die das menschliche Bewusstsein zur Ebene des jeweiligen Gottes erhöhen sollte, von dem scheidenden oder sterbenden Gott aufzufangen und zu verteilen. Vergleichen Sie die in der Bibel benutzte Sprache mit dem soeben beschriebenen Konzept.

Johannnesevangelium 1:12 (Einheitsübersetzung)

Allen aber, die ihn **aufnahmen**, gab er **Macht**, Kinder Gottes zu **werden**, allen, die an seinen Namen glaubten.

Man merkt, dass hier das Konzept, eine »Frequenz« oder »Macht« zu empfangen, latent vorhanden ist und die Verantwortung impliziert, sich bei diesem »Werden« nach dem genetischen Archetyp Enkis auszurichten und sich dahingehend zu transformieren.

In diesem subtilen Hinweis steckt der Schlüssel zum inneren Königreich Nibiru/Himmel.

Der Autor kann persönlich bezeugen, dass die latente, von Jesus-Thoth erwähnte Energie detailliert in den Smaragdtafeln beschrieben wird. Zusätzlich setzt das Konzept der Transformation oder des Werdens eine Handlung seitens des Frequenzempfängers voraus. Es ist die persönliche Überzeugung des Autors, dass es für dieses Werden notwendig ist, die im Nervenknoten des Impar (im Kreuzbein) vorhandene latente Kundalini-Energie des sterbenden Gottes zu befreien und den menschlichen Körper nach dem Schwerkraftfeld auszurichten, damit die Gleichung [EQ5A] durchgeführt werden kann. Zu diesem Zeitpunkt wird der Äskulapstab des Jesus-Thoth für den Leser mehr empirischen Sinn ergeben.

Folgerichtig lehrte Jesus-Thoth, dass jemand, der die »Frequenz« empfängt, die durch seinen (Jesus-Thoths) Tod freigesetzt würde, die Macht hätte, die primitiven Arbeiter zu transformieren, deren Bewusstsein im levantinischen Staatsgebiet durch den von den Enlilitern eingesetzten Statthalter Pontius Pilatus unterdrückt wurde. Pilatus fungierte bei der Verhandlung Jesu als Richter und autorisierte seine Kreuzigung.

Was bedeutet es also, ein Kind Gottes zu werden? Bezieht sich dieser Vorgang auf eine interne Veränderung des menschlichen Bewusstseins und der Energie? War dies der Weg, das Wissen über Gut und Böse zu erlangen, das Enlil den ersten primitiven Arbeiten, die Enki in den Garten ED.IN (das biblische Eden) brachte, hatte vorenthalten wollen? Enki hatte sie dorthin gebracht, um sie besser beobachten zu können, weil er feststellen wollte, ob die durch Enkis Sohn Ningischzida-Thoth eingebrachte, genetisch zeugungsfähige Verbesserung funktionierte. Hat Jesus-Thoth, als er laut dem Markusevangelium 16:1 vom Austreiben der sieben Dämonen aus Maria Magdalena sprach, auf die sieben blockierten Chakras angespielt? Das würde bedeuten, dass wir das Königreich Gottes *in uns selbst* finden können, wie Jesus in den Evangelien gesagt hat – und zwar als messbare Energie entlang der Chakras, wo das Endliche auf das Unendliche und die Energie auf die Materie trifft.

Laut eines Internetartikels der Vereinten Kirche Gottes (United Church of God) mit dem Titel *Ist das Königreich Gottes in dir?* glauben viele Menschen, dass Jesu Lehre besagt, das Königreich Gottes sei nur im Herzen und im Bewusstsein der Gläubigen gegenwärtig. Dieser Glaubenssatz beruht auf folgendem Bibelvers:

17:20-21, Lutherbibel (Überarbeitung 1912)

Da er aber gefragt ward von den Pharisäern: Wann kommt das Reich Gottes? antwortete er ihnen und sprach: Das Reich Gottes kommt nicht mit äußerlichen Gebärden; man wird auch nicht sagen: Siehe hier! oder: da ist es! Denn sehet, das Reich Gottes ist inwendig in euch.

Der oben genannte Artikel verneint diese Aussage und erklärt, dass die Annahme, das Königreich existiere nur in den Herzen und im Verstand der Gläubigen, falsch sei, denn die korrekte Übersetzung des griechischen Wortes *entos [ἐντός]* sei »in der Mitte von«. Das ist ein wichtiger Unterschied. Jesus wies seine Zuhörer darauf hin, dass das Christentum keineswegs ein Konzept im Herzen sei, sondern dass sie alle spirituell zu blind waren, Gott in ihm, in Jesus, dem zukünftigen König eines Erdenreiches, zu erkennen. So weit dieser Artikel [119].

Der Autor stimmt dieser Aussage der Vereinten Kirche Gottes keineswegs zu. Wir wissen um das elektromagnetische Spektrum. Wir kennen die Struktur des menschlichen Körpers und wissen, dass sie sowohl den Mechanismus für die Versklavung durch die Anunnaki als auch für den Aufstieg enthält. Die Verteilung der Thoth-Jesus-Frequenz erlaubt es den Auserwählten, durch das »enge Tor« der Gerechtigkeit ins nibiruanische Raumschiff zu gehen, ohne Enlils Aufmerksamkeit zu erregen.

Thoth-Ningischzidas Emblem war der berühmte Äskulapstab des Heilers. Dieses Symbol der Schlange und des Baums der Erkenntnis steht heute noch für viele nationale medizinische Vereinigungen, etwa in den Vereinigten Staaten und Großbritannien. Die antiken Griechen assoziierten die Zirbeldrüse oder Epiphyse unmittelbar mit dem Baum des Lebens. Zwei Schlangen (die DNS-Doppelhelix), die sich spiralförmig um einen zentralen, geflügelten Stab mit einem Knubbel (die Epiphyse) an der Spitze winden, symbolisierte die Zusammenhänge zwischen Energie und Materie und bezogen sich auf den Götterboten Merkur-Hermes-Ningischzida, den Dreifachgeborenen. Der Stab in der Mitte stellt das Rückgrat und die über die sieben Chakras verteilten Nervenknoten dar. Die Flügel repräsentieren die seitlichen Gehirnlappen, und die Epiphyse erscheint als singulärer Ball auf der Stabspitze. In der Yogatradition wird die Kombination der zentralen Epiphyse mit den seitlichen Flügeln manchmal als »Schwan der vollkommenen Erleuchtung« bezeichnet.

Die Mysterienschulen entlang des Nils wurden von Thoth-Hermes geleitet. Sein primäres Ziel war es, die Aktivierung der Kundalini-Energie im Kreuzbein der Schüler anzuregen, damit das erleuchtete Bewusstsein in ihnen erwachte. Die schlangenartige Bewegung dieser Energie vom unteren Ende des Stabes, also vom Ende des Steißbeins (genannt Ganglion des Impar, der angeblich negative Pol des Energiekörpers) bis zum oberen Ende des Kopf-Chakras (koordiniert mit der Epiphyse) löst eine DMT-Ausschüttung und ein erhöhtes Bewusstsein aus, das von den Flügeln symbolisiert wird.

Jesus sprach im Neuen Testament von der Austreibung von sieben Dämonen und nannte das Volk halsstarrig. Könnte die Bezeichnung »halsstarrig« angesichts unserer Diskussion des gefallenen Zustands der Menschheit, besonders in Bezug auf die strukturelle Integration und die fortschreitende natürliche Verhärtung des Bindegewebes im natürlichen Alterungsprozess, sich auf ein physisches Problem beziehen und nicht nur auf bloße

Sturheit? Oder hängen diese beiden Zustände zusammen? Haben die gefangenen hebräischen Priester das abfällige Adjektiv »halsstarrig«, mit dem die Anunnaki-Elite und vor allem Enlil die primitiven Arbeiter bedachte, in ihrer Neufassung der sumerischen Berichte absichtlich benutzt, um Enlils Zorn zu besänftigen, der damals schließlich auf die Gestaltung der Erzählungen großen Einfluss ausübte? Der Gott des Alten Testaments benutzt diesen Ausdruck zehn Mal:

Exodus 32:9, 33:3, 33:5, 34:9
Deuteronomium 9:6, 9:13, 10:16, 31:27
2 Könige 17:14
2 Chroniken 30:8

Das menschliche Bindegewebe oder die Grundsubstanz, wie es in der Terminologie der Strukturellen Integration genannt wird, verliert mit dem Alter an Feuchtigkeit, und das Kollagen verhärtet sich. Bei manchen Menschen geht dies sogar bis zur Knochenhärte. Das ist ein potenzieller Fehler, der Enlil, Enkis Erzfeind, im physischen Entwurf der primitiven Arbeiter auffiel. Wie wir an der menschlichen Weltbevölkerung in ihrer Relation zur Schwerkraft sehen, verhärtet sich nämlich, wenn nichts dagegen unternommen wird, das menschliche Gewebe mit der Zeit, was zu diversen Erkrankungen führt, etwa Fibromyalgia (Weichteilrheumatismus). Die heutige westliche Medizin, die Bildungsinstanzen, die Regierungen und das Militär sind von den Kräften der Neuen Weltordnung (NWO) infiltriert und übernommen worden. Erwarten Sie deshalb bloß nicht, innerhalb des heutigen Gesundheitssystems geheilt zu werden. Die Gesundheitsmaßnahmen, die Sie wirklich heilen könnten, werden nicht von den Krankenversicherungen anerkannt. Bisher wurde Patienten, die an Fibromygalia erkrankt waren, von ihren Hausärzten geraten, Strukturelle Integrationstherapie und die entsprechenden Therapeuten zu meiden und sich stattdessen auf die Pharmakologie zu verlassen. Wahre Heiler wie Dr. Robert Fulford sind äußerst selten. Dieser arbeitet seit 60 Jahren als traditioneller Osteopath, und seine Praxismethoden sind weit entwickelt und inspirierend; siehe hierzu das 2002 erschienene Buch *Robert Fulford, D.O., and the Philosopher Physician* (Dr. Robert Fulford und der Arzt als Philosoph).

Um die Diskussion abzurunden, ob das Königreich Nibiru – will sagen, des Himmels – innerhalb des menschlichen Energiekörpers sitzt, wollen wir einen erneuten Blick auf das Chakra-System werfen – und auf die feindselige Haltung, die viele christliche Organisationen ihm gegenüber einnehmen. Ich hoffe, dass die negative Einstellung zu diesem organisierten System der Ausdehnung hier zum letzten Mal betrachtet werden muss.

Nehmen wir für einen Augenblick an, dass die Blockaden im menschlichen Körper, die die Chakras am Funktionieren hindern, mit einem relativ zum Schwerkraftfeld unstrukturierten Körper (Subluxation ist der von Chiropraktikern verwendete Begriff) zusammenhängen, wie Ida Rolf dies in ihrem bahnbrechenden Buch erörtert hat [6]. Jesus hatte um die 30 Jahre – genaue Hinweise fehlen – in Enkis Domäne Ägypten studiert, wahrscheinlich an Thoths Mysterienschule, von der die historischen Aufzeichnungen berichten, und somit in einem Umfeld, in dem Wissenschaftler hoch geschätzt wurden. Nennen wir im weiteren Verlauf der Geschichte die Blockaden der Einfachheit halber Dämonen.

Maria Magdalena war die begabteste Schülerin und die am höchsten geschätzte »Jüngerin« von Thoth-Jesus. Wenn Jesus ihre sieben Chakras gereinigt beziehungsweise sieben Dämonen ausgetrieben hat, wie Lukas und Markus im Neuen Testament berichten, dann war sie womöglich bereits in ein höheres Anunnaki-Bewusstsein transformiert worden und befand sich quasi auf Augenhöhe mit Jesus-Ningischzida. Kein Wunder, dass er ihre Gesellschaft bevorzugte, zumal das Bewusstsein der anderen Jünger wahrscheinlich noch auf dem Niveau des Wurzel-Chakras lag. Das ziemlich radikale Denken mancher Christen über Chakras und Dämonenaustreibung beweist, wie unterentwickelt ihr Glaube ist.

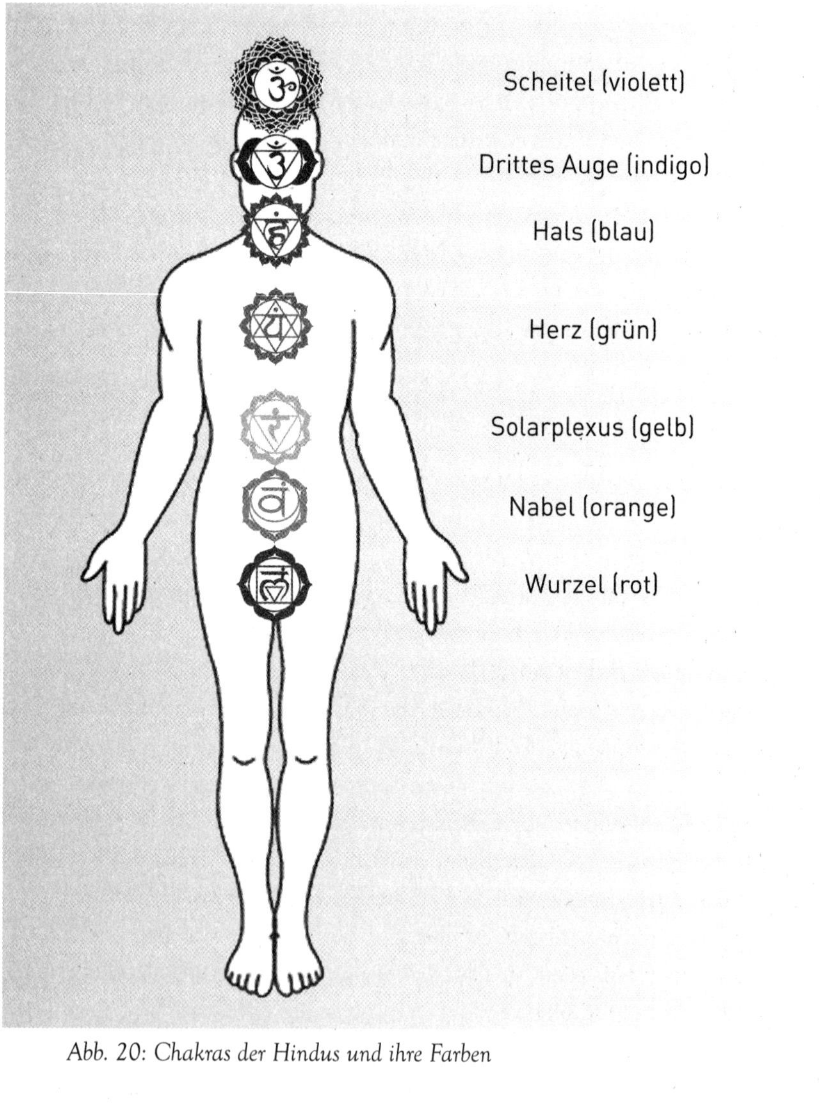

Abb. 20: Chakras der Hindus und ihre Farben

Manchen Quellen zufolge hängen die »Dämonen«, die die Chakras blockieren, mit dem Hinduismus zusammen. Die dämonische Präsenz auf dem Friedhof, der Jesus in den Evangelien begegnet, behauptet, ihr Name sei Legion beziehungsweise »wir sind viele«. Könnten diese »Dämonen« die Igigi sein, die laut dem Buch Henoch zur Vernichtung am Ende der Zeiten verurteilt worden waren? Der Dämon fragt, ob Jesus gekommen sei, um ihn vor der festgesetzten Zeit zu verurteilen. Wann genau ist diese Zeit? Ein interessantes Zusammentreffen. Eindeutig tobt ein schrecklicher Kampf zwischen manchen Religionen und den menschlichen Nervenknoten und Chakras. Zur Erläuterung sind im Folgenden die Chakras erklärt, ihre Farben und die mit ihnen assoziierten Götter – die nach Meinung einiger seit unserer Geburt mit einem Stöpsel versehen sind. Hier ein Link zur Originalquelle von Kyle Tortora: www.lotussculpture.com/blog/chakras-colors-hindu-gods/

Chakras, Farben, Biologie und Hindu-Gottheit

1. Muladhara: Das Wurzel-Chakra am untersten Punkt des Rückgrats. Mit der Farbe **ROT** assoziiert. Es beeinflusst Vertrauen, Zuversicht und Selbstsicherheit. Von hier stammen unsere Grundinstinkte, das Überlebensbedürfnis und die Kampf-oder-Flucht-Reflexe. Dieses Chakra wird von den Hindugöttern Ganesch und Brahman beherrscht.

2. Swadhisthana: Das Kreuzbein-Chakra unterhalb des Bauchnabels. Mit der Farbe **ORANGE** assoziiert. Es beeinflusst sexuelles Verlangen, physische Anziehung und den Drang zur Fortpflanzung. Andere Emotionen wie Wut, Angst und Hass entstammen diesem Chakra. Es wird vom Hindugott Wischnu beherrscht.

3. Manipura: Das Zwerchfall-Chakra unterhalb des Brustbeins. Mit **HELLGELB** assoziiert. Es beeinflusst den unteren Rücken, das Verdauungssystem, die Leber und die Gallenblase. Zu den mit diesem Chakra verbundenen Gefühlen gehören Entschlossenheit, Selbstakzeptanz und Willensstärke. Hier werden instinktive Gefühle in komplexere Emotionen transformiert. Dieses Chakra wird vom Hindugott Maharudra-Schiva beherrscht.

4. Anahata: Das Herz-Chakra in der Mitte der Brust. Mit **GRÜN** assoziiert. Mit diesem Chakra verbundene Gefühle sind Liebe, Mitgefühl, emotionale Stabilität, Vergebung und Mildtätigkeit. Es wird vom Hindugott Ischvara beherrscht.

5. Vischudda: Das Hals-Chakra am Hals, oberhalb des Kehlkopfes. Mit **BLAU** assoziiert. Es ist die Quelle unserer Kommunikationsfähigkeit, Kreativität und Individualität. Es wird vom Hindugott Sadaschiva beherrscht.

6. Ajna: Das Dritte-Auge-Chakra auf der Stirn zwischen den Brauen. Mit der Farbe **INDIGO** assoziiert. Der Verstand als Sinnes- und Handlungsorgan ist mit diesem Chakra verknüpft. Mit diesem Chakra verbundene Gefühle sind Spiritualität, Wahrnehmung und Zeitempfindung. Es wird vom Hindugott Ardhanarischvara beherrscht, einer androgynen Form des Gottes Schiva und der Göttin Parwati, auch als Devi und Schakti bekannt.

7. Sahasrara: Das Kopf-Chakra auf dem Scheitelpunkt des Schädeldecke, die Zirbeldrüse. Mit **VIOLETT** oder **GOLD** assoziiert. Alle anderen Chakras haben hier ihren Ursprung. Das reine Bewusstsein ist ihm zugeordnet. In der Hinduliteratur wird es als »höchstes Zentrum des Kontakts mit Gott« bezeichnet. Hier findet bei erleuchteten Individuen der Austausch mit ihrem Selbst statt. Es wird vom Hindugott Schiva beherrscht.

Der Autor hat die persönliche Erfahrung gemacht, dass ethisch einwandfreies Verhalten eine Frucht des Geistes ist und dass diejenigen, die mutig und diszipliniert genug sind, um ihre Körper mit dem Schwerkraftfeld in Beziehung zu bringen, diese Frucht erlangen werden. Die mystische »Rolflinie« eines perfekt im Schwerkraftfeld ausgerichteten Menschen (siehe die erfüllende Gleichung [EQ5/EQ5A] in Kapitel 6) stellt die höchste erreichbare Stufe der menschlichen Energie dar. Diese Energie – oder Seele, wie sie in religiösen Zusammenhängen genannt wird – deckt sich mit der höchsten Intelligenz, die uns von den Schöpfern übermittelt wurde: sowohl vom Schöpfer des Alls, wie ihn die Anunnaki nannten, als auch vom ersten genetischen Wissenschaftler, dem weitsichtigen Enki, der den ersten modernen Menschen, nämlich den primitiven Arbeiter Adapa, mit seinem »persönlichen Stempel« versehen hat. Und dieser Stempel, den Enki seiner Schöpfung, den primitiven Arbeitern des siebten Planeten, nun Erde genannt, einprägte, war einzigartig: sieben Nervenknotenpunkte in aufsteigender Anordnung, die das sichtbare Spektrum in sieben separat quantifizierte, frequenzspezifische (regenbogenfarbene) Chakras aufteilten.

Die Sieben wurde aus gutem Grund von den Anunnaki zur Glückszahl erklärt. Sieben mal sieben scheint sogar eine noch größere Bedeutung zu haben – zumindest für mich, denn dies war mein physisches Alter, als es mir endlich gelang, die amerikanische Erstausgabe dieses Buches zu veröffentlichen, nachdem ich neun Jahre daran gearbeitet hatte.

Thoth erklärt in den Smaragdtafeln, dass er drei Inkarnationen erlebt hat. Könnte eine davon die des Erlösers jener primitiven Arbeiter gewesen sein, die als Schachfiguren Enlils in einem Land, das Abraham versprochen worden war, ein Transport-Portal bewachten, von dem sie nichts wussten? In Jerusalem brachte Enki durch subversive, taktische Geburten die Saat eines genetischen Krieges gegen seinen Halbruder Enlil aus, direkt unter dessen Nase. Welche bessere Möglichkeit hätte sich Enki geboten, die Folgeschäden zu beseitigen, die sich aus der genetischen Sklaverei ergaben – dem Menschen in Afrika auferlegt und von den Anunnaki genehmigt –, als seiner Schöpfung einen energetisch basierten Frequenzmechanismus zur Verfügung zu stellen? Einen Mechanismus, der es den Menschen ermöglicht, sich von einem verdummten, genetisch untergeordneten Wesen, das nur dazu taugt, Gold abzubauen, zu »Gottessöhnen« aufzuschwingen – einfach, indem sie an einen Namen glauben? Dadurch konnte die Entwicklung des Bewusstseins ungehindert fortschreiten – und das war schließlich der Zweck des vom Schöpfer des Alls in die Menschheit eingepflanzten Samens gewesen.

Angesichts der Tatsache, dass bei der Erschaffung des ersten Adapa Enkis genetisches Material verwendet wurde – könnte es da nicht sein, dass die von Jesus-Thoth-Ningischzida versprochene Transformation zu Söhnen und Töchtern Gottes der ursprüngliche, geniale Plan seines Vaters Enki gewesen ist? Ein Plan, der es dem Menschen erlauben sollte, ein vollwertiger, genetisch befreiter, archetypischer, nibiruanischer Bürger zu werden: ein Sohn des Enki oder eine Tochter der Isis?

Dies ist die vorgesehene Rolle der Glücklichen, die dazu auserwählt wurden, das Brot und das Wasser des ewigen Lebens zu sich zu nehmen, obwohl der Zugang dazu von jenen, die von Nibiru zur Erde kamen, streng bewacht wird.

Tabellen & Abbildungen

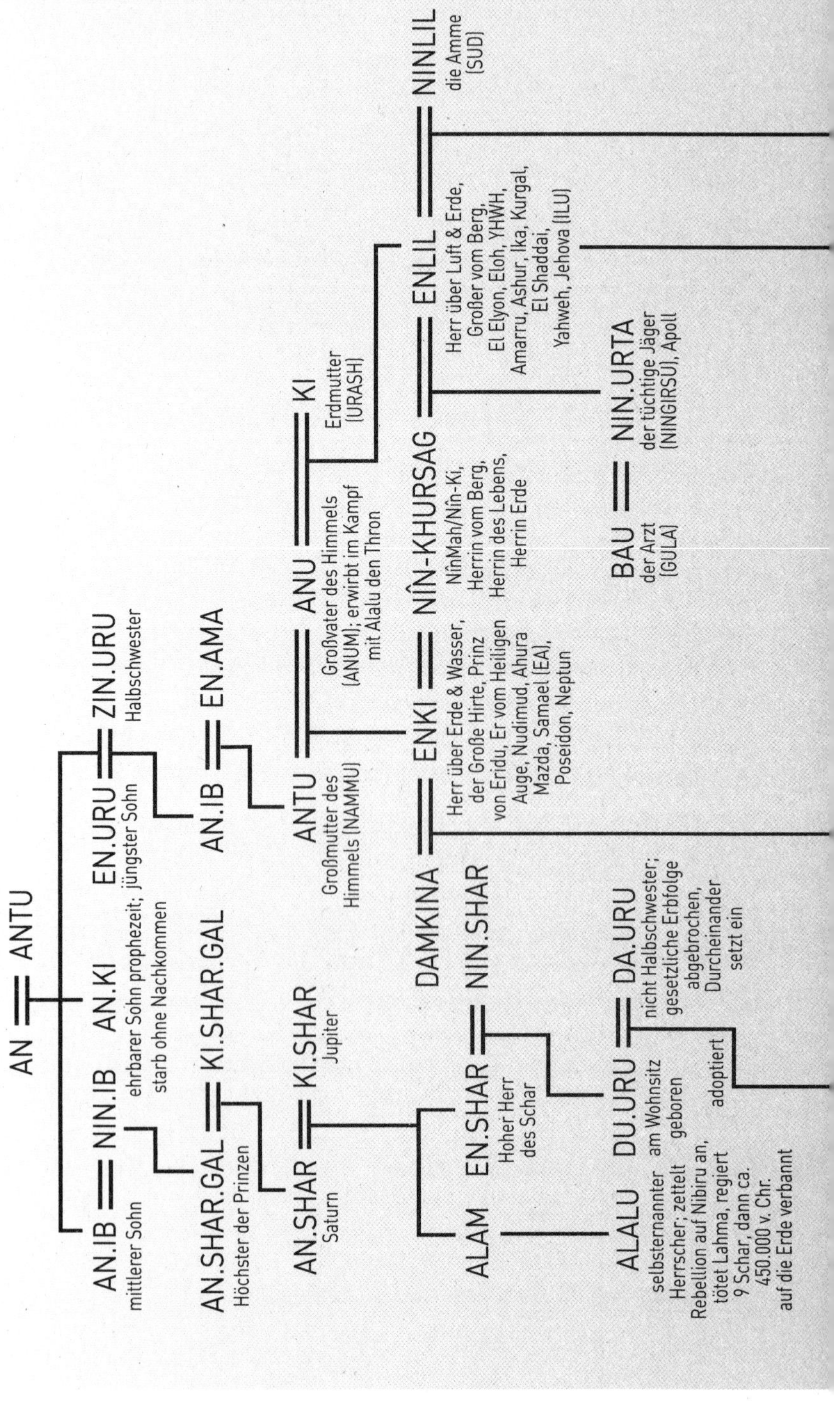
AN
ANTU
AN.IB
mittlerer Sohn
NIN.IB
AN.KI
ehrbarer Sohn prophezeit; starb ohne Nachkommen
EN.URU
jüngster Sohn
ZIN.URU
Halbschwester
AN.SHAR.GAL
Höchster der Prinzen
KI.SHAR.GAL
AN.IB
EN.AMA
AN.SHAR
Saturn
KI.SHAR
Jupiter
ANTU
Großmutter des Himmels (NAMMU)
ANU
Großvater des Himmels (ANUM); erwirbt im Kampf mit Alalu den Thron
KI
Erdmutter (URASH)
DAMKINA
NIN.SHAR
ENKI
Herr über Erde & Wasser, der Große Hirte, Prinz von Eridu, Er vom Heiligen Auge, Nudimud, Ahura Mazda, Samael (EA), Poseidon, Neptun
NÎN-KHURSAG
NînMah/Nîn-Ki, Herrin vom Berg, Herrin des Lebens, Herrin Erde
ENLIL
Herr über Luft & Erde, Großer vom Berg, El Elyon, Eloh, YHWH, Amarru, Ashur, Ika, Kurgal, El Shaddai, Yahweh, Jehova (ILU)
NINLIL
die Amme (SUD)
ALAM
EN.SHAR
Hoher Herr des Schar
ALALU
selbsternannter Herrscher; zettelt Rebellion auf Nibiru an, tötet Lahma, regiert 9 Schar, dann ca. 450.000 v. Chr. auf die Erde verbannt
DU.URU
am Wohnsitz geboren
adoptiert
DA.URU
nicht Halbschwester; gesetzliche Erbfolge abgebrochen, Durcheinander setzt ein
BAU
der Arzt (GULA)
NIN.URTA
der tüchtige Jäger (NINGIRSU), Apoll

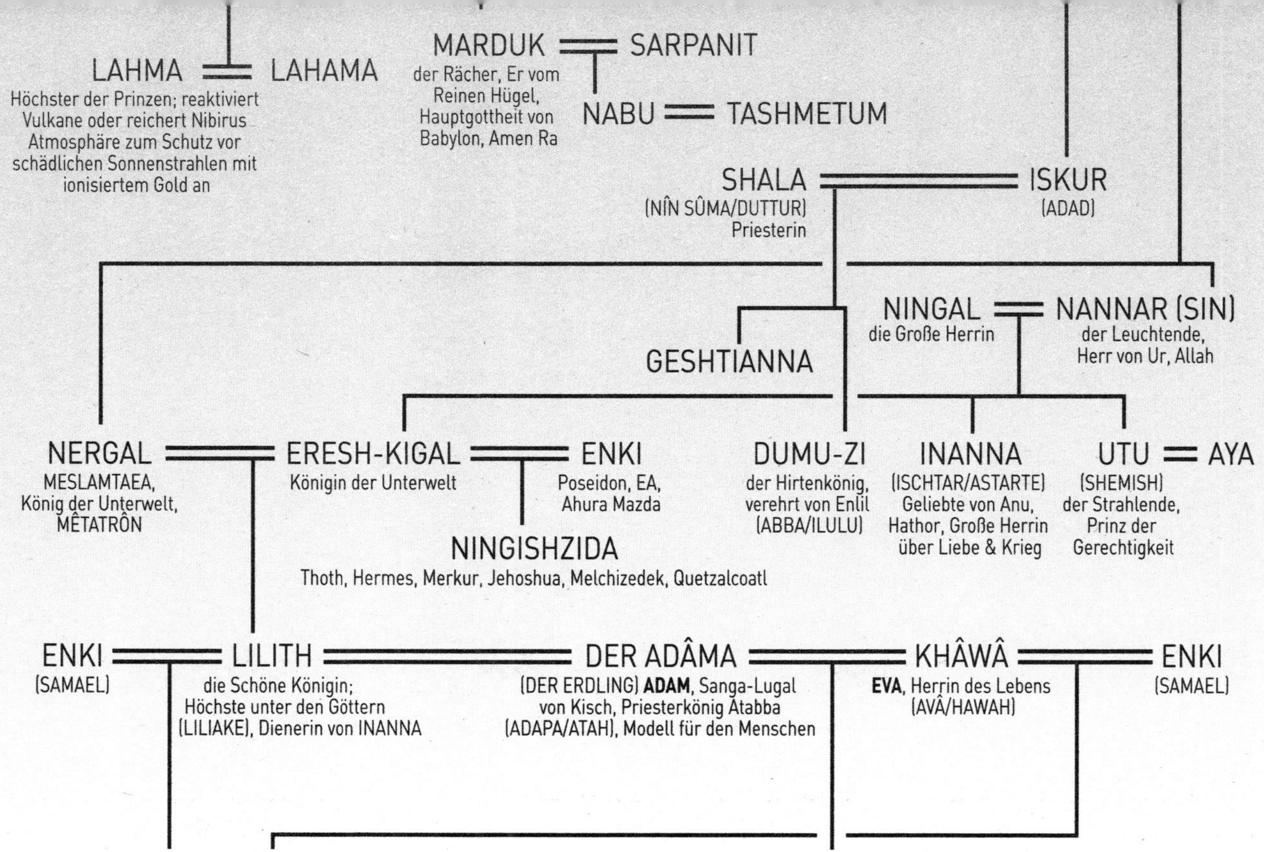
LAHMA
LAHAMA
Höchster der Prinzen; reaktiviert Vulkane oder reichert Nibirus Atmosphäre zum Schutz vor schädlichen Sonnenstrahlen mit ionisiertem Gold an
MARDUK
der Rächer, Er vom Reinen Hügel, Hauptgottheit von Babylon, Amen Ra
SARPANIT
NABU
TASHMETUM
SHALA
(NÎN SÛMA/DUTTUR) Priesterin
ISKUR
(ADAD)
NINGAL
die Große Herrin
NANNAR (SIN)
der Leuchtende, Herr von Ur, Allah
GESHTIANNA
NERGAL
MESLAMTAEA, König der Unterwelt, MÊTATRÔN
ERESH-KIGAL
Königin der Unterwelt
ENKI
Poseidon, EA, Ahura Mazda
DUMU-ZI
der Hirtenkönig, verehrt von Enlil (ABBA/ILULU)
INANNA
(ISCHTAR/ASTARTE) Geliebte von Anu, Hathor, Große Herrin über Liebe & Krieg
UTU
AYA
(SHEMISH) der Strahlende, Prinz der Gerechtigkeit
NINGISHZIDA
Thoth, Hermes, Merkur, Jehoshua, Melchizedek, Quetzalcoatl
ENKI
(SAMAEL)
LILITH
die Schöne Königin; Höchste unter den Göttern (LILIAKE), Dienerin von INANNA
DER ADÂMA
(DER ERDLING) ADAM, Sanga-Lugal von Kisch, Priesterkönig Atabba (ADAPA/ATAH), Modell für den Menschen
KHÂWÂ
EVA, Herrin des Lebens (AVÂ/HAWAH)
ENKI
(SAMAEL)

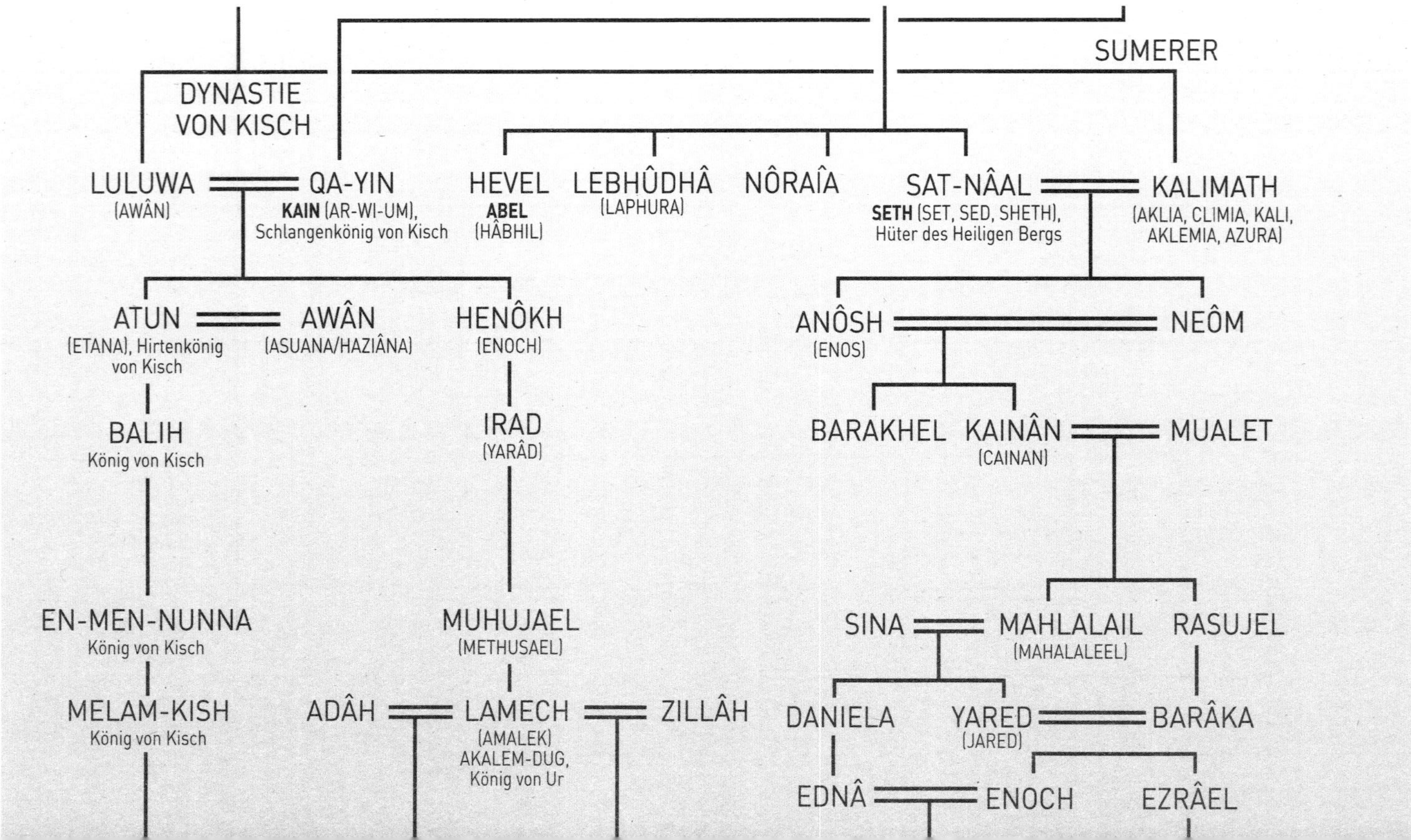
SUMERER
DYNASTIE VON KISCH
LULUWA
(AWÂN)
QA-YIN
KAIN (AR-WI-UM),
Schlangenkönig von Kisch
HEVEL
ABEL
(HÂBHIL)
LEBHÛDHÂ
(LAPHURA)
NÔRAÎA
SAT-NÂAL
SETH (SET, SED, SHETH),
Hüter des Heiligen Bergs
KALIMATH
(AKLIA, CLIMIA, KALI,
AKLEMIA, AZURA)
ATUN
(ETANA), Hirtenkönig
von Kisch
AWÂN
(ASUANA/HAZIÂNA)
HENÔKH
(ENOCH)
ANÔSH
(ENOS)
NEÔM
BALIH
König von Kisch
IRAD
(YARÂD)
BARAKHEL
KAINÂN
(CAINAN)
MUALET
EN-MEN-NUNNA
König von Kisch
MUHUJAEL
(METHUSAEL)
SINA
MAHLALAIL
(MAHALALEEL)
RASUJEL
MELAM-KISH
König von Kisch
ADÂH
LAMECH
(AMALEK)
AKALEM-DUG,
König von Ur
ZILLÂH
DANIELA
YARED
(JARED)
BARÂKA
EDNÂ
ENOCH
EZRÂEL

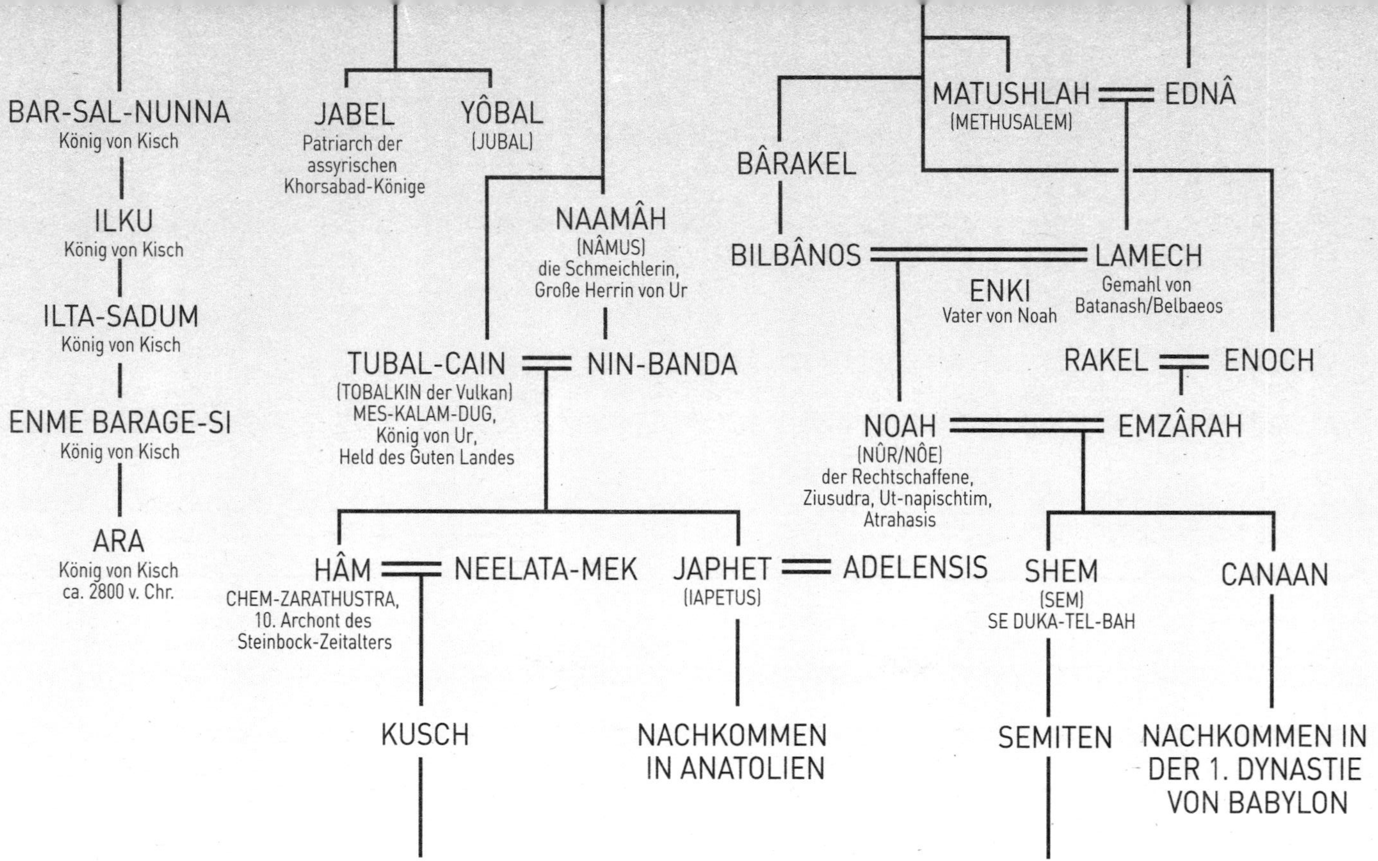
BAR-SAL-NUNNA
König von Kisch
ILKU
König von Kisch
ILTA-SADUM
König von Kisch
ENME BARAGE-SI
König von Kisch
ARA
König von Kisch
ca. 2800 v. Chr.
JABEL
Patriarch der
assyrischen
Khorsabad-Könige
YÔBAL
(JUBAL)
NAAMÂH
(NÂMUS)
die Schmeichlerin,
Große Herrin von Ur
TUBAL-CAIN
(TOBALKIN der Vulkan)
MES-KALAM-DUG,
König von Ur,
Held des Guten Landes
NIN-BANDA
HÂM
CHEM-ZARATHUSTRA,
10. Archont des
Steinbock-Zeitalters
NEELATA-MEK
JAPHET
(IAPETUS)
ADELENSIS
KUSCH
NACHKOMMEN
IN ANATOLIEN
BÂRAKEL
BILBÂNOS
MATUSHLAH
(METHUSALEM)
EDNÂ
LAMECH
Gemahl von
Batanash/Belbaeos
ENKI
Vater von Noah
RAKEL
ENOCH
NOAH
(NÛR/NÔE)
der Rechtschaffene,
Ziusudra, Ut-napischtim,
Atrahasis
EMZÂRAH
SHEM
(SEM)
SE DUKA-TEL-BAH
CANAAN
SEMITEN
NACHKOMMEN IN
DER 1. DYNASTIE
VON BABYLON

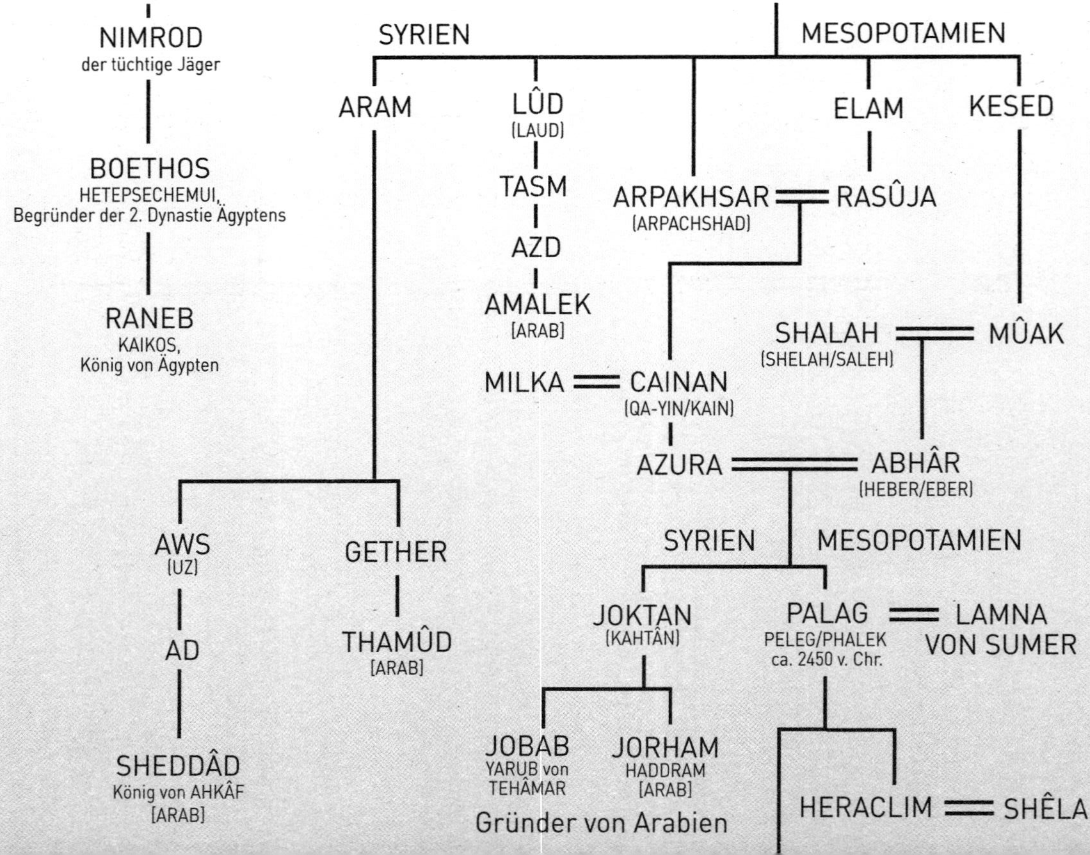

NIMROD
der tüchtige Jäger
BOETHOS
HETEPSECHEMUI,
Begründer der 2. Dynastie Ägyptens
RANEB
KAIKOS,
König von Ägypten
SYRIEN
MESOPOTAMIEN
ARAM
LÛD
(LAUD)
ELAM
KESED
TASM
AZD
AMALEK
[ARAB]
ARPAKHSAR
(ARPACHSHAD)
RASÛJA
SHALAH
(SHELAH/SALEH)
MÛAK
MILKA
CAINAN
(QA-YIN/KAIN)
AZURA
ABHÂR
(HEBER/EBER)
AWS
(UZ)
GETHER
AD
THAMÛD
[ARAB]
SHEDDÂD
König von AHKÂF
[ARAB]
SYRIEN
MESOPOTAMIEN
JOKTAN
(KAHTÂN)
PALAG
PELEG/PHALEK
ca. 2450 v. Chr.
LAMNA
VON SUMER
JOBAB
YARUB von
TEHÂMAR
JORHAM
HADDRAM
[ARAB]
Gründer von Arabien
HERACLIM
SHÊLA

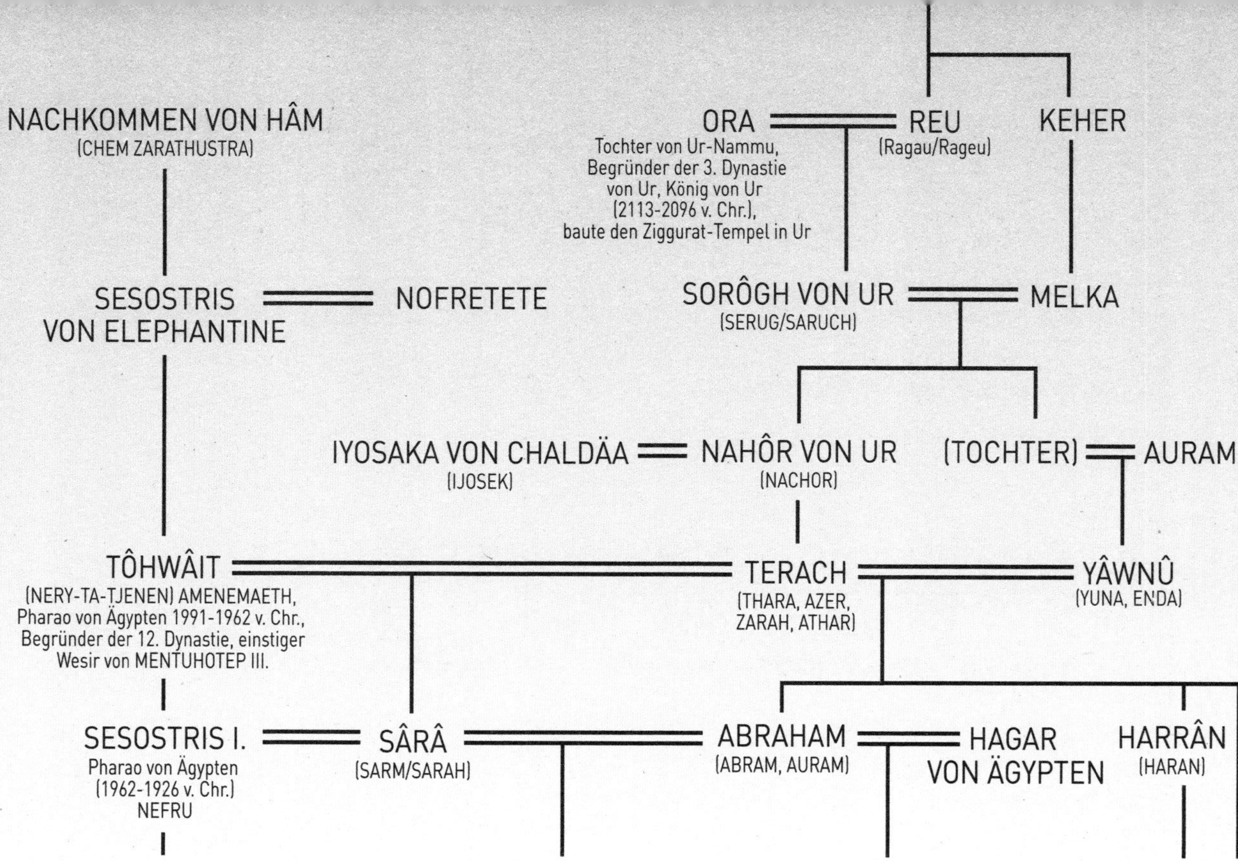

NACHKOMMEN VON HÂM
(CHEM ZARATHUSTRA)
ORA
Tochter von Ur-Nammu, Begründer der 3. Dynastie von Ur, König von Ur (2113-2096 v. Chr.), baute den Ziggurat-Tempel in Ur
REU
(Ragau/Rageu)
KEHER
SESOSTRIS VON ELEPHANTINE
NOFRETETE
SORÔGH VON UR
(SERUG/SARUCH)
MELKA
IYOSAKA VON CHALDÄA
(IJOSEK)
NAHÔR VON UR
(NACHOR)
(TOCHTER)
AURAM
TÔHWÂIT
(NERY-TA-TJENEN) AMENEMAETH, Pharao von Ägypten 1991-1962 v. Chr., Begründer der 12. Dynastie, einstiger Wesir von MENTUHOTEP III.
TERACH
(THARA, AZER, ZARAH, ATHAR)
YÂWNÛ
(YUNA, ENDA)
SESOSTRIS I.
Pharao von Ägypten (1962-1926 v. Chr.) NEFRU
SÂRÂ
(SARM/SARAH)
ABRAHAM
(ABRAM, AURAM)
HAGAR VON ÄGYPTEN
HARRÂN
(HARAN)

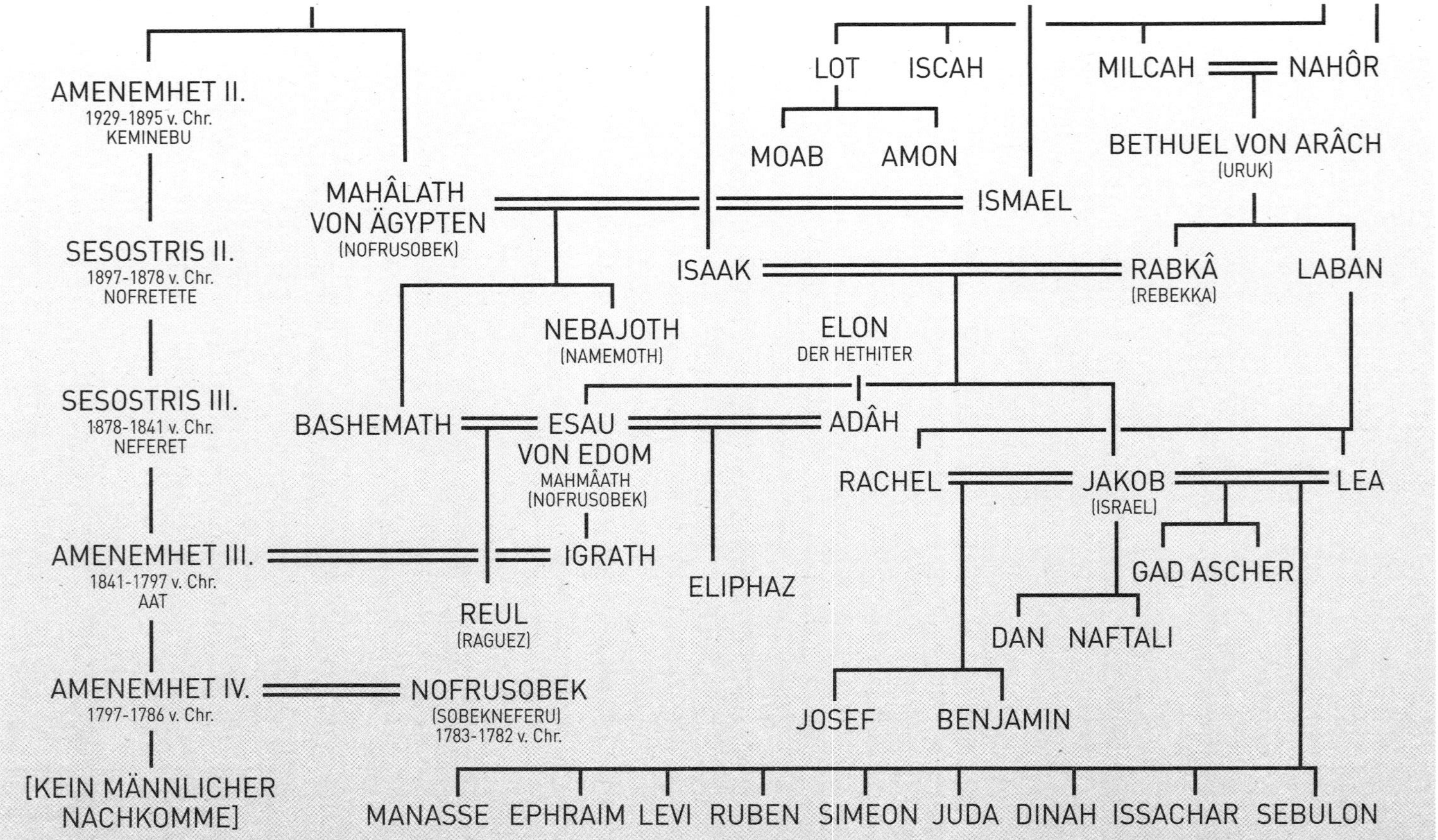

AMENEMHET II.
1929-1895 v. Chr.
KEMINEBU
SESOSTRIS II.
1897-1878 v. Chr.
NOFRETETE
SESOSTRIS III.
1878-1841 v. Chr.
NEFERET
AMENEMHET III.
1841-1797 v. Chr.
AAT
AMENEMHET IV.
1797-1786 v. Chr.
[KEIN MÄNNLICHER NACHKOMME]
MAHÂLATH VON ÄGYPTEN
(NOFRUSOBEK)
NEBAJOTH
(NAMEMOTH)
BASHEMATH
ESAU VON EDOM
MAHMÂATH
(NOFRUSOBEK)
IGRATH
REUL
(RAGUEZ)
NOFRUSOBEK
(SOBEKNEFERU)
1783-1782 v. Chr.
LOT
ISCAH
MOAB
AMON
ISMAEL
ISAAK
ELON
DER HETHITER
ADÂH
ELIPHAZ
MILCAH
NAHÔR
BETHUEL VON ARÂCH
(URUK)
RABKÂ
(REBEKKA)
LABAN
RACHEL
JAKOB
(ISRAEL)
LEA
GAD ASCHER
DAN NAFTALI
JOSEF
BENJAMIN
MANASSE
EPHRAIM
LEVI
RUBEN
SIMEON
JUDA
DINAH
ISSACHAR
SEBULON

Quellennachweis

1. Dr. Rick Strassman, *DMT: The Spirit Molecule. A Doctor's Revolutionary Research into the Biology of Near-Death and Mystical Experiences.* Dt. Ausgabe: *DMT – Das Molekül des Bewusstseins. Zur Biologie von Nahtod-Erfahrungen und mystischen Erlebnissen.*
2. Stephen W. Hawking, Kip S. Thorne, Igor Novikov, Timothy Ferris & Alan Lightman, *The Future of Spacetime.* Enthält Hawkings Essay »Chronology Protection: Making the World Safe for Historians« (2002).
3. Jared Diamond, *Guns, Germs and Steel: The Fates of Human Societies.* Dt. Ausgabe: *Arm und reich. Die Schicksale menschlicher Gesellschaften.*
4. Terence McKenna, *Food of the Gods: The Search for the Original Tree of Knowledge. A Radical History of Plants, Drugs and Human Evolution.* Dt. Ausgabe: *Speisen der Götter. Die Suche nach dem ursprünglichen Baum der Weisheit.*
5. Robert A. Johnson, *Transformation: Understanding the Three Levels of Masculine Consciousness.*
6. Ida P. Rolf, *Rolfing: Reestablishing the Natural Alignment and Structural Integration of the Human Body for Vitality and Well-Being.* Dt. Ausgabe: *Rolfing. Strukturelle Integration – Wandel und Gleichgewicht der Körperstruktur.*
7. Gerald R. Clark, *Structure is Function and Energy.*
8. The Sivananda Yoga Center, *The Sivananda Companion to Yoga: A Complete Guide to the Physical Postures, Breathing Exercises, Diet, Relaxation and Meditation Techniques of Yoga*; mit einem Vorwort von Swami Vishnu Devananda. Dt. Ausgabe: *Das große illustrierte Yoga-Buch.*
9. Lynn Picknett & Clive Prince, *The Templar Revelation: Secret Guardians of the True Identity of Christ.*

10. Dan Brown, *The DaVinci Code.* Dt. Ausgabe: *Sakrileg – The DaVinci Code.*
11. Phillip R. Wolf, *Physics – Extended with Modern Physics.*
12. Raymond A. Serway, Clement J. Moses & Curt A. Moyer, *Modern Physics.*
13. Zecharia Sitchin, *Genesis Revisited: Is Modern Science Catching Up with Ancient Knowledge?* Dt. Ausgabe: *Am Anfang war der Fortschritt. Beweise für die Existenz moderner Technologie und Raumfahrt in vorgeschichtlicher Zeit.*
14. Zecharia Sitchin, *The Lost Book of Enki: Memoirs and Prophecies of an Extraterrestrial God.* Dt. Ausgabe: *Das verschollene Buch ENKI. Erinnerungen und Prophezeiungen eines außerirdischen Gottes.*
15. Zecharia Sitchin, *Divine Encounters: A Guide to Visions, Angels and Other Emissaries.* Dt. Ausgabe: *Begegnungen mit den Göttern. Wie die Anunnaki den Menschen schufen und auf seinem Weg begleiten.*
16. Zecharia Sitchin, *The 12th Planet: Book I of the Earth Chronicles.* Dt. Ausgabe: *Der zwölfte Planet. Wann, wo, wie die ersten Astronauten eines anderen Planeten zur Erde kamen und den Homo sapiens erschufen.*
17. Zecharia Sitchin, *The Stairway to Heaven: Book II of the Earth Chronicles.* Dt. Ausgabe: *Stufen zum Kosmos. Götter, Mythen, Kulturen, Pyramiden – die Suche nach der Unsterblichkeit.*
18. Zecharia Sitchin, *The Wars of Gods and Men: Book III of the Earth Chronicles.* Dt. Ausgabe: *Die Kriege der Menschen und Götter. Wie die Anunnaki von einem anderen Stern kamen, um Gold zu suchen, und den Menschen schufen.*
19. Zecharia Sitchin, *The Lost Realms: Book IV of the Earth Chronicles.* Dt. Ausgabe: *Versunkene Reiche. Der Ursprung der Zivilisation im Reiche der Maya und Inka.*
20. Zecharia Sitchin, *When Time Began: Book V of the Earth Chronicles.* Dt. Ausgabe: *Das erste Zeitalter. Wie die Anunnaki die Entwicklung des Menschen beeinflußten und wie sie uns noch heute lenken.*
21. Zecharia Sitchin, *The Cosmic Code: Book VI of the Earth Chronicles.* Dt. Ausgabe: *Der kosmische Code. Das Wissen der Götter enthüllt; die unglaubliche Wahrheit über die Anunnaki, die der Menschheit kosmische Geheimnisse preisgaben.*
22. Zecharia Sitchin, *Journeys to the Mystical Path: The Earth Chronicles*

Expeditions. Dt. Ausgabe: *Auf den Spuren alter Mythen. Neue Expeditionen in die sagenhafte Vergangenheit des Planeten Erde*

23. Eckhard Tolle, *The Power of Now: A Guide to Spiritual Enlightenment*. Dt. Ausgabe: *Jetzt! Die Kraft der Gegenwart*.
24. Paul A. LaViolette, *Genesis of the Cosmos: The Ancient Science of Continous Creation*.
25. Arthur M. Young, *The Geometry of Meaning*.
26. Arthur M. Young, *The Reflexive Universe: Evolution of Consciousness*.
27. Michael Talbot, *The Holographic Universe: The Revolutionary Theory of Reality*. Dt. Ausgabe: *Das holographische Universum. Die Welt in neuer Dimension*.
28. Mark McCutcheon, *The Final Theory*.
29. Michael Drosnin, *The Bible Code*. Dt. Ausgabe: *Der Bibel Code*.
30. Michael Drosnin, *Bible Code II: The Countdown*. Dt. Ausgabe: *Bibel Code II: Der Countdown*.
31. David Icke, *And the Truth Shall Set You Free*. Dt. Ausgabe: *Und die Wahrheit wird Euch frei machen* (2 Bände).
32. Drunvalo Melchizedek, *The Ancient Secret of the Flower of Life: Volume 1*. Dt. Ausgabe: *Die Blume des Lebens, Band 1*.
33. Drunvalo Melchizedek, *The Ancient Secret of the Flower of Life: Volume 2*. Dt. Ausgabe: *Die Blume des Lebens, Band 2*.
34. Masaru Emoto, *The Hidden Messages in Water*. Dt. Ausgabe: *Die Botschaft des Wassers* (aus dem Japanischen).
35. Drunvalo Melchizedek, *Living in the Heart: How to Enter into the Sacred Space Within the Heart* (mit CD). Dt. Ausgabe: *Aus dem Herzen leben. Verständigung ohne Worte, Schöpfung jenseits der Polarität* (mit CD Herz-Meditation).
36. Joseph B. Lumpkin, *The Lost Book of Enoch: A Comprehensive Transliteration of the Forgotten Book of the Bible*.
37. Stephanie Dalley, *Myths From Mesopotamia: Creation, The Flood, Gilgamesh and Others*.
38. Rob Solarion, *Osiris, Isis & Planet X: Chasing the Centuries*.
39. Mary Ellen Carter & Harmon H. Bro (Hrsg.), *Edgar Cayce: Modern Prophet. Edgar Cayce On Prophecy, Religion and Psychic Experience, Mysteries of the Mind and Reincarnation*.
40. David Rosenberg, *Abraham: The First Historical Biography*.

41. Jeremy Black & Anthony Green, *Gods, Demons and Symbols of Ancient Mesopotamia: An Illustrated Dictionary.*
42. Daniel Pinchbeck, *2012 – The Return of Quetzalcoatl.* Dt. Ausgabe: *2012 – Die Rückkehr der gefiederten Schlange.*
43. Samuel Noah Kramer, *History Begins at Sumer: Thirty-Nine Firsts in Recorded History.* Dt. Ausgabe: *Die Geschichte beginnt mit Sumer. Fünfundzwanzig Erstlinge aus der schriftlich überlieferten Geschichte der Menschheit.*
44. Patrick Heron, *Nephilim and the Pyramid of the Apocalypse.*
45. Kevin Burk, *Astrology: Understanding the Birth Chart.*
46. Dick Teresi, *Lost Discoveries: The Ancient Roots of Modern Science – from the Babylonians to the Maya.*
47. Michael Woods & Mary B. Woods, *Ancient Transportation: From Camels to Canals.*
48. Laurence Gardner, *Genesis of the Grail Kings: The Explosive Story of Genetic Cloning and the Ancient Bloodline of Jesus.* Dt. Ausgabe: *Das Vermächtnis des heiligen Gral. Die Nachfahren Jesu und die geheime Geschichte Europas.*
49. Karen Zeinert, *The Persian Empire: Cultures of the Past.*
50. Pamela F. Service, *Mesopotamia: Cultures of the Past.*
51. Don Nardo, *Empires of Mesopotamia: Lost Civilizations.*
52. Ross Marshall, »ID's-I: Salah of Genesis is Bel-Marduk« (2001), www.domainofman.com/cgi-bin/bbs62x/webbbs_config.pl?md=read;id=37
53. William Henry, »The Blue Stones of Atlantis Ireland and the Lost Tribe of E.A.«, www.abundanthope.net/talkitup/showthread.php?269-The-Blue-Stones-of-Atlantis
54. Keith N. Schoville, »Top Ten Archaeological Discoveries of the Twentieth Century Relating to the Biblical World«, www.biblicalstudies.info/top10/schoville.htm
55. »A Mesopotamian Pantheon«, http://web.raex.com/~obsidian/MesoPan.html
56. D. M., »Nibiru and the Anunnaki« (2002), www.cyberspaceorbit.com/dm_report.html
57. »Reconstructing the Pantheon«, www.home.nycap.rr.comn/foxmob/sumer_pantheon03.htm (nicht mehr aktiv)
58. Dr. Gregory Mumford, »Survey and Excavation Projects in Egypt

(SEPE), South Sinai, El-Markha 1«, University of Toronto, www.deltasinai.com/sinai-01.htm

59. John Jaeger, »Anunnaki & Nibiru – The Return« (2005), www.pufoin.com/pufoin_perspective/nibiru.php
60. »Gods Explore«, www.mesopotamia.co.uk/gods/explore
61. »Thule Society«, www.crystalinks.com/thule.html
62. Zecharia Sitchin, »Dialogue in Bellaria: Sitchin and Vatican Theologican Discuss UFO's, Extraterrestrials, Angels, Creation of Man« (2000), www.sitchin.com/vatican.htm
63. Louise Roug, »Digitalizing Cuneiform«, www.ancientsites.com/aw/Post/148092
64. »Curious About Astronomy? Ask an Astronomer«, http://curious.astro.cornell.edu/
65. W. B. Harold Meij, »The Trestle Boards«, http://www.themasonictrowel.com/Articles/Symbolism/lodge_files/the_trestleboard_by_meij/the_trestleboard_by_meij.htm
66. Carl Johan Calleman, *The Mayan Calendar and the Transformation of Consciousness.* Dt. Ausgabe: *Der Maya Kalender und die Transformation des Bewusstseins.*
67. »Mayan Calendar: What Is Driving the Evolution of Consciousness Described by the Mayan Calendar – II« (2011), www.inarchive.com/page/2011-11-14/http://www.experiencefestival.com/a/Mayan_Calendar/id/1724
68. Charles Recknagel, »Iraq: Archaeological Expedition Mapping Ancient City of Uruk« (2002), www.rferl.org/features/2002/05/03052002101632.asp
69. »The Threat to World heritage in Iraq«, http://users.ox.ac.uk/~wolf0126/
70. Andrew Collins, »Baalbek – Lebanon's Sacred Fortress«, www.andrewcollins.com/page/articles/baalbek.htm
71. »Twelve Olympians«, http://en.wikipedia.org/wiki/Twelve_Olympians
72. Alan F. Alford, »Ancient Astronauts: Ancient Texts Reading List«, www.eridu.co.uk/Author/human_origins/AAS_Intro2/Reading/reading.html
73. John Van Auken, »The Body – Temple of God: Based on Edgar Cayce's Readings«, www.edgarcayce.org/ps2/body_temple_of_god_J_Van_Auken.html

74. »Gilgamesh Tomb Believed Found«, BBC News vom 29. April 2003, http://news.bbc.co.uk/2/hi/science/nature/2982891.stm
75. Dr. Michael E. Salla, »An Exopolitical Perspective On The Preemptive War Against Iraq« (2003), http://exopolitics.org/Study-Paper2.htm
76. Paul White, »The Secrets of Thoth and the Keys of Enoch«, www.lightparty.com/Spirituality/ThothEnoch.html
77. »In the Beginning« (2005), http://members.aol.com/jimb3d/myth/genesis2.html
78. »ISIS ›Regina Caeli‹«, www.maat.it/livello2-i/iside-01-i.htm
79. MaatRaAh, »Pagan Goddess of the Sibyl and Cybele Oracle«, www.goddess.org/vortices/notes/cybele.html
80. MaatRaAh, »Pagan Goddess Mystical Rites – An Introduction«, www.goddess.org/vortices/index.html
81. Robertino Solàrion, »A Brief History of Planet X Nibiru« (1996/2003), https://zosotruthtalk.wordpress.com/2011/03/05/planet-x-nibiru/
82. Neil Freer, »The Anunnaki and the Myth of a 12th Planet« (2006), www.redicecreations.com/specialreports/2006/01jan/anunnaki.html
83. Estelle Nora Harwit Amrani, »The Anunnaki« (2000), www.vibrani.com/Anunnaki.htm
84. www.haarp.alaska.edu/haarp/tech.html (nicht mehr aktiv)
85. Jerry E. Smith, *HAARP: The Ultimate Weapon of the Conspiracy*.
86. Tabitha M. Powledge & Mark Rose, »The Great DNA Hunt«, *Archeology*, Vol. 49, No. 5, September/October 1996, http://archive.archaeology.org/9609/abstracts/dna.html
87. »Recent African Origin of Modern Humans«, http://en.wikipedia.org/wiki/Out_of_Africa_theory
88. Freeland Chew, »Zecharia Sitchin and a New Synthesis«, http://web.archive.org/web/19990423232851/http://se1.com/ft/ftpubs/ts/1997archive/124_1/36_zecharia.html
89. L. W. King (Übers.), »Enuma Elish – The Epic of Creation«, www.sacred-texts.com/ane/enuma.htm
90. Paul D. MacLean. *The Triune Brain in Evolution: Role in Paleocerebral Functions.*
91. Auch bekannt als Basalganglion oder extrapyramidalmotorisches

System; siehe Jaak Panksepp, *Affective Neuroscience: The Foundations of Human and Animal Emotions.*

92. Thomas Lewis, Fari Amini & Richard Lannon, A *General Theory of Love.*
93. Jace Callaway, »A Proposed Mechanism for the Visions of Dream Sleep«, *Medical Hypotheses*, Vol. 26, 1988: 119-24.
94. Niccolò Machiavelli, *The Prince*. Dt. Ausgabe: *Der Fürst* (ca. 1505).
95. D. B. Abrams & G. T. Wilson. »Effects of Alcohol on Social Anxiety in Women: Cognitive Versus Physiological Processes«. *Journal of Abnormal Psychology*, Vol. 88, 1979: 161-173.
96. M. R. Banaji & C. M. Steele. »The Social Cognition of Alcohol Use«. *Social Cognition*, Vol. 7, 1989: 137-151.
97. R. A. Josephs & C. M. Steele. »The Two Faces of Alcohol Myopia: Attentional Mediation of Psychological Stress«. *Journal of Abnormal Psychology*, Vol. 99, 1990: 115-126.
98. T. M. Keane & S. A. Lisman. »Alcohol and Social Anxiety in Males: Behavioral, Cognitive and Physiological Effects«. *Journal of Abnormal Psychology*, Vol. 89, 1980: 213-223.
99. R. W. Levenson, K. J. Sher, L. M. Grossman, J. Newman & D. B. Newlin. »Alcohol and Stress Response Dampening: Pharmacological Effects, Expectancy and Tension Reduction«. *Journal of Abnormal Psychology*, Vol. 89, 1980: 528-538.
100. T. K. MacDonald, M. P. Zanna & G. T. Fong. »Why Common Sense Goes Out the Window: Effects of Alcohol on Intentions to Use Condoms«. *Personality and Social Psychology Bulletin*, Vol. 22, 1996: 763-775.
101. S. T. Murphy, J. L. Monahan & L. C. Miller. »Inference Under the Influence: The Impact of Alcohol and Inhibition Conflict on Women's Sexual Decision Making«. *Personality and Social Psychology Bulletin*, Vol. 24, 1998: 517-528.
102. J. Polivy, A. L. Schueneman & K. Carlson. »Alcohol and Tension Reduction: Cognitive and Physiological Effects«. *Journal of Abnormal Psychology*, Vol. 85, 1976: 595-600.
103. C. M. Steele, B. Critchlow & T. J. Liu. »Alcohol and Social Behavior: 2. The Helpful Drunkard«. *Journal of Personality and Social Psychology*, Vol. 48, 1985: 35-46.
104. C. M. Steele & R. A. Josephs. »Drinking Your Troubles Away: 2.

An Attention-allocation Model of Alcohol's Effect on Psychological Stress«. *Journal of Abnormal Psychology*, Vol. 97, 1988: 196-205.

105. C. M. Steele & R. A. Josephs. »Alcohol Myopia: It's Prized and Dangerous Effects«. *American Psychologist* (1990), 363-375.
106. A. Zeichner & R. O. Phil. »Effects of Alcohol and Behavior Contingencies on Human Aggression«. *Journal of Abnormal Psychology*, Vol. 88, 1979: 153-160.
107. A. Zeichner & R. O. Phil. »Effects of Alcohol and Behavior Contingencies on Human Aggression«. *Journal of Studies on Alcohol*, Vol. 41, 1980: 265-276.
108. Charles H. Hapgood, *Earth's Shifting Crust: A Key to Some Basic Problems of Earth Science*. Enthält ein Vorwort von Albert Einstein (1958).
109. B. Balick & R. L. Brown. »Intense Sub-arcsecond Structure in the Galactic Center«, *Astrophysical Journal*, Vol. 194, 1974: 265.
110. GMO-Studie an Schweinen, www.pri.org/stories/2013-06-25/study-finds-health-issues-pigs-consuming-genetically-modified-foods
111. Johan Heine & Michael Tellinger, *Adam's Calendar: Discovering the Oldest Man-made Structure on Earth – 75,0000 Years Ago.*
112. United Church of God, »Is the Kingdom of God ›Within You‹?«, www.ucg.org/bible-faq/kingdom-god-within-you
113. Tom Horn, *Apollyon Rising 2012: The Lost Symbol Found and the Final Mystery of the Great Seal Revealed.*
114. L. Tayler Hansen, *The Ancient Atlantic* (1969).
115. »Isaac«, in: *Encyclopedia of Islam*, Vol. 4: *Qur'an*, XXXVII: 100-107
116. H. V. Hilprecht, *The Babylonian Expedition of the University of Pennsylvania – Series A: Cuneiform Texts*, Vol. VI, Part 1. Department of Archeology, University of Pennsylvania, 1906.
117. »Guild for Structural Integration«, www.rolfguild.org (www.rolfing.de)
118. Andrea Reiher, »Ophiuchus, New Zodiac Sign Dates and Your Real Astrological Sign«, www.zap2it.com/blogs/ophiuchus_new_zodiac_sign_dates_and_your_real_astrological_sign-2011-01; nach Parke Kunkle, »Your Zodiac Sign May Not Be What You Think«, NBC News vom 12. Januar 2011, www.nbc-2.com/Global/story.asp?S=13828331
119. Michael Tellinger, *Slave Species of the Gods: The Secret History of the Anunnaki and Their Mission on Earth.*

Gerald R. Clark erhielt 1994 von der University of California in San Diego die Diplome eines Master of Science (MSEE) in Elektrotechnik und eines Bachelor of Science (BS) in Technischer Informatik. Er ist der Autor mehrerer Fachartikel im Bereich Kommunikation und Elektronik und genießt in der Hochtechnologie-Industrie von San Diego hohes Ansehen. Während seiner Tätigkeit als Vizepräsident der Elektrotechnikfirma LightPointe Communications Ltd. erwarb er mehrere Patente für seine Errungenschaften in Free Space Optical Laser Communication (optischem Laser-Richtfunk). Im Laufe seines Berufslebens arbeitete er unter anderem bei Firmen wie Loral Telemetry and Instrumentation, wo er die letzte Designphase des Globalstar-Befehlsmodems für globale Telemetrie leitete. Dieses für Qualcomm entwickelte Gerät dient dazu, Anweisungen an die 54 LEO-Satelliten zu senden, diese zu beobachten und zu kontrollieren.

Während seiner Tätigkeit als Vize-Chefingenieur bei Tiernan Communications leisteten Gerald und sein kleines Hardware- und Software-Entwicklerteam Pionierarbeit bei der Digitalisierung des amerikanischen Fernsehens. Mithilfe eines HDTV 720p MPEG 2 Encoders von Tiernan Communications Inc. gelang ihnen die erste weltweite Live-Übertragung eines MDTV-Footballspieles aus New York.

Zwischen 1996 und 2002 bereiste Gerald als Telekommunikationsmanager viele Orte der Erde und begegnete einer Vielzahl von Kulturen. Diese Erfahrungen inspirierten ihn dazu, Recherchen über frühe Technologien anzustellen, besonders im mesopotamischen Kulturraum und den umliegenden Gebieten in der Türkei, Ägypten, Persien und dem Irak. Dies führte ihn schließlich zu den Keilschrifttafeln der Sumerer.

1982 bis 1989 diente Gerald als Chief Warrant Officer (Feldwebelleutnant) und Kampfhubschrauberpilot in der U.S. Army. Dort leitete er nicht nur Kurse zum Nachtsichtbrillen- und Instrumentenflug, sondern auch das Fitnessprogramm seiner Ein-

heit. Er besitzt einen kommerziellen Drehflügler-Instrumentenflugschein und absolvierte insgesamt etwa 1500 Flugstunden, sowohl im AH-15 Cobra Helikopter als auch im OH-58 Kiowa. Er war außerdem in Südkorea und Deutschland stationiert.

∞ ∞ ∞

Der Autor sagt: »Im Augenblick wird das Wissen um die Anunnaki und ihre vergangene und gegenwärtige Anwesenheit hier auf der Erde der Weltöffentlichkeit zugänglich gemacht. Ich hoffe, dass dieses Buch den vielen Milliarden ›primitiven Arbeitern‹, die auf einem feindseligen Planeten ganz auf sich gestellt sind, helfen und Hoffnung schenken wird – die Hoffnung darauf, dass nach der Großen Zerstörung, die auf uns zukommt und von den kriegführenden Göttern des Lichts und der Dunkelheit ausgehen wird, tatsächlich der versprochene Friede einkehren wird. Das neue Zeitalter des Wassermanns zieht herauf – ja, es ist rechnerisch sogar schon angebrochen.

Ich würde mich sehr freuen, die Ergebnisse meiner Recherchen mit Gleichgesinnten zu teilen, seien es Autoren, Filmemacher oder Wahrheitssucher. Meine Kontaktinformation:

clark.gerald77@gmail.com
www.geraldclark77.com

Leben Sie freundlich und integer, aber vor allem: Aktivieren Sie die Frequenz der Liebe, die der Schöpfer des Alls für uns geschaffen hat, um uns zu erfreuen. Ich wünsche Ihnen alles Gute für Ihre Suche und freue mich, von Ihnen zu hören.«

Danksagung

Ursprünglich wurde ich dazu inspiriert, mich in die sumerische Geschichte zu vertiefen, als ich geschäftlich in der Türkei zu tun hatte. Ich entdeckte Städte wie Catalhöyük, das beispielsweise in Jared Diamonds mit dem Pulitzerpreis ausgezeichneten Buch *Arm und reich. Die Schicksale menschlicher Gesellschaften* [3] erwähnt wird: Städte, die älter sind als die ägyptischen Pyramiden. Dort erhielt ich den Impuls, Forschungen über die sumerische Zivilisation anzustellen, die die ältesten uns bekannten schriftlichen Aufzeichnungen der Welt hinterlassen hat. Der hebräische Gelehrte und Bestsellerautor Zecharia Sitchin hat sowohl die Keilschrift der Sumerer entziffert als auch ausführliche Dokumentationen dazu erstellt, die selbst die gründlichsten westlichen Forscher und Wissenschaftler befriedigen müssten.

Register

Wahrheiten, die Sie niemals für möglich gehalten hätten!

Michael E. Salla

GEHEIME WELTRAUMPROGRAMME & ALLIANZEN MIT AUSSERIRDISCHEN

Whistleblower berichten, was auf der Erde wirklich vor sich geht!

432 Seiten, gebunden, oranges Leseband

€ [D] 26,99 / € [A] 27,80 • ISBN 978-3-95447-296-3

Streifen wir die Fesseln der Täuschung und Blendung ab: Mit Unterstützung von Aliens gründeten Machteliten der USA die Dunkle Flotte. UFO-Technologien der Nazis und Wissenschaftler, die im Rahmen von Projekt Paperclip in die USA kamen, halfen dabei. Heute finanziert das Interplanetary Corporate Conglomerate, von Majestic 12 geschaffen, die Umsetzung der Geheimen Weltraumprogramme.

Whistleblower packen aus!

Steven M. Greer

OFFIZIELL GELEUGNET!

Das größte Geheimnis der Regierungen wird enthüllt: Wir sind nicht allein!

400 Seiten, gebunden, oranges Leseband

€ [D] 26,99 / € [A] 27,80 • ISBN 978-3-95447-363-2

UFOs sind real. Wir stehen in Kontakt mit Aliens. Freie Energie und Antischwerkraft-Technologie sind im Einsatz. Dr. Greer stellt Dokumente vor, die US-Präsidenten, CIA-Direktoren und Kongressabgeordneten vorgelegt wurden: Multinationale Konzerne machen dank Alien-Technologie Billionengeschäfte und demontieren die Welt. Mit Aussagen von Zeugen der Sicherheitsstufe »Cosmic Secret«, achtunddreißig Stufen höher als »Top Secret«.

Der New York Times Bestseller, der als Vorlage zur Netflix-Sensation »Unacknowledged« diente.

Len Kasten

DIE GEHEIME WELTHERRSCHAFT DER REPTILOIDEN

Ihr Ursprung, ihr Sternenreich und ihr Wirken auf unserer Erde

400 Seiten, gebunden, oranges Leseband

€ [D] 24,99 / € [A] 25,70 • ISBN 978-3-95447-319-9

Angefangen bei ihrer ersten Kolonisierung der Erde bis zur Infiltration der großen Regierungen in heutiger Zeit, schildert Len Kasten, wie die Reptiloiden durch raffinierte Intrigen die Menschheit versklavten. Ihre Rolle im Nazi-Deutschland und bei den US-Geheimdiensten wird ebenso beleuchtet wie die Unterstützung der Illuminaten, ihrer menschlichen Verbündeten an den Schaltstellen der Macht.

Das erste umfassende Enthüllungswerk!

Alle Bücher auch als eBooks. Leseproben auf www.AmraVerlag.de

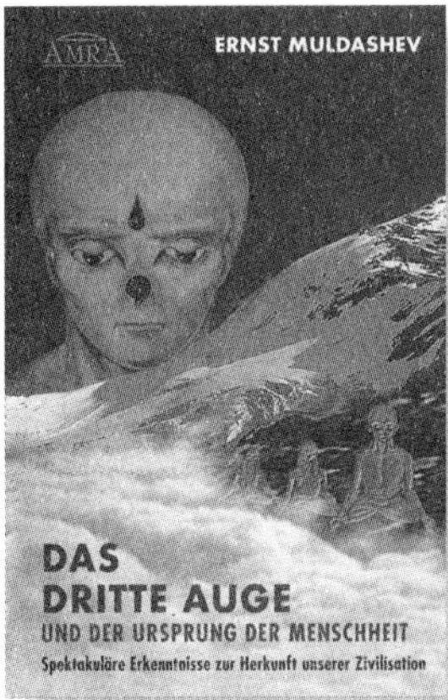
AMRA
ERNST MULDASHEV
DAS
DRITTE AUGE
UND DER URSPRUNG DER MENSCHHEIT
Spektakuläre Erkenntnisse zur Herkunft unserer Zivilisation

Jason Quitt & Bob Mitchell
VERBOTENES
WISSEN
Warum unsere Welt
anders ist, als man uns
glauben machen will

MARCEL POLTE
GREYS
Weltweites Wirken
und Entführungen
in Deutschland
AMRA